시시콜콜한
조선의
편지들

시시콜콜한 조선의 편지들

편지 왔습니다, 조선에서!

ⓒ 박영서 2020

초판 1쇄	2020년 8월 28일		
초판 2쇄	2020년 10월 12일		
지은이	박영서		
출판책임	박성규	펴낸이	이정원
편집주간	선우미정	펴낸곳	도서출판 들녘
디자인진행	한채린	등록일자	1987년 12월 12일
편집	이동하·이수연·김혜민	등록번호	10-156
디자인	김정호	주소	경기도 파주시 회동길 198
마케팅	전병우	전화	031-955-7374 (대표)
경영지원	김은주·장경선		031-955-7381 (편집)
제작관리	구법모	팩스	031-955-7393
물류관리	엄철용	이메일	dulnyouk@dulnyouk.co.kr
		홈페이지	www.dulnyouk.co.kr
ISBN	979-11-5925-576-2 (03910)	CIP	2020033471

이 도서의 국립중앙도서관 출판예정도서목록(CIP)은
서지정보유통지원시스템 홈페이지(http://seoji.nl.go.kr)와
국가자료공동목록시스템(http://www.nl.go.kr/kolisnet)에서 이용하실 수 있습니다.

편지 왔습니다, 조선에서!

시시콜콜한
조선의
편지들

박영서 지음

이 책을 펴신 이름 모를 당신께

안녕하세요. 지은 사람입니다.

책을 골라서 서문까지 읽어주시는 것에 감사의 편지로 서문을 대신합니다. 물론, 사주신다면 더욱 감사하겠네요. 서점에서 우연히 이 책을 집어 드신 분께는 더더욱 감사하단 말씀을 드리고 싶습니다. 유년시절의 제가 우연히 좋은 책들을 만났던 기억이 있거든요. 이 책이 당신께도 좋은 책으로 남기를, 다소 뻔뻔하게 바라봅니다.

옛사람들이 남긴 글귀들 가운데에서 저는 항상 편지글을 유심히 읽었습니다. 특히 아주 시시콜콜하고 개인적이며 사람 살아가는 풍경이 진하게 묻어나오는 글을 볼 때면, 현재를 살아가는 사람들의 모습에 빗대, 과거를 이미 살다 간 사람들의 모습까지 눈앞에 생생히 펼쳐졌습니다. 수많은 사람이 사랑하고, 살아가고, 힘겨워하고, 기뻐하고, 외로워하고, 아파하다가, 결국 떠난 이야기가 선명하게 그려진 편지들이 항상 궁금했었습니다.

그래서 찾아보았습니다. 연구자분들과 연구기관의 노력으로 많은 편지가 공개되어 있었습니다. 그래서 조금씩, 제 나름의 감상을 적기 시작했습니다. '누가 안 읽어도 괜찮아, 그저 나만 즐거우면 되니까'로 시작한 원고지만, 어느 순간 다른 누군가에게도 보여주고 싶다는 마음이 무럭무럭 들었습니다. 그래서 몇 차례의 수정을 거쳐 소박한 모습으로 당신께 서 있는 책입니다. 네. 최선을 다했다고 말씀드리고 싶었습니다.

조선 사람들이 쓴 편지는 크게 세 가지 형태로 남아 있습니다. 첫 번째는 개인 문집이나 편지글 모음집, 두 번째는 가문 내에서 대대손손 전해진 편지들을 모은 것, 마지막으로 죽은 사람의 무덤에 함께 묻은 것이 느닷없이 발굴된 것입니다. 후자로 갈수록 일상을 그려볼 수 있는 선명도가 높아집니다. 편집자의 필터링이 거의 들어가지 않기 때문이죠. 특히 받은 편지를 평생 소중히 간직하다가 죽음 너머에까지 함께한 소장자의 편지는, 그 사람의 생애를 매우 입체적으로 그려볼 수 있게끔 도와줍니다.

당연한 이야기지만, 이 글에 등장하는 모든 글의 주인공들은 이미 오래전에 떠났습니다. 그래서 우리는 타인의 편지를 훔쳐보는 부도덕한(하지만 스릴 넘치는) 행위를 합법적으로 할 수 있죠. 편지를 주고받았던 사람들의 삶과 나의 삶을 마주하여 지켜보는 것은 적잖은 잔재미를, 때때로 편지를 주고받을 때의 설렘까지도 느끼게 해줍니다.

저는 중세국어 전공자도, 역사 전공자도 아닙니다. 다만, 저는 이

책을 쓸 때, 그러한 설렘으로 가득한 상태에서 써 내려갔습니다. 즉, 이 글 덩어리는 '덕질'의 결과물입니다. 따라서 여러분도 '재미'라는 일차적인 감정에 초점을 맞춰서 읽어주셨으면 좋겠습니다. 물론 때때로 저의 'TMI'가 들어가긴 합니다만, 그래도 편지에 집중해주셨으면 하는 바람이 있습니다.

　　저는 앞으로도 이러한 '덕질'을 이어갈 예정입니다. 조선의 선비들이 개인 일기에 깨알 같이 담은 시시콜콜한 이야기를 이 책처럼 소개해드리고 싶은 생각이 있습니다. 또는, 실록에 기록된 상소문을 마구 분해하여, 그들의 논리 다툼을 맛보고 즐길 수 있는 글을 쓰고 싶은 마음도 있습니다. 그때가 온다면, 또 다른 형식으로 감사의 말을 전해보도록 하겠습니다.

　　한 가지 우려스러운 것이 있습니다. 중세 국어 또는 한문편지를 아무리 잘 번역해도, 우리와의 시간만큼이나 거리감이 꽤 큽니다. 그래서 저는 제멋대로, 전공자가 보기에 '선 넘을 만큼'의 윤색과 편집을 가했습니다. 어투 혹은 뉘앙스를 바꾸는 것은 물론이요, 고사를 인용하거나 와닿지 않는 비유는 생략하거나 때론 과감히 의역하기도 했습니다. 따라서 이 글은 교양서이면서 동시에 팩션(faction)입니다. 물론, 편지마다 원문을 같이 소개했다면 더 좋았겠지만, 여러 이유 때문에 그럴 수 없었다는 평계를 덧붙입니다. 그래도 최소한의 정보를 전하기 위해 한글편지는 [한], 한문편지는 [漢]으로 표기하였습니다. 원문이 궁금하시다면, 책에 인용한 대부분의 한글편지는 한국학자료센터의 〈조선시대 한글편지〉 페이지(http://archive.aks.ac.kr/letter/letterList.aspx)에서 확인하실 수 있습니다. 한문편지는 책 끝부분에 정리한 인용 저서를 확인해주시길 부탁드립니다.

제 인생의 첫 책이자, 저의 20대 '덕질'을 갈무리하는 책이니만큼 감사드리고 싶은 분이 많습니다. 평생의 스승인 故지광 스님과 효은 스님, 동생 이찬형을 비롯한 석왕사(釋王寺) 가족 분들께 감사드립니다. 나이 서른에 대학 와서 뭉그적거리고 있지만, 계속 뭉그적거릴 예정이니 앞으로도 잘 부탁드립니다. 10여 년이 넘는 시간 동안 저의 유일한 독자가 되어준 신은재 박사님께도 감사드립니다. 또한, 죽지않는돌고래 편집장, 출판을 권유해줬던 코코아 전 팀장, 그 외 딴지일보 편집부 분들께 감사드립니다. 저의 든든한 도반인 '철학 이야기' 식구들, 그리고 금강대학교 스승, 학우 분들께도 감사드립니다. 나아가 무명작가의 졸고를 믿고 출판해준 들녘 출판사와 과찬의 말씀으로 저의 용기를 북돋아주시고 또한 글에 숨결을 불어넣어주신 편집부 여러분께 깊은 감사를 드립니다.

마지막으로, 이름 모를 당신께 감사드립니다. 살아갈 인생의 여정에 이 책이 땀을 씻겨줄 한 줄기의 바람이 되길 바랍니다. 차린 건 없지만, 맛있게 읽어주셨으면 좋겠습니다.

2020년 8월 21일
박 영 서 드림

차례

손편지를 써보신 적이 있으신가요? 써보신 지 얼마나 되셨나요? 저는 사랑 고백을 손편지로 하는 편인데(성공률은 낮았습니다만) 연애와 멀어진 삶을 사느라 저 역시 마지막 손편지가 몇 년 전 일이 되었습니다.

몇 건의 편지가 기억납니다. 중학생 때 보냈던 첫 연애편지에는 "너를 좋아하지만, 이렇게 못난 내가 감히 너를 어떻게 좋아하겠어"라는 말을 썼던 기억이 납니다. 훈련소에서 부모님께 보낸 편지에는 "여기서 더 나은 어른으로 성장하고 있습니다. 걱정하지 마세요"라고 쓰기도 했었죠. 성인이 된 후에는, 보냈던 연애편지들을 헤어지면서 돌려받아 제 손으로 불태웠던 기억도 있습니다. 울지는 않았습니다. 정말이에요.

우리의 모든 것들은 추억이 되고, 추억은 다시 역사가 됩니다. 특히, 손편지는 이미 역사가 되었죠. 이제 손편지는 일상이 아닌 특별한 이벤트가 되었습니다. 따라서 바로 윗세대가 주고받았던 손편지의 역사성은 시간이 흐를 때마다 가치를 더해갑니다. 우리가 부모님, 혹은 할아버지 할머니가 보냈던 편지를 읽을 때도 그러한 역사성이 깊게 느껴지는데, 하물며 조선 사람들이 주고받은 편지는 더할 것입니다.

이 페이지를 넘기시면, 여러분은 너무나 낯선, 하지만 놀랄 만큼 익숙한 조선 사람의 민낯과 감정을 읽게 되실 겁니다. 우리가 배웠던 위인의 '꼰대적' 감성에서부터, 아내에게는 '스윗(Sweet)'한 '찌질한 양반'의 이야기, 또 우리의 상식을 거부하는 양반과 노비 사이에서 벌어진 좌충우돌 이야기도 있습니다. 차근차근 표현을 음미하고 추억에 공감하며 읽어주시길 부탁드립니다.

자 그럼, "공부 좀 하라"는 잔소리를 퍼붓는 부모의 편지들을 소개하는 것으로 시작해보겠습니다.

하라는 공부는
안 하고!

우리 시대에서 한 사람의 직업은 자신의 정체성과 같습니다. 물론 자신의 정체성을 직업에서만 찾는다면 삶의 많은 부분이 쪼그라들지도 모릅니다. 나를 나답게 만들어주는 것이 직업이어야 하는데 연봉으로 그 사람의 '급'을 나누는 안타까운 일이 발생하기도 하니까요. 그렇지만 실제로 인생이라는 여행길에선 직업이라는 정거장에 의해 많은 것들이 결정됩니다. 또한, 공부는 곧 좋은 직장을 가져서 다른 이들보다 뛰어난 정체성을 갖게 하는 가장 확실한 방법이 됩니다.

직업이 모든 것을 결정하지는 않습니다. 하지만 '크고 아름다운', 소위 '사'자가 들어간 명함을 건네받으면 어깨가 움츠러드는 것도 사실입니다. 사람을 부를 때도 본명이 아닌, 전 총리, 전 제찰사, 전 교수, 전 통제사처럼 직업을 붙여 부르지 않던가요? 죽은 뒤에도 그것은 유효해서 역사에 기록되는 것은 그 사람의 직업적 행보가 대부분입니다.

신분과 직업을 밑줄로 쫙 그어 정체성을 규정하던 나라가 조선이었음을 떠올려봅시다. 국가 예산을 쏟아 부어 키워내던 엘리트 계층인 선비에게 공부란, 자신의 존재를 증명할 수 있는 유일한 방법이었습니다. 반대로 공부 못하는 선비는 공기와도 같은 존재감밖에는 가질 수 없었습니다. 당연히 아버지들 입에서 "공부하라"는 말이 나올 수밖에 없었겠지요.

그런데 공부하라는 잔소리를 해대는 아버지가 천재, 그것도 수백 년을 통틀어 손에 꼽는 불세출의 천재라면, 자식의 입장은 정말 난감해질 겁니다. 이를 테면 정약용(丁若鏞, 1762~1836)처럼요.

【 작은아들에게 】

네 형이 멀리서 여기까지 와서 기쁘기는 한데,

며칠간 지내면서 얘기를 좀 해보니 아버지가 옛날에 가르쳐준

경전의 이론을 우물우물하기만 하고 대답을 못 하니 너무 슬펐다.

왜 이 모양이 됐겠니. 어린 날에 아버지 때문에 집안이 뒤집힌 탓에

정신을 단단히 차리지 않고 그냥 얼빠진 채 지냈기 때문이겠지.

조금만 정신 차려서 배웠던 걸 복습, 또 복습했다면

이 지경이 됐겠니? 안타깝고 또 안타깝다.

네 형이 이 모양이니 네 꼴이야 오죽하겠어.

그래도 문학이나 역사에 좀 관심이 있던 네 형이 이 꼴이 된 것 보

면, 내가 하나도 가르쳐주지 않은 너야 알 만하다.

— 『여유당전서 다산시문집』[漢]

유배 생활이 길어지면서 경제 사정이 좋아진 정약용은 다산 초당
을 짓고 본격 '출판 러시'에 전념합니다. 동시에 자식들과 편지를 주고
받으며 '진도 체크'를 놓지 않습니다. 아들들은 아버지의 얼굴이라도 보
는 날이면, 땡땡이도 못 치고 꼼짝없이 아버지가 주관하는 중간고사에
임해야 했습니다. 그러나 두 아들은 번번이 낙방합니다. 사실, 웬만큼 해
서는 아버지의 성에 차지 않았을 게 분명합니다. 게다가 한 사람이 혼나
면 다른 사람도 혼나는 편지를 받습니다. 내용 증명보다 무서운 게 아버

● **사실상 별장이나 다름없는 유배지 '다산초당'**

정약용은 성균관 모의고사에서 1등을 놓쳐본 적이 없지만, 말 많고 탈 많은 '어른의 사정'으로 인해 20대 중반이 지나서야 고위 공무원으로 활약할 수 있었습니다. 어렵게 관직을 얻긴 했는데, 10년이 조금 넘는 관직 생활은 18년간의 유배 생활이라는 결과로 되돌아오죠. 워낙 유배가 길어서 정조 사후 세도정치 시기의 집권자들이 그가 유배 간 것을 까먹었다는 웃지 못 할 이야기도 있습니다. 조선의 전통 학문이던 성리학부터 경제, 토지, 의학, 법의학, 지리, 역사, 정치 등 여기저기 안 건드린 분야가 없으며, 수원 화성 축조에 거중기를 도입한 것이 유명합니다. 4차 산업혁명에 딱 맞는 문·이과 융합형 인재랄까요.

지의 편지였을 것 같죠?

공부만 해도 충분히 천재인데, 이 아버지란 양반은 뭐 하나 빠지는 데 없는 불세출의 천재였습니다.

【 작은아들에게 】

네 형에게 동생의 주량은 얼마나 되느냐고 한번 시험 삼아 물어봤

더니, 너는 네 형보다 두 배 넘게 마신다고 그러더라.

이놈아, 어떻게 아버지의 글공부는 전혀 닮지 않고 주량만

아버지를 훨씬 넘어선 거냐?

아버지가 소싯적에 한창 공부할 때 말이다.

시험을 쳤는데 세 번이나 일등을 해서 임금께서 소주를 붓통에

가득 담아서 하사하시기에, 당연히 사양도 못 하고 '망했다' 하면서

눈 딱 감고 '원샷'했는데, 그다지 안 취하더라.

어떤 날은 동료들과 같이 마시게 됐는데, 어떤 놈은 남쪽을 향해

절을 수십 번 하고, 어떤 놈은 나자빠져서 뒹굴어도

이 아버지는 한 치의 흐트러짐 없이 읽던 책을 마저 다 읽었다.

퇴근할 때 살짝 취기가 조금 돈 게 다였지.

너처럼 배우지 못한 폐족(廢族)의 자식이 못된 술주정뱅이라고

손가락질 받게 되면 어떤 수치를 감당하며 살겠니.

아버지가 진심으로 바라는데,

앞으로 술은 딱 끊고 입에도 대지 말렴.

—『여유당전서 다산시문집』[漢]

정말 눈치 없는 형입니다. 적당히 얼버무려서 동생을 지켜주기는 커녕, 모조리 고자질한 덕분에 동생은 아버지의 폭풍 잔소리를 듣게 됩니다. 게다가, 그냥 잔소리가 아니라 '스웩'이 충만한 잔소리입니다. '세 번이나 일등을 했다'에서 느껴지는 입시왕의 프라이드, '임금님께서 직접 술을 하사했다'에서 나오는 조선 1퍼센트 엘리트의 특수한 경험, '남들 다 취해서 나자빠져도 난 꼿꼿이 책 읽었어'에서 풍기는 완전무결함. 알파고 정도는 데려와야 정약용의 완벽함에 비할 수 있을까요? 게다가 '너는 폐족의 자식'이라며 팩트 폭격까지 선사합니다. 그거, 다 본인 때문이면서!

정약용이 지나치게 솔직한, 어찌 보면 신랄해 보이기까지 한 편지를 보낸 모습은 산업화 시대를 보낸 아버지들의 면모와 닮아 있습니다. 절벽에서 새끼를 밀듯, '자고로 아이는 강하게 키워야 한다'는 교육 이념을 실천하고 있죠. 정약용의 자식들이 공부에 전념하지 못하는 까닭은 분명했습니다. 아버지의 유배로 인해 폐족 신세가 되었고, 그 결과 본인들의 출셋길이 다 막혀버렸잖아요. 게다가 장기간 길어지는 아버지의 유배 해소를 위해 백방으로 뛰어다녀야 했습니다. 당연히 그들에게 공부란 한바탕 봄날의 꿈같은 것이었겠죠 그런데 정약용은 아들들의 이러한 사정을 잘 알고 있었습니다. 그걸 아는 사람이 "사실 공부는 과거를 위해서 하는 것이 아니라 참된 인간이 되기 위해 하는 것이니라"라며 한가한(?) 말씀만 하시니, '꼰대' 정약용 선생이 아닐 수 없습니다. 게다가 정약용은 두 아들이 임금 앞에서 꽹과리도 치고[01] 여기저기 대소신료들의 문을 기웃거리며 아버지의 탄원을 위해 뛰고 있다는 얘기를 듣자, 편지를 보내 "그딴 짓거리 한 번만 더 하면 너네 다시는 안 본다!"라고 또 혼냅니다. 이쯤 되면 고개를 절레절레 흔들 만하죠?

하지만 정약용의 두 아들은 사정이 좀 나을 수도 있습니다. 이들에게는 '폐족'이라 과거를 못 본다는 사정이 있었죠. 이른바, '명예로운 죽음'이랄까요. 그러나 아버지가 불세출의 천재이면서 정치적인 문제도 없다면, 빠져나갈 구멍이 없어집니다. 또 한 명의 천재 퇴계 이황(李滉, 1501~1570)과 그 아들 이준(李寯, 1523~1583)의 이야기입니다.

01

임금님 앞에서 꽹과리를 친다니까 뜬금없죠? 조선 중기 이후엔 억울함을 호소하는 신문고(申聞鼓)가 폐지되고 격쟁(擊錚)이 도입되었습니다. 왕이 저잣거리로 행차할 때 백성들이 징이나 꽹과리를 치며 난입하고 억울함을 호소하는 것인데요. 심지어 궁궐 안으로 난입하여 격쟁을 하기도 했습니다. 또한, 추사 김정희(金正喜, 1786~1856)와 같은 유명한 양반도 격쟁을 했던 기록이 있습니다. 재위 기간이 길었던 정조(正祖) 재위 시기에는 무려 1335건의 격쟁이 기록되어 있는데요. 격쟁이 많아졌다는 것은 곧 조선의 시스템이 무너지기 시작했다는 뜻이기도 합니다. 요즘의 청와대 국민청원에 대해서도 순기능과 역기능에 대한 의견이 다양하지만, '공론화'할 수 있는 거의 유일한 공적 창구인데요. 국민청원 게시판이 여론 형성의 주요 축으로 자리 잡았다는 점은 우리 시스템에 대한 반성이 필요한 신호가 아닐까요?

【 아들에게 】

네가 별시(別試, 비정기 과거시험) 때엔 맞춰 와서 시험을 보겠다는
얘길 들었어. 물론 지금의 네 수준으론 합격은 택도 없겠지만,
일단 친구들하고 올라와서 시험을 보렴.
전국의 수험생들이 구름처럼 몰려드는데, 어떻게 너만 시골에
콕 박혀서 분발하는 마음도 없이 눌러앉아 있는 게 옳겠니?
지난 편지에선 네가 친구들과 서울 구경하면서
겨울을 나고 싶다고 했는데, 이제는 아예 그것도 다 쓸모없는
짓이라 생각하고 시험을 포기하려는 것은
사실 네가 야망이 없어서겠지. 아버지 말이 맞지?
다른 선비들이 "까짓것 일단 한번 시험 보라고" 네게 용기를 줘도 너
는 그저 안일하게 눌러 있을 뿐이니,
아버지는 실망, 또 실망이다.

네가 지금부터라도 빡세게 공부하지 않으면 시간은 그저
흘러버릴 것이고, 그땐 이미 늦어 진도를 따라잡기 어려워진다.
그러면 뭐 나중에 농부나 군대의 졸병이나 하면서 살게 되겠지.
너는 항상 농사 핑계를 대면서 공부에 소홀해진다고 말하지만,
그건 다 핑계야 핑계.

―『퇴계서집성』[漢]

● 조선의 교장 선생님 퇴계 이황

이황이 왜 천 원권 모델이냐며 의아해 하는 사람도 많지만, 알게 모르게, 혹은 그것이 옳든 옳지 않든 유학은 오랫동안 한국 사회의 윤리 모델이었습니다. '뮤지션들의 뮤지션'이 존경을 받듯, '유학자들의 유학자'였으니 그의 위치란 대략 짐작할 만합니다. 심지어 임금에게도 이러쿵저러쿵 잔소리를 할 수도 있는 위치가 되죠. 그런 퇴계의 개인사는 꽤 불행했습니다. 친형이 을사사화(乙巳士禍)로 처형당했고, 첫째 부인은 일찍 사별했으며, 둘째 부인은 지적장애가 있었습니다. 또한, 둘째 아들이 일찍 요절해서 과부가 된 며느리의 개가를 허용한 것이나, 지적장애가 있는 부인의 실수를 온몸으로 받아낸 것은 유명한 일화입니다. 임금한테도 엄격하지만, 내 가족에게는 따뜻한 '차가운 도산서원의 남자'랄까요.

사회초년생이라면, 어른이 되기 위해 발을 내딛는 것을 두려워할 때가 있습니다. 입사 지원율, 혹은 시험 경쟁률이 어마무시한 것을 발견할 때, 먼저 드는 감정은 두려움이죠. 1:100이란 숫자를 보고 자신이 속한 곳이 '100'이 아니라 '1'일 것이라 확신하는 사람은 범상치 않은 배짱을 지닌 사람이거나, 근거 없는 자신감을 장착한 사람일 겁니다.

한편 애초에 이력서를 내거나 시험에 접수하는 것조차 꺼리는 사람이 있습니다. 그런 사람을 보면 다들 답답해하며 말합니다. "해보지도 않고 왜 벌써 겁을 내?" 하지만 자신의 실력을 냉정히 평가하여 내린 결론, 즉, '어차피 안 된다'는 결론이 머릿속에 가득한 사람에게는 그런 조언이 마냥 고깝게 들리지는 않는 법입니다.

편지에 나타난 퇴계 이황의 아들, 이준의 심정이 딱 그런 것이 아니었나 싶습니다. 이준도 아예 변명거리가 없는 것은 아니었는데, 일찍부터 관직에 나가 서울 생활을 오래 한 아버지 때문에 그는 집안의 대소사를 처리해야만 했습니다. 게다가 아버지가 고향에 서원도 짓는 등 벌인 일이 적지 않았으므로 그 뒤처리는 모조리 아들 이준의 몫이었죠. 여기저기 돌아다니면서 소작농들 관리해야지, 나라에 내는 세금 점검해야지, 집안일 챙겨야지, 게다가 퇴계가 두 번째 부인까지 깍듯이 챙기라는 명령을 내려서 의붓어머니 집안일도 챙겨야 했습니다.

이준으로선, '할 일이 산더미처럼 쌓여 있는데 내가 지금 어차피 떨어질 시험 보러 서울까지 가서 놀다 오는 게 가당키나 한 일인가?' 싶었을 것입니다. 이황은 아들 나름의 책임감을 제대로 보지 않거나 혹은 알고도 외면한 채, '야망이 없다' '미래 계획이 없다'라고 평가합니다. 물론, 이황이 편지 원문에 적은 '입지(立志)'란 단순히 야망이 아니라 유학에서 이르길 '성인으로 향하는 실천도덕의 마음을 세우는 것'을 말합니다만, 공자님께서는 왜 하필 28살이나 35살쯤이 아니라 15살에 뜻을 세워서 장래희망은커녕 빨리 하교해서 게임이나 한 판 할 생각밖에 없는 중학생들을 괴롭히시는 건지 모르겠습니다. 물론 이황도 아들의 사정을 알고 있었어요. 이준은 경제적 상황 때문에 처가에 얹혀살았는데, 이황은 이 모든 게 자신이 곤궁했기 때문이라며 미안해합니다. 나아가 아들의 과거 합격을 위해 당근과 채찍을 동시에 씁니다.

【 아들에게 】

요즘 세상이 점점 살기 힘들어져 남자가 몸을 숨기기도 어려워진단다. 조정에서 나오는 아이디어들을 들었는데, 조정 관료의 자식 중에서 하는 일이 없는 놈은 모조리 군대로 보내버린다고 하니, 딱 봐도 넌 현역판정 받게 생겼네. 그러니까 군대 가기 싫으면 빨리 과거 보고 합격하는 길밖에 없단다.

요즘 나랏일이 어떻게 돌아가는지 몇 장 적어서 보내줄게. 지난달 26일 시험 때는 임금님이 직접 '죽림칠현(竹林七賢) 중 한 사람인 산도가 「오나라를 제압하지 않아 걱정거리를 남긴 것을 경계하는 글」을 임금께 올린 것'이란 문제를 뽑아서 내셨는데, 네 명이 합격했단다. 참고하렴.

―『퇴계서집성』[漢]

아들내미의 과거 합격을 목 빠지게 기다리는 이황은 '너 그러다가 꼼짝없이 군대로 끌려간다'라며 겁주는 것과 동시에, 최신 기출문제를 누구보다 빠르게 전해주며 1타 강사의 면모를 보여줍니다. 국가 대신이면서 죽은 뒤 성인(聖人)의 반열에 오른 사람이지만, 아들 앞에서는 노량진에 자녀를 보내놓은 학부모의 심정과 다르지 않았습니다.

그래서 이준은 어떻게 됐을까요? 이황의 나이 55세 되던 해, 이준은 음직(蔭職, 부모의 은덕으로 자식에게 관직을 주는 제도)으로 벼슬살이를 시작합니다. 결국, 자신의 힘으로는 과거를 뚫지 못한 것이죠. 이준의 아들, 즉 이황의 손자 역시 이황 가문의 후광으로 낙하산 관직을 얻습니다. 물론 낙하산으로 관직을 시작하는 것은 조선 사회에서 특별한 일은 아닙니다. 두 사람 모두 나름의 명분과 이유가 있기도 했습니다. 하지만 입시 부정이 중요한 사회적 문제가 된 요즘 같은 세상에서 바라보기엔 뒷맛이 씁쓸한 것은 어쩔 수가 없네요.

한편, 아들이 그저 남들처럼 평범하게 살더라도 몸과 마음은 평안히 살기를 바라는 부모도 있습니다. 게다가 그 아들이 평소 부조리한 세상과 처량한 신세 한탄을 하는 히키코모리 성향을 지녔다면 더더욱 그렇겠죠. 조선 후기 소론의 당 대표, 윤증(尹拯, 1629~1714)이 그 아들에게 보낸 편지를 볼까요.

【 둘째 아들에게 】

지난번 편지를 읽어보니, 여름 가을 다 잘 보낸 것 같아

아버지는 참 위안이 됐어. 그런데 편지마다 항상 괴롭고

우울한 글들이 쓰여 있어서 가슴이 아프네.

몸 아픈 건 좀 어떠니? 너도 이제 장가가야지.

얼른 장가가서 제사도 받들고 동생 교육도 하면서

손자를 낳는 게 너의 가장 중요한 인생 목표야. 잊지 말렴.

그 뒤엔 그저 한곳에 뿌리내리고 살면서 맘 편히 책이나 읽으며

살면 돼. 딴 거 없어. 인생이 다 그런 거 아니겠니?

길바닥을 방황하며 "꿈은 높은데 현실은 시궁창이야"

따위의 생각만 하다 보면 어느 순간 폐인이 되어버린단다.

— 『명가필적집』 [漢]

아들이 그저 아프지 않고 맘 편히 살기를 바라는 윤증의 편지입니다. 이러한 소박한 바람은, 어쩌면 그의 삶이 하도 좌충우돌했기 때문에 나왔는지도 모릅니다. 윤증의 아버지 윤선거(尹宣擧, 1610~1669)는 병자호란(丙子胡亂) 때 강화도가 청군에게 포위되어 많은 사대부와 부녀자들이 자결하는 순간, 홀로 도망갑니다. 그런 사람의 아들이란 것만으로도 충(忠)을 강조했던 조선 사회에선 평생 욕먹을 감이죠. 본인에게도 엄청난 콤플렉스였을 것입니다.

그랬던 윤선거가 죽자, 윤증은 스승인 송시열(宋時烈, 1607~1689)에게 아버지의 묘지명(墓誌銘, 묘비에 적는 글)을 부탁합니다. 그런데 송시열은 기품 있는 묘지명 대신 윤선거의 욕을 잔뜩 써놓음으로써 윤증

의 뒷목을 잡게 만듭니다. 스승을 믿었더니, 일종의 패륜적 욕을 들어먹은 것이죠. 이는 노론과 소론이 갈라서는 결정적인 계기가 되었고, 이후 윤증은 당대의 정치 세력 두목들과 끝없는 설전을 벌이며 소론의 당 대표로 살게 됩니다. 이 시대는 다혈질 숙종의 '밥상 엎어버리기 정치'[02]로 집권파가 수차례 바뀌던 시절이었으니, 한마디로 바람 잘 날 없는 고단한 인생이었다고 할 만합니다. 따라서 아들에게 한 조언은 뼈저린 경험에서 나온 것이겠죠. 재미있는 것은, 윤증은 재야에 있으면서도 워낙 존재감이 뚜렷해서 수없이 많은 관직 천거를 받았는데 제대로 한 관직 생활은 없습니다. 어쩌면 그래서 목숨은 부지한 것일지도 모르겠습니다.

이후 두 아들의 행보를 보면 윤증이 둘째 아들에게 했던 조언이 정말 현명한 것이었음이 느껴집니다. 첫째아들 윤행교(尹行敎)는 관직에 나가 아버지의 대변인이 되어 노론과 열심히 싸웠습니다. 그러나 정치적 후견인인 윤증도 죽고 아버지를 제법 살펴주던 숙종이 죽자, 결국 불명예 퇴직과 함께 정계를 은퇴 당합니다. 위 편지의 수신인인 둘째 아들 윤충교(尹忠敎)는 관직 시험을 치긴 쳤습니다. 100명 중 48등이었죠. 하지만 관직에 나가지 않았고, 형과 아버지가 노론과 설전을 벌이는 가운데 혼자 그림자처럼 숨어 가족을 지켰습니다. 그처럼, 윤충교가 고생하는 형을 위해 지어준 집이 지금도 논산에 남아 있습니다. 명재고택(明齋古宅)입니다.

이황의 시대와는 달리, 이미 이때쯤이면 선비가 공부하지 않거나 관직에 나가지 않아도, 그저 글공부 열심히 하는 자세만 잃지 않는다면 자신의 존재와 신분을 증명하는 데 부족함이 없었습니다. 물론, 경제적으로 풍족하다는 전제하에서요. 명재고택은 다른 사대부들의 집에 비해

검소한 집이라는 평가를 받고 있습니다. 녹봉을 받는 것도 아니면서 본인도 아니고 형을 위해 그럴싸한 집을 뚝딱 지어주는 것에서 최소 은수저의 향기가 나지 않나요? 반백수로 지내면서 독서나 하고 장가나 드는 삶, 그것도 다 돈이 있어야 할 수 있겠죠. 부럽네요, 윤충교. 제 롤 모델입니다.

다만, 윤충교가 우울해했던 이유를 추측해보자면 이렇습니다. 아버지가 본인에게 내려준 역할, 이름을 떨치고 싶은 자신의 이상, 이 두 가지 사이에서 벌어진 괴리감 때문이 아닐까 싶습니다. 시험에 붙었으나 관직에 나가지 않고, 또 시간이 흘러 형이 정계 은퇴 당하는 것을 본 뒤로도 그 한 줄기 아쉬움은 남아 있지 않았을까요? 남들이 보기엔 '반백수 라이프'라지만, 실은 공동체를 이끌어가야 하는 후계자 수업을 받아야만 했으니, 윤충교 본인의 속은 꽤 타들어 갔을지도 모르겠습니다.

공부하란 잔소리도 누가 하냐에 따라 데미지가 다릅니다. 손주라면 껌뻑 죽는, 맛난 과자 쟁여놨다가 손주가 오면 슬며시 꺼내주는 인자한 할아버지가 하시는 잔소리는 더더욱 충격이 클 테죠.

02

흔히 숙종(肅宗)을 '조선왕조 정통성 끝판왕'이라고 부릅니다. 왕과 후궁이 아닌 왕비 사이에서 나온 '장남'이자, 원자-세자-왕에 이르는 정통 테크트리를 탄 인물이기 때문입니다. 그런데 숙종의 성격은, 숙종의 어머니 명성왕후(明聖王后)도 "내 배로 낳았지만, 아침과 저녁이 달라 감당 못 하겠다"라며 고개를 절레절레 흔들 정도로 다혈질이었습니다. 하루아침에 한쪽 당파를 싹 몰아내고 조정을 물갈이하는 환국(換局) 정치는 숙종의 정통성과 성격, 그리고 당시의 정치 환경에서 비롯된 것이죠. 이 책에 등장하는 윤증, 송시열, 송규렴 같은 당대의 셀럽들도 숙종에게 한 번씩은 호되게 당합니다. 그만큼, '답정너' 숙종은 아무도 말릴 수 없었습니다.

【 며느리에게 】

며느리야. 너한테 편지 쓰는 김에 손자 놈에게 할 말이 있으니
전해라. 절대 까먹지 말고 꼭 전해야 한다.

필환이 이놈아!
네 엄마가 보낸 편지를 할애비가 읽어보니, 네가 책은 코빼기도
안 쳐다보고 탱자탱자 노는 게 날마다 심해지기만 한다더라.
도대체 커서 뭐가 되려고 이따위로 구는 게냐!
네가 지금 나이가 몇인데, 지금이라도 공부하지 않으면
분명 글도 제대로 못 쓰는 어줍잖은 용렬한 물건이 될 뿐이니,
정신 좀 차려라. 게다가 저번에 이 할애비가 분명 네게
시 한 편 써서 보내라고 시켰거늘, 아직도 보내지 않았으니
무슨 배짱이냐? 어영부영 넘어갈 생각하지 말거라.
이 할애비, 절대로 안 까먹는다!

— 시아버지가
은진 송씨 송규렴가 『선찰』 [한]

　　숙제까지 내며 손주의 진도를 체크하는 깐깐한 할아버지가 여기
있습니다. 치사하게 엄마에게 보내는 편지로 일격을 먹입니다. 시아버
지의 호된 꾸지람은 비단 아이뿐 아니라, 가족 구성원 모두의 등에 한

● **국가민속문화재 제190호 '명재고택'**

　　군더더기 없는 깔끔함과 생활에 편리한 실용적인 설계로 꼽히는 집입니다. 여전히 후손이 살아가고 있으며, 게스트하우스로 이용할 수 있습니다. '윤가네 식구들'은 많은 것들을 자급자족했습니다. 끈끈한 마을공동체를 형성함으로써 생산수단과 교육까지 공유하는 가풍(家風)과 지역색은 정치적인 위기의 바람을 피하면서 지역 사회의 권위자로서 자리하는 뼈대가 되어주었습니다. 둘째 아들과 제자들이 힘을 합쳐 명재고택을 지은 것은 그들의 끈끈한 결속력을 확인할 수 있는 장면입니다.

줄기 식은땀을 나게 했겠죠. 아이의 잘못은 부모의 책임, 아이의 땡땡이도 당연히 부모의 책임이 됩니다. 자연스레 엄마는 "그러게 공부 좀 하라니까. 혼날 만하다 아주"라며, 아버지는 "이놈 자식이 감히 할아버지 말씀을 무시해?"라며 두세 차례 더 혼냈을 것입니다.

'세 살부터 한시(漢詩) 정도는 써줘야' 신동 소리 붙여주고, 아이의 총명함이 가문의 위대한 결과로 비치던 시절이었습니다. 어른들은 자녀가 한창 놀고 싶을 나이임을 알면서도, 양반의 자손으로 태어난 아이들이 마냥 놀기만 하는 것을 보면 선대가 쌓아온 가업(家業)이 날아가 버릴지도 모른다는 위기감을 느꼈을 것입니다.

그런데 가문의 무게를 짊어진 것은 할아버지뿐만이 아닙니다. 명문가의 할머니 역시 한 치의 빈틈이 없었습니다.

【 손자에게 】

손자야, 이제 나이가 적니? 혹시 글이 너를 싫어하디?
너는 항상 이런저런 생각만 하지만,
그저 다른 사람들보다 죽자 사자 더 노력하면 되는 거 아니니?
할머니가 슬쩍 보니 네 남다른 글재주가 오히려 너를 어둡게 만들긴
하지만, 그래도 어느새 어른스러운 글을 쓰기 시작했더구나.
너의 편지를 읽으니 할머니는 화가 좀 나지만,
그래도 글공부 때문에 마음 앓이를 한다는 걸 보니

조금이나마 낫네. 너희 부모의 병 때문에 고민이 많아

글공부가 안 된다고 하지만, 네가 만병통치약을 만들어

병을 고칠 수 없다면 그저 글공부로 성공하는 게 효도란다.

— 할머니가

『은진 송씨 송준길 가문 한글 편지』 [한]

편지의 표현이 꽤 재미있습니다. 글을 의인화한 '글이 너를 싫어하다?'라는 표현도, '노오력'을 강조한 말도 눈에 들어오지만, '만병통치약을 만들어 어머니, 아버지의 병을 고칠 수 없다면 그저 공부를 하렴'이란 표현이 인상 깊습니다. 시크함과 인자함이 동시에 묻어나오죠. 다소 엄해 보이는 어조와 내용으로 유추해볼 때, 손자가 꽤나 '중2병'스러운 염세적인 편지를 보냈나 봅니다. 이에 대한 할머니의 답은 "응, 공부해"였습니다.

IMF가 한창 불어 닥쳤을 때, 많은 부모님은 아이에게 '너는 걱정하지 말고 공부만 열심히 해'라고 말했지만, 그 약속을 지키지 못하고 무너졌습니다. 그러나 송씨 가문은 충분히 그렇게 말할 수 있었습니다. 은진 송씨 가문은 당대 최고의 명문가이면서 메인스트림 그 자체였기 때문입니다. 물론 경제적인 면에서도 그렇습니다.

앞에 소개한 두 편의 편지는 은진 송씨 송규렴(宋奎濂, 1630~1709), 송준길(宋浚吉, 1606~1672) 가문의 것입니다. 당대는 송시열(宋時烈, 1607~1689)과 함께 이 세 명을 3송, 즉 '쓰리 송'이라 불렀습니다. 송준길과 송시열은 친구이면서 친척, 또 정치적 동반자였고, 송규렴은 이들의 후손이자 제자였으며 정치적 후계자였죠. 세 명 다 조선 정계를 주름잡은 중진 정치인이었으니, 가히 은진 송씨 최고의 황금세대라 할 만합니다. 특히, 조선왕조실록에서 그 이름 석 자가 가장 많이 등장하는 송시열은 왕과의 끝장토론을 시도할 정도로 싸움꾼이었습니다.

　그렇지만 주류는 언제나 비주류의 반격을 받기 마련이죠. 결국, 송시열조차도 본인보다 더 싸움을 좋아하는 파괴왕(숙종)을 만나버리는 바람에 사약으로 최후를 맞이합니다. 이러한 정치 상황에서 송씨 가문 자녀들이 받는 공부에 대한 압박감은 다른 사대부 가문의 자녀들이 받는 것보다 훨씬 거셌을 것입니다.

　윤증 가문과 송시열 가문은 치열한 대립 관계였는데, 이들 가문의 자녀들은 비록 그 위치도, 목적도 다르지만 모두 강한 스트레스 속에서 살아가야 했습니다. 이들에게 공부는 단순한 입신양명(立身揚名)의 황금빛 꿈이 아닌, 생존을 위한 투쟁의 수준으로 심화한 것입니다. 공무원 합격이 괜찮은 인생을 담보하는 지금의 현실과는 조금 다르지만, 긴장감은 더 컸을지도 모릅니다.

　아버지가 군인인 친구를 두신 적 있으신가요? 이사를 자주 다니거나, 아버지와 떨어져 지내게 되죠. 아버지가 군인인 우리 시대의 아이들처럼, 조선 시대에도 아버지의 부임지에 따라 '뜻밖의 유학 생활'을 하는 아이들이 많았습니다. 남편이 떠난 집의 관리책임자는 아내였기 때문에, 엄마는 아이와 함께 가지 못하는 것이 일반적이었습니다.

【 아기에게 】

우리 아들이 엄마를 이미 떠났지만, 그리운 마음에 대해선

다시 적지 않을게. 너 역시 집안의 외아들로 태어났건만,

다른 사대부 집안의 혹독한 훈육을 받지 못해

양반의 글이 엄격해야 하는 것을 모르게 되었네.

아들 나이가 벌써 열세 살이지? 이제 너도 곧 결혼할 날이

다가오니, 엄마 생각 따위는 하지도 말렴.

선생님께는 반드시 공손하고 이상한 얘기를 드리지 않게 조심해.

그저 착실히 열심히 배우는 게 엄마한테 하는 최대한의 효도란다.

집에서 응석 부리던 날은 이제 지났으니,

성질만 부리던 네 성품도 이제 가다듬어 고쳐야 해.

편지에 아프다는 얘기가 있던데 혹시 크게 아픈 거니? 걱정되네.

내년 이맘때쯤 널 볼 수 있을 테니,

그때까지 밥 잘 먹고 공부 열심히 하면서 지내렴.

엄마가 보내는 편지도 잃어버리지 말고 잘 보관하고.

— 1704년 9월 13일. 엄마가

p.s 아들 편지 글씨 정말 엉망이야. 글씨 연습 열심히 해.

신창 맹씨가 『자손보전(子孫寶傳)』 [한] - 완산 이씨가 아들 맹숙주

(孟淑周)에게

- **우암 송시열(尤庵 宋時烈)**

노론의 방패이자 동시에 최전방 공격수였습니다. 이미 당대부터 평가가 극과 극을 달렸고, 요즘은 '대책 없는 주자(朱子)빠', '유교 탈레반의 원흉', '수구 보수의 원조 보스' 정도의 안 좋은 인식이 주를 이룹니다. 그런데 그가 보수적인 기득권 세력인가에 대해선 이견의 여지가 있습니다. 정치적, 학문적으로 그의 사상이 배타주의, 근본주의적인 면모를 보인 것은 분명합니다. 반면 사회 현실의 해소에는 굉장히 유연한 주장을 많이 펴기도 했습니다.

난이도로 따지자면 청학동 캠프 정도는 가볍게 뛰어넘을 유학 생활은 이제 갓 13살, 6학년 초등학생 즈음이 되는 아이에게는 쉽지 않았을 것입니다. 생활 윤리를 강하게 강조하는 유학(儒學)을 배우는 것이기에 더욱 그렇죠. 집에서는 하인들의 대접을 받고 부모의 사랑을 독차지하는 위치에 있었지만, 이곳에선 그저 '학생 A'의 신분밖에 되지 않습니다. 게다가 은근히 벌어지는 가문 간의 기 싸움도 상상해볼 수 있죠.

하지만 이런 합숙 과정은 거의 필수적이었습니다. 공부의 목적은 과거에 있고, 과거에 합격하면 성균관(成均館) 입학이 따르게 되죠. 최고의 엘리트를 키워내는 성균관은 군대처럼 엄격한 생활 윤리로 가득한 스케줄을 소화해야 하는 곳이었습니다. 따라서 멀리 유학을 보내는 것은 어릴 때부터 유학(儒學)이 강조하는 생활 윤리를 몸에 익히는 과정이기도 했어요. 보통, 추신에는 생활에 관련된 글, 예를 들면 옷가지나 음식에 관한 이야기를 적기 마련인데, '글씨가 엉망'이라며 끝까지 잔소리를 적은 것은 조금 독하다는 느낌도 듭니다.

아이의 투정이 적힌 편지를 읽고 '맴찢'했을 엄마는, 그러나 위로를 감추고 엄격한 잔소리로 아이를 타이릅니다. 몸은 멀리 있지만, 엄마가 늘 함께한다는 말을 돌려 "엄마가 보낸 편지 잘 보관해"라 말합니다. 편지가 지금까지 남아 있으므로 아이는 엄마의 말을 아주 잘 지킨 것이죠. 그런데 사실, 아이의 사정은 같은 처지의 문하생 사이에서 가장 '꿀 빠는' 위치였습니다. 아이는 황해도 관찰사로 부임한 아버지를 따라간 것이었기 때문인데요. 아버지가 관찰사인데 누가 아들을 쉬이 건드릴 수 있겠습니까. 물론 그렇다 하더라도, 이 편지에서는 자녀를 멀리 유학 보낸 부모의 보편적인 심정을 읽어낼 수 있습니다. 편지의 수신인은 맹숙주(孟淑周)라는 인물입니다. 1717년(숙종 43년), 그는 100명 중 7등으로 합격합니다. 아이의 조기 유학은 그럭저럭 성공했다고 할 수 있겠죠?

숨 쉬는 공기조차도 가부장적인 조선 후기, 아내에게 공부하란 잔소리를 듣는 남편의 심정은 어떠했을까요? 적잖이 자존심이 상했을 것 같습니다.

【 남편에게 】

나는 일개 부인으로 평생 규방에 갇혀 살면서 제대로
배워본 적도 없어. 그래도 바느질하고 빨래하는 틈틈이 책을
열심히 읽고 성현들의 경지에 다가서려고 노력하고 있지.
그런데 당신은 대장부니까 열심히 공부하고 실천하며
부지런히 노력하면 못 배울 게 어디 있고, 가르치지 못할 건
또 어디 있으며, 무언들 해내지 못하겠어?
당신이 맘만 먹으면 성현이 되지 못하게 누가 막을 수 있겠어.
성현도 대장부고 당신도 대장부야.
그러니까 겁내지 말고 성현이 되기 위해 노력해.

— 강지덕(姜至德, 1772-1832)

『정일당유고』[漢]

명문가들이 점차 많아짐에 따라 사람들의 평균 지적 성취도도 따라 올라가게 됩니다. 양반, 그중에서도 남성, 또 그중에서도 적자(嫡子)의 전유물이었던 '학문'은 접촉의 경계가 느리지만, 조금씩 넓어져 갔습니다. 그러나 과거 응시라는 구체적인 목표를 잃어버린 학문은 표류할 수밖에 없겠죠. 서자(庶子)조차도 멸시를 받는 시대에서 여성이 학문하기란 상상 이상으로 어려웠을 것입니다.

그래도 공부하고 싶은 열망을 말릴 수는 없습니다. 강지덕(姜至德, 1772~1832)이 그랬습니다. 1772년 출생한 강지덕은 명문가의 후손이었으나 가세가 기울어 어린 시절부터 삯바느질로 생계를 꾸려가게 됩니다. 역시 명문가의 후손이나 지지리도 가난한 윤광연(尹光演)과 결혼하여 가난한 사랑 노래를 이어가죠. 각자 생업활동을 하면서도 남편은 과거 급제를 포기할 수 없었습니다. "양반 사나이로 태어나서 어? 과거는 한번 붙어야지"라는 것이 시대정신이던 시절, 과연 누가 쉽게 포기할 수 있을까요. 하지만 강지덕은 남편에게 잔소리와 설득을 겸해 야인의 삶을 권유합니다. 결국, 윤광연은 나이 43살이 되어서야 서당을 개업, 교육업에 종사하는 자영업자의 길에 들어서게 되죠.

우리 한번 상상해볼까요. 가장인데 생계도 못 꾸려, 그렇다고 공부를 잘하지도 못해, 집안 덕이나 친구 덕을 볼 수도 없는 윤광연을 보는 강지덕의 심정을요. 또, 아내보다 학문의 성취가 떨어지고 아내의 도움 없이는 서당조차 차릴 수 없는 자신을 바라보는 윤광연 본인의 심정을요. 정말로 갑갑하고 답답하지 않았을까요? 강지덕이 세상을 떠나자, 윤광연은 그녀의 문집을 출판하고 4년 뒤에 아내의 뒤를 따릅니다. 재능을 펼치지 못하고 가계를 책임졌던 아내에 대한 미안함을 문집으로

- **성균관(成均館)**

　엘리트 육성 기관인 성균관은 모든 과거 지망생들의 필수 코스였지만, 내부엔 지금 '헬조선'이라 일컬어지는 악습들이 매우 많았습니다. 새벽부터 밤 늦게까지 이어지는 빡빡한 하루 일정, 신입생 환영회 때 벌어지는 무자비한 술 권하기, 가문 간에 벌어지는 기 싸움과 가문의 힘으로 세워지는 성적표, 고참들의 신참 괴롭히기 등 윤리를 연구하는 사람들의 행실이라 보기엔 다소 민망한 풍습이 만연했습니다. 그러나 이렇게 혹독한 환경 속에서도 어떤 유생은 남들이 다 잘 때, 달빛에 의지하며 새벽 공부를 이어갔다고 합니다.

● **공부와 시험 사이**

　'공부하라'는 말을 하는 사람과 듣는 사람의 입장은 상당히 다릅니다. 하지만 시간이 흐르면 각자의 입장이 뒤바뀌기도 하죠. 아버지, 엄마, 할머니, 할아버지, 아내의 편지에서, 밤늦은 시간이 되어서야 집으로 돌아온 자녀에게 안쓰러움을 느끼면서도 잔소리를 할 수밖에 없는 부모의 마음이 보입니다. 또한, 제각기 다른 사정으로 혼란함을 겪는 자녀들의 애로사항 역시 함께 느껴집니다. 성현이 되기 위해서도, 입신양명을 위해서도, 공무원이나 취직 시험 합격을 위해서도 아닌, '진짜 하고 싶은 공부'를 할 수 있는 시대는 우리에게 아직 요원합니다. 앞으로도 모든 가정에서 공부하란 잔소리는 끊이지 않겠죠. 그래도 기왕이면 잔소리가 아닌, 아이의 입장을 많이 배려한 '인생 조언'인 편이 서로에게 더 필요하지 않을까요? 강지덕이 남편에게 보낸 편지처럼요.

해소한 것이죠. 공부하고 싶어도 못하는 정일당과 공부할 수 있어도 영성과가 나오지 않았던 윤광연. 이들 정일당-윤광연 부부의 사연은 『정일당유고(靜一堂遺稿)』에 담기게 됩니다.

다 사랑하니까
하는 소리야

"다 널 사랑하니까 이런 얘기도 하는 거야"라는 잔소리를 들어본 적 있나요? 잔소리 듣기 좋아하는 사람은 단 한 명도 없겠죠. 잔소리가 조금 심해지면 '꼰대질'이 되고, '꼰대질'이 반복되면 구박이 됩니다.

조선이라는 나라를 생각하면 자연스레 엄격·근엄·진지함으로 똘똘 뭉친, 매우 경직된 사회의 모습이 떠오릅니다. 조선의 근본은 유학적 이상사회 구현을 목표로 한 성리학(性理學)이었습니다. 그러한 성리학적 이상사회의 구현을 위해 전국 방방곡곡에 마을 단위 실천 모델인 향약(鄕約)을 보급하게 되죠. 따라서 가족, 고을, 학교 등 다양한 집단에서 서로를 향한 '꼰대질'이 다소 심해진 것은 사실이긴 합니다.

그런데 우리가 사는 이 시대 또한 여전히 도덕적인 이야기를 할 때 '사람이라면'이라는 전제를 붙여서 이야기합니다. 조선의 경직된 윤리도 거기에서 출발했습니다. 꽤 경직됐던 조선 사람의 잔소리를 현대인에게 들려주어도 때로 큰 거리감 없이 받아들이는 배경이기도 합니다. 이 장에서 소개할 잔소리가 그렇습니다.

【 집사람에게 】

그거 참, 곡식 좀 꿔달라고 관아에 청원서를 내면서
통 사정을 해도 쥐뿔도 안 주니 쌀밥 먹기는 글렀어.
날이 이렇게 가물어 보리밥 먹기도 쉽지 않은데
어떻게 쌀밥 먹고 살겠어. 누가 이러쿵저러쿵 알려줘도
절대 혹하지 말고 내가 시킨 대로만 해요.

뭐, 배고프면 상감마마도 보리밥으로 일단 배부터 채우고 본다는
데, 하물며 상감만 못 한 우리네야 별수 없잖아.
하여튼 누가 쌀밥 구해보라고 꼬셔도 절대 넘어가면 안 돼.

돌아가신 아버지 제삿밥도 살아계실 때 드셨던 것처럼
그냥 보리밥 쌀밥 섞어서 올려요. 제사에도 쌀밥을 못 짓는데,
다른 밥을 쌀로 짓는 건 말도 안 되는 소리지.
아무튼! 누가 꼬셔도 절대로 넘어가면 안 된다고!
알았지? 절대 안 돼!

『현풍곽씨언간』[한]

곽주(郭澍, 1569~1617)는 전란의 시대를 관통한 인물입니다. 임진
왜란(壬辰倭亂)은 7년간의 고통으로 끝나지 않았죠. 조선의 국가 산업은
대부분 농업이 담당하고 있었습니다. 자연히 전란으로 인한 토지 황폐
화와 노동인구 급감은 수십 년간 막대한 타격으로 남을 수밖에 없었죠.
물가는 폭등했고, 양반에서 노비까지 전 국민의 생활고가 만연해졌으
며, 편지에 나왔듯 왕실의 사정도 그리 넉넉하지 않게 됩니다.
　　하지만 쌀값이 천정부지로 치솟아도 누군가는 쌀을 팔아야만 살
아갈 수 있습니다. 구매력이 있는 곳은 제사를 지내는 부유한 양반층뿐
이었죠. 상인들은 쌀을 팔기 위해 백방으로 애썼지만, '제사에도 쌀밥을
못 올리는' 상황까지 몰리는 것은 양반도 마찬가지였습니다. 굶어 죽는

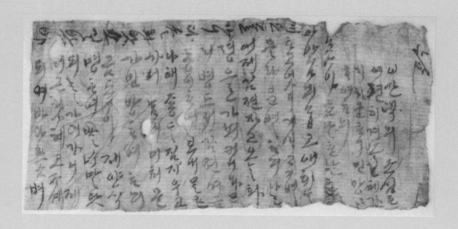

● **『현풍곽씨언간』**

1989년 4월, 곽주의 아내 하씨의 관에서 172건의 한글 편지가 발견됩니다. 곽주가 부인에게 쓴 편지가 주를 이루며 나머지는 곽주의 자녀가 하씨에게 보낸 편지가 들어 있었습니다. 1602년부터 1652년까지 약 50년이라는 긴 세월 동안 주고받은 편지에는 조선 시대에 살았던 한 가족의 생애가 매우 농도 짙은 유화처럼 담겨 있습니다. 특히, 다른 한글 편지 자료에서도 쉬이 볼 수 없는 이야기가 많이 담겨 있죠. 곽주가 살던 시기는 훈민정음이 창제된 후 약 160여 년이 지난 때였습니다. 곽주의 편지에서는 언문이 성공적으로 정착해 실생활에 꼭 필요한 언어로 다채롭게 쓰이고 있었음이 드러납니다.

사람이 속출하는 전란의 시대에서 이미 죽은 사람을 위한 제사용 쌀밥은 그 아무리 '조선'이라 해도 언감생심이었을 겁니다.

곽주가 아내 하씨에게 보낸 편지에는 그러한 사회 배경이 잘 드러납니다. 특히, '돌아가신 아버지 제삿밥도 살아계실 때처럼 섞어서 올려요'란 부분이 인상적입니다. 조선이 어떤 나라인가요. 제사 지낸다고 관직을 '쿨하게' 때려치우고, 대책 없이 사표 날린 사람에게 효자라며 칭찬하던 나라였잖습니까? 어쨌든, 곽주는 아내에게 한 톨이라도 더 흰 쌀을 팔려는 상인들의 꼬임에 넘어가지 말라고 신신당부하고 있습니다.

그런데, 이 곽주라는 양반, 편지를 읽으면 읽을수록 재미있습니다. '꼰대질'에 아주 최적화된 캐릭터입니다.

【 집사람에게 】

아주버님께서 오늘 우리 집에 다녀가신대.
진짓상 야무지게 차리는 것은 당연하고,
그보다 간식상도 풍족하게 차려야 해.
내가 쓰는 밥상 있지? 그거 꺼내다가 형님 상으로 써.

간식은 말야, 음, 일단 양념 고기, 세실과(과일을 쪄서 모양을 낸 음식), 모과, 청과, 홍시, 잡채를 올리고, 석류 동동 띄워서
수정과도 올려줘.
작은 상에는 율무죽과 녹두죽 두 가지를 올리고,

꼭 꿀도 같이 담아 놔야 해요.
안주로는 처음엔 꿩고기, 2차 하실 땐 대구,
3차 하실 땐 청어 구워서 드리도록 해요.

우리 형님이 당신 보려고 일부러 먼 길 가시는 거니
아무렇게나 있지 말고 화장도 좀 하고,
머리도 좀 단정하게 하고 있어.
큰아들도 잊지 말고 꼭 인사시키고.
나머지는 알아서 야무지게 차려줘.

— 남편이
『현풍곽씨언간』[한]

편지에서 일컫는 '아주버님'은 곽주와 매우 가까운 집안의 큰 어른으로 보입니다. 아주버님의 캐릭터가 문중의 군기반장이었을까요. 부재중이었던 곽주는 하나에서 열까지, 심지어 3차의 안주 메뉴까지 정하여 아내에게 전합니다. 아내가 어련히 알아서 잘 할 텐데, 혹시나 하는 마음을 금하지 못하고 뭐든지 일일이 정해주는 성격의 소유자가 바로 양반, 곽주입니다.

그런데 그가 이렇게 깨알 같은 잔소리를 전한 이유는 따로 있었습니다. 곽주는 첫 부인 광주 이씨와 사별하고 진주 하씨 부인과 재혼했는데, 아주버님의 방문은 재혼한 부인이 어떤 사람인지 확인하기 위해

서였습니다. 말하자면 뒤늦은 면접과 다름이 없죠. 부인의 행실이 남편의 명예에 지대한 영향을 미치던 조선 사회였으니 곽주도 바짝 쫄 수밖에 없었겠죠? 가뜩이나 없는 살림에 구하기 힘든 해산품도 곁들어 식사를 차리라고 잔소리하는 걸 보면 아마도 아주버님과 곽주의 관계는 일반적인 혈연관계 그 이상의 것이었나 봅니다. 출셋길에 있어 가문이 매우 큰 영향력을 발휘하는 시대였으니까요.

집 떠난 남편들이 아내에게 깨알 같은 잔소리를 하는 편지는 더 있습니다. 조선 시대 직업 군인 나신걸(羅臣傑, 1461~1524)의 편지입니다.

【 집사람에게 】

여보, 논밭은 다 소작 주고 당신은 절대 농사짓지 마.

종놈들이 농사짓자고 꼬셔도 절대 직접 지면 안 돼.

당신 고생하면 안 된단 말이야. 논 가래질할 때 기새에게 도우라고

하고, 가래질 끝나면 순원이는 이쪽으로 보내줘.

화장품이랑 바늘 좀 샀어. 가는 편에 보낼게.

나도 얼른 집에 가서 식구들 보고 싶었는데, 상관 놈이 자기 혼자 휴

가 나가고 나는 휴가 못 가게 하는 거야. 거지같고 서럽다 진짜. 군

인이라 내 맘대로 할 수도 없어. 내 맘대로 휴가 나가면

국방부에서 우리 집으로 헌병을 보내 잡아다가 영창을 보낸다니,

어떻게 방법이 없네. 안 가려고 백방으로 용을 쓰다가

배치 받은 곳이 하필이면 함경도 경성이라니, 하….

논밭에 붙는 세금은 일단 형님께 내달라고 부탁드리고,

바쳐야 하는 공물은 미리 바꿔놔. 쌀도 찧어놓고.

그리고 녹송이(하인)가 좀 똘똘하니까,

부역 일은 녹송이한테 모두 맡겨서 처리하라고 해.

— 1490년, 남편이(나신걸)

『안정 나씨 묘 출토편지』[한]

충청도 회덕(현재의 대전광역시 대덕구), 후방에서 꿀 빨던 그가 삼남 지방(전라, 충청, 경상)의 군사를 전방과 교대하는 정책[03]으로 인해 갑자기 전방 중에서도 최전방, 함경도로 발령을 받게 됩니다. 전방에서 근무하는 '군바리'의 심정은 간부나 사병이나 거기서 거기겠죠. 결국, 그는 집에도 한 번 들르지 못한 채 그대로 함경도로 끌려가게 됩니다. 게다가 휴가 통제를 하는 못된 상관을 만납니다. 토끼 같은 자식들 얼굴 한 번 보지 못한 채 함경도로 향하는 그의 마음은 휴가가 반려된 이등병의 심정보다 더하면 더했을 것 같죠?

쥐꼬리만 한 하급 직업 군인의 월급을 받는 나신걸은 당연히 집

03

1490년은 성종(成宗)의 재위 말기였어요. 이 시기의 조선은 북방 여진족과 크고 작은 대립이 끊이지 않았습니다. 그런데 함경도 등 전방의 상황은 매우 안 좋았습니다. 특히, 해당 지역의 거주민들이 가혹한 국방의 의무나 세금을 피해 중국 등지로 도망가는 일이 잦았습니다. 이렇게 약해진 전방의 군사력을 충원하기 위해 성종은 중앙에서 지휘관과 직업 군인을 여러 차례 보냈습니다.

안의 살림을 걱정할 수밖에 없었습니다. 특히, 양반과 양반의 가족은 강한 권위로 노비를 찍어 눌렀을 것 같은 일반적인 이미지와는 달리, 신분제가 엄하게 적용됐던 조선 전기에도 집주인이 부재할 때 노비가 뒤통수를 때리는 일도 종종 있었죠. 대소사를 정하는 편지에 아내 걱정과 함께, 노비들의 성향에 맞게 임무를 정해준 것에서 이 모든 일을 홀로 감당해야 할 아내에 대한 걱정이 천근만근 느껴지시나요?

오랜 세월 '곰신'으로 지낸 아내 신창 맹씨는 이 편지를 소중히 간직했던 것 같습니다. 비록 남편보다 먼저 죽었지만, 그녀의 무덤에서 이 편지만은 생생히 남아 있었습니다. 그녀가 투정과 잔소리와 걱정이 담긴 남편의 편지를 받았을 때의 감정, 즉 오매불망 남편의 휴가만 기다리며 설레다가 뜻밖의 함경도행 소식을 접했을 때의 황망함이 가득 전해집니다.

아내에 대한 잔소리는 당대에 끗발 날리던 집안의 어른이라도 멈출 수 없었던 모양입니다. 송시열의 제자이면서 송준길의 손자인 송병하(宋炳夏, 1646~1697)가 아내 안정 나씨에게 보낸 편지는 '잔소리 끝판왕'으로 꼽을 만합니다.

【 집사람에게 】

내가 딸한테 혼수용 반찬 보낸 거로
당신이 이것저것 시비 거니까 뜻밖이야.
난 요즘 밤낮 편지 주고받는 일과 친구들의 부끄러움도 모르는

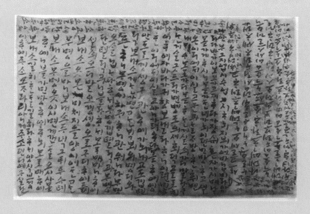

● **나신걸의 편지**

　　1490년에 쓰인 현존 최고 한글 편지입니다. 특히 훈민정음 반포(1446년) 후 약 반세기 만에 사대부가에서 한글이 매우 보편적으로 쓰인 것을 알 수 있는 중요한 자료입니다. 나신걸과 맹씨 부부, 그리고 그 후손들의 묘에선 편지 외에도 다양한 조선 시대 의복이 출토되어 대전 시립박물관에서 전시 중이니, 직접 관람하시는 것도 좋겠네요. (사진의 글씨가 선명한 까닭은 보존이 잘 된 것이 아니라 전면 복원 처리를 해서 그렇습니다.)

돈벌이 때문에 아주 죽겠는데, 고작 반찬 조금 보내는 것 가지고
이러쿵저러쿵 말이 나오는지 알 수가 없어.
애들한테 "너희들 편하게 해라"라고 한 게 그렇게 잘못이야?

처음에 '혼인이란 건 몹시 중요한 일이나 잘 가려서 하자'는
이씨 집안의 편지에 공감해서 그 집과의 혼인을 결정했고,
서울에 기별하는 것은 마침 서울로 가는 극진이에게 전달하라고 시
켰는데, 그 집에서 불쾌해할까 봐 걱정이라니 어이가 없네.

난 요즘 혼자 타향살이하면서 말이야,
혼자 어두컴컴한 데 앉아 잠도 못 자고, 날 밝으면 온종일
듣기 싫은 말과 친구들 장단 맞춰주느라 고생하고 있다고.
그저 집에 있는 자식들을 그리워하기만 하는데, 정말 재미없는
삶이야. 그나마도 기껏 정신 차려서 애들한테 편지를 보내도
답장은 영 시원치 않아 섭섭했는데, 이번 답장엔 그래도
이래저래 기쁘다고 써줬으니 그나마 좀 맘이 풀리네.

그리고 당신이 말했던 개소주 있잖아.
예전보다 형편이 좀 나아져서 개의 간을 딸려 보내긴 하지만,
당신은 어떻게 의학책에도 없는 얘기를 장사꾼이 꼬드기는
말만 듣고 항상 홀라당 넘어가는 거야? 정말.

『은진 송씨 송준길 가문 언간』 [한]

    자녀의 결혼은 부모와 자녀 모두에게 일생일대의 중요한 이벤트였습니다. 모든 관혼상제(冠婚喪祭)의 기준이었던 주자가례(朱子家禮)[04]에 의거해 꼼꼼하게 치러지는 결혼 풀코스는 현대의 '스드메' 준비만큼이나 들어가는 비용과 시간이 상당했습니다. "너, 시집갈 데 정해졌으니 준비해라"라는 아버지의 말과 함께 뚝딱뚝딱 치러지는 혼례가 아니었던 것이죠. 사돈이 될 집안과 숨 막히는 간 보기 중에 엎어지는 경우도 부지기수였습니다.

    부인 안정 나씨는 송병하에게 "그렇게 하면 사돈집이 분명 불쾌해할 거라고요!"라고 쓴 편지를 보냈던 것 같습니다. 누구에게 편지를 맡기는 것조차 신경 써야 할 만큼 결혼의 난이도는 지금과는 다른 의미로 높았던 셈이죠.

    이에 대한 남편 송병하의 반응은 '찌질한 남편' 그 자체가 아닌가요? 이 편지를 보낼 때 그의 나이는 대략 마흔 살 전후였습니다. 불혹의 남편이 하는 변명이 고작 "내가 요즘 얼마나 힘든지 알아?"라며 징징대는 것이라니, "이렇게 힘든데 애들은 답장도 제대로 안 한다고"란 투정은 명문가의 양반 어른이 쓴 글이라고 보기엔 퍽 귀엽기까지 합니다. 아무래도 아내의 지적이 꽤 예리했던 것 같습니다. 하라는 해명은 안 하고

04

『주자가례(朱子家禮)』는 조선 사회를 이해할 때 절대 빼놓을 수 없고, 현대 한국에도 영향을 끼치는 중요한 텍스트입니다. 성리학(性理學)이 인간과 세상의 근본원리를 묻는 형이상학의 학문이라면, 예학(禮學)은 그러한 성리학적인 고찰에 기반을 둔 실천 원리인데요. 중국 송(宋)나라의 유학자 주희(朱熹, 1130~ 1200)가 쓴 주자가례는 예학의 이념을 현실화하는 행동 지침입니다. 즉, '어떻게 살아야 바르게 살 수 있는가'를 인생의 순간마다 세세히 규정한 책이죠. 이 책에 나오는 송시열, 송규렴, 정약용 등은 모두 주자가례의 해석에 대해 끝도 없는 토론을 벌인 인물들입니다.

자기 힘들다는 소리만 써놓은 것을 보면 말이죠. 게다가 '개소주'를 운운하면서 아내의 흉을 보기까지 하니, 자존심이 팍 상한 게 분명해 보입니다.

하지만 잔소리는 역시 아내가 하는 편이 제삼자가 보기엔 더 '꿀잼'이죠. 특히, 남편을 떨게 하는 아내의 레퍼토리는 굉장히 익숙한 구절이 많습니다. 이를 테면, 16세기 후반에 작성된 『순천김씨언간』 142번 편지에선,

> 그 모양이니 가업 일으키는 건 다 틀렸어.
> 애는 벌써 다 커서 올해는 장가보내야지,
> 내년엔 꼭 보내야지, 하면서
> 설레발만 치고 있으니 속 터져 죽겠어.
> 잔소리를 그렇게 해도 여자의 말은 절대로 안 듣는 양반이니….

이거, 어디선가 많이 듣던 대사 아닌가요? 그렇습니다. 아버지가 뭔가 소소한 사고를 쳤을 때 엄마에게서 자연스레 흘러나오는 푸념이죠. 고개를 돌려 먼 산을 보고 있는 아버지, 그런 남편을 흘겨보며 바가지를 긁는 엄마, 이윽고 터지는 아버지의 "시끄러워!"란 역정. 송병하가 편지에서 보여준 태도는 우리 시대 아버지 어머니의 그림과 너무도 닮지 않았나요?

어머니와 아버지의 소소한 다툼이 늘 그렇듯, 잔소리에는 서늘하면서도 불편한 진실을 담고 있는 법이죠. 여기, 남편의 투정에 대해 일갈하는 아내의 편지가 있습니다.

【 당신에게 】

당신, 편지에 뭐 "날 위해 여색(女色)을 참았다"라면서
엄청 생색내더라?
아니, 군자(君子)가 행실 거지를 다스리는 건 당연히
해야 하는 건데 어떻게 아녀자를 위해 그랬다고 할 수 있겠어?
당신이 똑바로 배웠다면 당연히 욕심이 나지 않을 텐데,
뭘 했다고 내가 은혜 갚기를 바라?

고작 3, 4개월 동안 홀아비 노릇 좀 했다고 온갖 고결한 척하면서
생색을 낸다면 결코 담담하거나 무심한 사람이 아니지.
오히려 잡생각이 있다는 방증 아니겠어?
그런다고 내가 "아이고, 잘하셨습니다"라고 할 줄 알았어? 어이구
당신 곁에 친구도 있고 부하직원들도 있어서, 당신이 행실을 곧게
한다면 자연스레 소문이 날 텐데, 굳이 편지까지 보낼 건 또 뭐래.

아무래도 당신은 겉으로 성인군자인 척은 다 하면서, 남이 알아주
기를 바라는 병폐가 있어. 당신이 그러니까 괜히 의심되는걸?

당신은 몇 달 동안 홀아비 노릇 했다고 글자마다 생색을 냈지만,

솔직히 나이 60에 홀아비 노릇 하면 오히려 건강에 득이 되는 거지,

나한테 득 될 건 하나도 없어. 뭐 당신은 높은 자리에 있는

공무원이니 수개월 동안의 홀아비 노릇이 쉬운 일이 아니란 건

모르지 않지만.

그러니까 헛소리 그만하고 하던 홀아비 노릇,

생색이나 내지 말고 열심히 하세요.

— 1570년, 아내가

『미암일기』[漢]

송덕봉(宋德峯, 1521~1578)이 남편이었던 유희춘(柳希春, 1513~
1577)에게 보낸 편지입니다. 이때 송덕봉은 50세였고, 유희춘은 곧 60세
였습니다.

편지의 주요 내용은 이렇습니다. 유희춘은 '서울에서 관직 생활
을 하며 외간여자들을 가까이하지 않았으니 나 좀 괜찮은 듯?' 하며 은
근한 자랑을 담아 편지로 보냅니다. 이에 대한 송덕봉의 답은 '당연히
해야 할 일을 했다고 칭찬해달라니 당신, 정말 유학자 맞아?'였습니다.
더하여 '당신은 성인군자인 척하면서 남이 알아주길 바라는 못된 습관
이 있어'라는 식은땀 날 만한 예리한 지적을 덤으로 얹어주죠. 할아버지
할머니가 주고받는 대화를 읽다 보니, 이거, 영락없이 〈전원일기〉나 〈대
추나무 사랑 걸렸네〉의 안방 풍경이 그려집니다.

● **『미암일기(眉巖日記)』**

　　미암 유희춘이 1567년부터 1577년까지 11년간, 무려 죽는 해까지 쓴 일기입니다. 조선 시대 개인 일기 중 가장 방대한 양을 자랑하며, 유희춘 본인이 겪은 공적인 일과 사적인 일 모두 꼼꼼히 기록해 놓았습니다. 그 기록의 정밀함 덕에, 기존의 사초가 임진왜란으로 다 불타자 『선조실록(宣祖實錄)』 편찬을 위한 1차 사료로 쓰였을 정도입니다. 유희춘은 호남 학파의 한 축이면서 선조에게 인증을 받은 대학자였으며, 이조참판까지 역임한 성공한 관료이기도 했습니다.

흔히들 '남자는 나이 들면 아이가 된다'는 말을 하죠. 유희춘은 사춘기 소년이 장난을 거는 심정으로 편지를 보냈던 것 같습니다. 부인이 어떤 사람인지 익히 잘 알 텐데, 어떤 잔소리가 날아올지 알면서도 편지를 보낸 것이죠. 좀 귀엽지요? 생물학적인 사랑의 관계가 끝났거나 거의 막바지에 이르렀음에도, 서로를 향한 사랑의 유희를 품격 있는 언어로 나누고 있습니다. 즐거운 잔소리와 귀여운 투정이 오가는 노부의 콩트 〈어느 노부부의 사랑 이야기〉는 한껏 훈훈한 표정을 짓게 합니다.

지금까지 부부간에 오갔던 잔소리를 읽어보았습니다. 하지만, 잔소리는 뭐니 뭐니 해도 자식들에게 할 때가 가장 많고, 그래서 가장 많은 갈등이 벌어지죠. 자식 농사만큼은 맘대로 되지 않으니까요. 자식들이란 때론 어른들 눈에는 기이하게만 보이는 짓을 저지르곤 합니다. 먼저, 퇴계 이황의 잔소리를 꺼내봅니다.

【 아들에게 】

요즘 무녀가 너희 집에 뻔질나게 들락날락한다던데,
우리 집이 어떤 집인데 감히 법도를 해치는 짓을 할 수 있니.
내 어머니 때부터 줄곧 무당 따위는 전혀 믿지 않았기에
나도 항상 금지하고 집에 오는 것을 막았어.
너는 도대체 무슨 생각으로 이런 가풍을 가볍게 확 바꾸는 거니?
물론 네가 한창 배울 때를 놓치고 먹고살기 바빠 세상에 찌들게

● **신윤복 작 <무녀신무(巫女神舞)>**

　　무당은 풍속화의 주요 모델 중 하나였습니다. 그만큼 민중과 무속의 거리가 매우 가까웠다는 뜻이겠죠. 양반도 다르지 않았습니다. 1800년대 초 집필된 『오주연문장전산고(五洲衍文長箋散稿)』에는 인왕산 칠성당이란 신당에서 목욕재계하고 과거 급제 기도를 하는 유생들의 이야기도 적혀 있습니다.

됐으니 네 탓만은 아니지만, 아버지는 정말 걱정이다.

『퇴계서집성』[漢]

　　괴력난신(怪力亂神: 초자연적인 현상)을 멀리하라는 유학자, 그것도 조선의 전설적 유학자인 퇴계 이황의 아들이 집에 무당을 들인다는 혼란하디 혼란한 이야기입니다. 믿어지나요?

　　유학자의 집에서 무녀를 부르는 일이 희귀한 일은 아니었습니다. 왕실의 여성들은 불교나 무속에 의지하는 것을 지루한 궁중 생활을 견디게 해주는 한 줄기 취미 생활로 삼았는데, 유학자들은 궁중에 승려나 무속인이 들락거리는 것을 수없이 비판했습니다. 그러나 유학자의 가족 구성원들도 굿을 취미, 나아가 고된 삶을 위로하는 수단으로 즐겨 삼았나 봅니다. 특히 통제할 수 없는 질병에 관련된 것은 거의 무속의 영역에 맡기곤 했죠. 1600년대에 지어진 천연두 치료서 『두창경험방(痘瘡經驗方)』에는 아이의 천연두 치료를 놓고 저자이자 유학자인 박진희가 자기 아내와 의견 충돌로 다투는 장면이 나옵니다. 부인이 무속인에게서 받은 치료법은 유학자에겐 최악의 금기였으나, 또 아파하는 아이를 보고 지푸라기라도 잡는 심정으로 모른 척 굿을 하는 양반의 모습이 담겨 있지요. 그렇게 무속인은 굳게 닫힌 양반가의 여성과 세상을 이어주는 창인 동시에 양반가 여성의 멘토가 되었습니다.

　　하지만 '선생님들의 선생님' 퇴계 이황의 집이라면 이야기가 조금 달라집니다. 경위야 어찌 됐든 이황의 아들 집에 무녀가 들락거린다는 것만으로도 큰 구설수 감입니다.

　　부모에게 있어 자식이란 장성했어도 항상 물가에 내놓은 어린아이 같은 법입니다. 이황도 별수 없었나 봅니다. 특히, 처가에 얹혀사는 아들의 신세는 늘 마음 한구석의 짐이었습니다.

【 아들에게 】

너, 언제까지 처가에 얹혀 살 거니?
물론 아버지 때문에 네 형편이 안 좋아서 어쩔 수 없이
몇 년 동안이나 처가에서 산 거지만, 네 형편이 이전보다
더 안 좋아졌으니 아버지가 참 할 말이 없네.
하지만 선비가 가난한 것은 당연한 일이야.
아버지는 평생 사람들에게 빈털터리라고 비웃음을 받았어.
그래서 네게 특별히 뭘 해줄 수는 없다.
다만 열심히 버티다 보면 언젠가 좋은 날이 있을 거야.

아버지가 지금은 아파서 관직에 나갈 수 없지만,
다음에 지방관으로 빠지도록 노력해볼게.
그때 너도 아버지 따라오렴. 그렇게 부자가 같이 지내면서
여생을 보내는 게 아버지의 희망이야.

『퇴계서집성』[漢]

처가에 얹혀살면서 아버지 뒤치다꺼리도, 처가 살림살이도, 공부도 해야 했던 아들 이준. 그런 아들의 처지를 아버지는 항상 안쓰럽게 바라보았습니다. 잔소리인지, 사과인지, 합리화인지 그 경계를 애매하게 줄타기하는 위의 편지는 아들에게 마냥 잔소리만 할 수 없는 이황의 입장을 잘 보여줍니다. 특히, '평생 가난으로 비웃음 받았다'라는 말에서 '선비는 청빈해야 한다'는 이념을 실현했던 이황의 꼿꼿함과 그런 아버지의 그림자 속에서 살아야 했던 아들 나름의 괴로움을 엿볼 수 있습니다.

역사에 이름을 남긴 위인이라는 공통점 외엔 그 캐릭터가 이황과 너무도 다른 사람의 잔소리는 또 다른 의미로 재미있습니다. 연암 박지원(朴趾源, 1737~1805)이 두 아들에게 쓴 잔소리 편지를 읽어볼까요.

【 아이들에게 】

아, 그리고 말이야. 『소학감주』는 내가 간신히 베껴 쓴 건데,
어떻게 그걸 잃어버릴 수가 있냐? 느그들은 책에 대해서도
그렇게 건성건성 대하니 아버지 복장이 터진다.
나는 고을 일을 하는 가운데에서도 틈틈이 짬을 내서 글을 짓는데,
느그들은 도대체 올해 뭐 하면서 보냈냐.
나는 4년간 『자치통감강목』을 골똘히 봤는데,
늙어서인지 이젠 책장을 덮는 순간 기억에서 날아가 버려서

초록 한 권을 만들었지. 별로 중요한 책은 아니지만

그래도 한번 재주를 뽐내보고 싶었어.

내가 이러고 있는데 느그들이 빈둥빈둥 놀면서

한 해를 통째로 날려 보내는 걸 보면 어떻게 속이 안 썩겠니?

한창때 그러면 나이 먹어선 어떻게 하려고 그러냐.

아이고, 그저 웃죠.

p.s 고추장 작은 단지 하나 보낸다. 사랑방에 두고 밥 먹을 때마다

먹으면 좋을 거야. 내가 손수 담근 건데, 아직 푹 익지는 않았다.

『연암선생 서간첩』[漢]

　　문장으로 조선 팔도에 센세이션을 불러일으킨 연암. 그의 편지
는 참으로 읽을 맛이 납니다. 유학자가 한문으로 쓴 편지는 편지의 내용
이나 주제, 서술방식이 어느 정도 정형화되어서 그저 '인사치레' 정도에
머무는 편지가 많습니다. 그들이 남긴 편지는 후배 유학자들이 시간 날
때마다 들여다보는 보조교재였기 때문입니다. 그래서 언제나 조심하며
편지를 쓸 수밖에 없었고, 자연히 '관리된 메시지'만 남아 있게 되었죠.
　　그런데 조선 후기부터 '척독(尺牘)'이라 하여, 틀에 박힌 편지에
서 벗어나 일상을 담는 편지가 유행하게 됩니다. 그중에서도 연암의 편
지는 독보적입니다. 어떤 편지도 거를 게 없이 신선한데, 특히 가족에
게 보내는 편지에는 연암의 캐릭터가 가장 진하게 녹아 있습니다. 먼

● 연암 박지원(燕巖 朴趾源)

조선 역사상 유례없는 공전의 대히트작, 『열하일기(熱河日記)』의 저자입니다. 정조 시대 이미 최고의 문장가였으며, 현대에는 더더욱 그 위상이 드높죠. 청년 시절엔 길을 잃고 방황했고, 중년엔 세상에 이름을 널리 알렸으며, 말년엔 약간의 관직 활동과 사상의 완성을 이뤘습니다. 외관만큼이나 호방한 성격이나, 옳다고 믿는 신념에는 오로지 직진했기에 대인관계가 극과 극을 이루게 됩니다. 뜻 맞는 자들과는 넘치는 브로맨스를, 뜻이 맞지 않는 자들과는 평생 화해 없는 신경전을 벌였죠. 문장에 대한 그의 신념을 나타낸 작품으로『증좌소산인(贈左蘇山人)』이 유명합니다. "반고나 사마천이 다시 태어나도/그들을 닮지 않으리/글자는 새로 만들지 못하지만/내 생각은 마땅히 다 써야 할 것이다." 문장에 있어서만큼은 리버럴주의(Liberalism)자라 할 수 있겠습니다.

저 책을 잃어버린 아들들을 '디스'하고, 자신의 학문 수행에 대한 '스웩 (Swag)'을 쭉 펼쳐주며, 마지막엔 '그저 웃죠'란 말로 마무리하는 이 유쾌함까지. 정말 한 세기의 유행을 선도했던 힙스터답습니다.

압권은 추신에 있습니다. 연암의 거대한 풍채와 호방한 성격, 그리고 시원하면서도 깨알 같은 그의 문체가 '고추장 작은 단지' 안에 모두 깃들어 있습니다. 특히, 그가 이 편지를 쓸 땐 안의 현감으로 재직 중이었습니다. 고을의 원님이 아들을 위해 사부작사부작 고추장을 담그는 모습을 상상해볼까요. 아마 〈강식당〉에서 강호동이 그 육중한 풍채로 자그마한 그릇 앞에 서서 요리하는 그림과 유사하지 않을까요? 생각만 해도 픽 웃음이 납니다.

그리고, 이 추신은 다음 잔소리와 연결됩니다.

내가 접때 보낸 쇠고기볶음은 잘 받아서 조석 반찬으로 먹고 있니? 아니 왜 맛있으면 맛있다, 없으면 없다 답장을 할 것이지 그냥 무시하는 거니? 무심하다, 무심해. 나는 그게 육포나 장조림 같은 반찬보다 나은 듯하더라. 고추장 또한 내가 손수 담근 거야. 맛이 좋은지 어떤지 깨알 같이 써서 보내주면 앞으로 보내든지 말든지 할게.

정성 들여 만든 요리를 자녀에게 내줬는데, 자녀의 반응이 영 시원치 않으면 자연스레 서운해지겠죠. 자녀가 아니라 사랑하는 사람, 혹은 가까운 지인일지라도 그럴 것입니다. 연암의 꼬장꼬장한 성격을 감안하더라도, 이번만큼은 아버지의 손을 들어줄 수밖에 없겠네요.

그래도 아들의 입장에서 변호를 좀 해볼까요? 일단 공부 안 한다는 아버지의 말씀에 어떤 답장을 써야 할지 고민했겠죠. 또, 고추장이 맛있다고 하면 또 고생해서 보내실 게 분명하고, 맛없다고 하면 그건 그것대로 결례가 분명하니, 그저 입 다물고 먹었을 것 같네요. 그러나 연암에겐 공부는 공부고 고추장은 고추장이었습니다. 왜냐하면, 본인이 아들을 위해 직접 담갔으니까요!

밥에 고추장을 비비듯, 글에 일상의 페이소스를 비벼 넣는 그의 글은 읽을 때마다 늘 새롭습니다. 휴머니티가 장독째 쏟아지는 그의 잔소리에서, 이런 잔소리라면 매일 들어도 즐거울 것 같다는 생각이 듭니다.

한편, 아버지와는 다른, 가끔은 우리 아버지였으면 좋겠다는 생각이 들기도 하는 삼촌의 잔소리는 더 특별합니다. 자잘한 잘못에도 항상 엄한 아버지와는 달리, 좀 투정을 부려도 쿨하게 받아넘기시는 삼촌에게서 진지함이 가득한 편지를 받는다면 꽤 충격이 클 것입니다. 여기, 삼촌의 잔소리인 듯 잔소리 아닌 잔소리가 있습니다.

【 조카에게 】

이 편지는 그저 휴지조각처럼 읽으렴.

너희 엄마의 편지를 읽었단다. 편지에 구구절절 너와 나에게
부탁하는 이야기가 쓰여 있으니, 누가 보면 마치 너랑 내가
삼촌과 조카가 아니라, 아버지와 딸 같은 관계인 줄 알겠다.
사실 너희 엄마가 좀 과장하는 경향이 있어서 늘 편지글이
사실보다 좀 과장하는 말이 없진 않지만, 그래도 네가 나를
예사 삼촌처럼 여기지 않는 것은 알지.

그래서 삼촌은 너에게 그동안 잔소리도, 꾸지람도 하지 않았어.
그런데 요즘 너를 지켜보면, 하도 고집불통인 구석만 보여서
걱정이란다. 엄마가 저렇게 너를 걱정하는데, 너도 조금은
엄마 말을 들어야지. 부디 엄마랑 자주자주 소통하면서 효도하는
사람이 됐으면 해. 그까짓 거 성공하지 못하면 어때?
삼촌은 너 같은 우리 자식들이 거뜬히 살아가는 모습만 보면
죽어도 여한이 없을 것 같아. 부탁한다.

휴지조각 같은 편지지만 깊숙이 뒀다가 가끔 생각나면 읽는 것도
나쁘지 않을 것 같다. 삼촌의 진실한 마음이니까.

『임창계선생묵보국자내간』 [한]

잔소리도 꾸지람도 하지 않던 '쿨가이' 외삼촌이 '휴지조각처
럼 읽으렴'이란 멋쩍은 말로 진지한 잔소리를 펼쳤습니다. 자식의 안

위에 전전긍긍하며 조미료를 첨가해 하소연하는 엄마와 그런 엄마의 이야기를 듣다못해 한마디 해야겠다고 나선 삼촌은, 삼촌만이 해줄 수 있는 말로 잔소리를 적었네요. 발신인은 조선 후기의 문신 임영(林泳, 1649~1696)이고 수신인은 아마도 조카딸인 것 같습니다.

명절 때 남들하고 비교나 하면서 자존심을 팍팍 긁는 삼촌이 있는가 하면, '거 애들이 다 그렇지' 하며 두둔해주고 용돈까지 얹어주는 삼촌도 있죠. 삼촌 임영은 조카에게 그런 존재가 아니었을까요. 쿨가이 외삼촌이 "네가 나를 좋은 삼촌으로 생각하는 것 알고 있어"라고 한 것이나, "삼촌의 진실한 마음이니까"라고 적을 땐 다소 썩 겸연쩍은 기분에 젖었을 것 같기도 합니다.

그래도 이 편지의 백미는, "성공하지 않아도 된다. 그저 거뜬히 살아가는 모습이면 충분해"라고 적은, 우리 모두가 듣고 자랐을 그 문장에 있습니다. 물론 아들이 아니라 딸이었기에 "싸나이로 태어났으니 당연히 공부해서 과거도 붙고 성현도 돼야지!" 하는 일종의 맨박스 잣대를 들이댄 것이 아니었습니다. 그렇다 하더라도 흔한 '여성의 몸가짐'이나 '빨리 시집가라'라는 잔소리가 아닌, '거뜬히 살아가기만 하면 돼'라고 적은 부분이 너무나 인간적이면서 또 섬세합니다. 이런 삼촌, 좋아하지 않을 수 없겠죠. 편지가 지금까지 남은 것을 보면, 조카가 험난한 인생의 고비 때마다 편지를 꺼내어 읽어보지 않았을까요. 분명 그랬을 것 같습니다.

임영은 당대의 학자였습니다. 그는 대사간, 황해감사, 부제학 등을 역임한 엘리트 관료이자, 송시열, 송준길 등에게 배운 학자였습니다. 또한, 편지의 수신인인 조카딸의 어머니, 나주 임씨도 만만치 않은 인물입니다. 조형보(趙衡輔, 1659~1697)에게 시집간 나주 임씨의 아들 넷은 모두 잘나가는 벼슬을 했고, 그녀 또한 아들의 공무에 이런저런 코칭을 해줬을 정도로 지혜가 깊었습니다. 조형보 역시 임영과 교류가 잦았으므로 언제나 자상하면서도 학식이 깊었던 외삼촌의 존재는 조형보의 자식들에게 큰 영향을 주었을 것 같네요.

그런데 정작 엄마가 바란 잔소리는 "공부 열심히 해서 크고 아름다운 사람이 되거라"가 아니었을까요? 편지 내용을 알게 된 엄마가 도리어 외삼촌에게 잔소리하진 않았을까 웃으며 상상해봅니다.

자, 이제 잔소리 끝판왕을 소개해보겠습니다. 잔소리가 쌓이고 쌓이다 보면 언젠가 폭발하게 되죠. 폭발하는 쪽이 어느 쪽인지는 상황에 따라 다르지만, 보통은 잔소리를 하는 쪽이 먼저 폭발하는 법입니다. 참다 참다 못 참고 아들에게 깊은 분노를 토해내는 아버지의 편지입니다.

【 두 아들에게 】

내가 집을 떠나온 지 벌써 6개월째인데, 이제 믿을 사람이라곤
큰아들 너뿐이다. 간혹 집 소식을 물어보면 너희 둘이 집수리,
독서, 집안일 뭐 하나 빠지는 데 없이 나보다 더 잘한다기에,
말은 안 했지만 기특하고 다행스러웠다.

그런데 얼마 전에 네가 아직도 『소학(小學)』[05] 제4편을 읽고 있을 뿐이라는 얘기를 들었다. 몰래 조사해보니, 잘 하기는 개뿔, 그거 다 거짓말이고 아주 엉망이라더라. 나 없는 여섯 달 동안 하는 일 없이 장기나 노름으로 밤샘하고, 자식이 천연두에 걸린 뒤엔 집을 나가 하루 종일 밖으로 쏘다닌다더라. 내가 이 소식을 듣고 아주 병에 걸렸다.

느그들이 퍼질러 누워 있는 대청마루를 어디 읍내 장터 가게처럼 보는 모양인데, 그곳은 위인이셨던 우리 조상님들이 살던 곳이며, 공부하던 소리가 퍼지던 곳이다. 네가 도대체 사람이냐? 나도 귀가 있다. 느그들이 계속 그따위 짓만 한다면, 호적에서 다 파버릴 것이다. 돌림병이 끝났지만, 여전히 서로 안 보고 살려면 느그들 마음대로 해라.

막내가 논어를 읽었다는데, 거짓말인 게 분명하다.
아이고, 말하면 뭐하냐. 말하면 뭐해.

p. s. 우곡의 논에서 나는 조 5섬은 잘 팔아서 쓰고 있는 거냐?

05

『소학(小學)』은 조선에서 가장 중요하게 생각한 텍스트 중 하나로 일상생활의 행동 윤리를 중심으로 다루었습니다. 어린아이에게 오륜(五倫)의 행실을 가르치기 위해 만들어진 책이지만, 조선에서는 과거 응시생은 물론, 일반 백성까지 소학을 알아야 한다고 생각했습니다. '전 국민의 소학화(小學化)'를 통해 이상적인 국가의 모습을 꿈꿨던 것입니다.

나도 깜빡 잊었는데, 살림살이를 담당하는 너 역시
아무런 말도 없으니, 무슨 꿍꿍이냐?

『안동 의성 김씨 천전파 종택 간찰』[漢]

어떤가요. 여러 사정으로 집을 비운 아버지와 이미 장성해 자식
까지 있는 큰아들 사이의 긴장감이 흘러넘치죠? 편지를 적은 아버지한
테는 복장 터질 노릇이겠지만, 읽는 제삼자로선 마치 드라마에서 아버
지가 자식을 혼내다가 뒷목 잡고 쓰러지는 클리셰가 떠오릅니다.

큰아들은 아버지가 집을 떠나자마자 동네를 주름잡으며 자기만
의 세상을 꾸립니다. 천연두에 걸린 자식을 노심초사하며 돌보며 집안일
을 챙기기는커녕 동네를 쏘다니며 노름질을 하고, 나아가 집안의 대청마
루에 동네 양아치들까지 모두 불러 술판을 벌였습니다. 당연히 공부는
뒷전일 수밖에요. 게다가, 이 간 큰 큰아들, 아무래도 조 5섬을 팔아서 슬
쩍 가져다 쓴 것 같네요.

결국, 아버지는 자식에게 할 수 있는 최후통첩, "우리 그냥 남으
로 살자"라는 말을 던지고야 맙니다. 단순히 서로 안 보고 사는 것과는
의미가 다릅니다. 큰아들이 활개 치고 다닐 수 있는 배경은 어디까지나
'집안'입니다. 만에 하나 파면과도 같은 최후통첩이 정말로 실제상황이
되면 큰아들은 이제 아무런 배경도 없이 그저 '양반 1'과 비슷한 처지가
될 겁니다. 아니, 인증 받은 불효자로 사람들에게 온갖 욕을 얻어먹을
테니 그보다 더 나쁜 처지가 되겠지요. 아버지의 편지를 보고 난 큰아들

은 등줄기에 식은땀이 아주 콸콸 쏟아졌을 것입니다.

분명 '두 아들에게'라 적혀 있는데, 말미에 막내에게는 "에휴 말하면 뭐 하냐"라며 자포자기하는 아버지의 체념도 흥미로워요. 울화가 치밀어 얼굴이 붉어지고 핏줄이 돋은 모습으로 꾸역꾸역 참으며 큰아들에게 쓰는 부분을 다 적고 나니, 막내에게 할 잔소리 쓸 기운이 다 빠진 게 아닐까요.

길게는 500년 전, 짧게는 200년 전의 잔소리 편지들을 보았습니다. 편지의 모든 표현은 입에서 입으로 구전되어 현대인의 입에서도 비슷하게 흘러나옵니다. 까닭이야 단순합니다. 성리학에서 국·영·수로, 과거급제에서 공무원 합격으로, 여성은 이름조차 남기지 못했던 나라에서 여성 대통령이 나왔던 나라로 바뀌었으나, 서로를 향한 마음과 바램은 달라지지 않았기 때문이죠.

행복한 가정을 만드는 건 정답이 없습니다. 마음 수양을 제1 덕목으로 두는 성리학자 역시도 쉽지 않았는데, 머니(money) 수양이 제1 목적인 요즘은 더 힘든 게 당연하겠죠. 그래도 기왕에 하는 가족사랑, 잔소리지만 잔소리 같지 않은 말하기 기술을 기르는 것이 화목한 가정을 만드는 첫 단추가 될 것 같습니다.

우리가
남이가!

살다 보면 언제나 크고 작은 애로사항을 마주하게 됩니다. 자신의 삶을 어느 정도 통제할 수 있다면 능력 내에서 애로사항을 해결해 나갈 수 있지만, 때때로 혼자선 도저히 넘을 수 없는 벽과 만날 수도 있죠. 그럴 땐 타인의 손길이 필요해요. 그러나 개인주의적 라이프스타일이 표준으로 자리 잡은 요즘의 젊은 세대에게 '아쉬운 소리'를 하는 것은 무척이나 꺼려지는 행위가 되었습니다. 그런데 한 세대 위만 살펴봐도 창업이나 사업을 위해 가족에게 손을 빌리는 일이 무척이나 흔했습니다. 그처럼 '아쉬운 소리'는 수 세기 이전, 조선 땅을 살아간 사람들에게는 매우 일상적인 수단이었습니다.

조선은 산업 분야 전반을 국가가 독점하면서도 유통의 대부분은 보부상에게 의지하던 사회였죠. 따라서 생필품과 먹을거리가 늘 부족했습니다. 마을 단위, 나아가 혈연, 지연, 학연으로 구성된 커뮤니티에 가입하는 것이야말로 부족한 물자를 공수하기 위한 필수적인 절차였습니다. 그렇게 마을 단위 커뮤니티는 한편으론 '통제의 굴레'이면서, 또 다른 한편으론 '생존의 울타리'라는 성격을 동시에 띠게 됩니다.

커뮤니티의 기능이 강화될수록 그 안에선 온갖 것들의 상호 교환이 일어나기 마련입니다. 특히, '너와 나의 연결고리'가 무척이나 복잡해진 조선 후기로 갈수록 공과 사를 넘나드는 청탁이 빗발쳤습니다. '인사치레'라 불리는 뇌물과 보상이 필수적이었고, 이런 현상은 양반 계층뿐 아니라 평민과 노비 계급에까지 확장, 생존을 위한 사투로 변하게 되죠.

이번 장에선 아주 다양한 대상을 향해 도움을 구했던 편지들, 나아가 부탁이 청탁이 되었던 편지들을 다뤄봅니다.

【 당신에게 】

여보, 요즘 집 살림살이가 말이 아니라 좁쌀 같은 것도 모자라는
형편이야. 된장이 떨어져서 메주를 여주에서 얻어왔는데,
빨리 담고 싶어도 소금이 뚝 떨어졌어.
그런데 여주 학관댁이 무명천을 구하더라고. 그래서 말인데,
혹시 당신이 사는 서울에서 무명천을 공짜로 얻을 수 있을까?
그거 구해와서 팔면 소금 살 돈이 나올 것 같아.

땡전 한 푼 없으니 어디에 기대야 할지 모르겠어.
게다가 몸도 안 좋아서 여기저기 신세를 지기도 쉽지 않아
너무나 괴롭네.
아 참, 무명천 파는 값이 서울보단 시골이 더 낫다는데,
어떤지 모르겠네. 서울에서 파는 게 더 이득이면 거기서 팔아.

— 1680~1692년 사이, 아내 남양 홍씨가 남편 박성한(朴聖漢)에게
고령 박씨가 언간집 『선세언적』 [한]

　　사대부 집안임에도 불구하고 안구에 습기 차는 경제적 상황이
죠? 남편은 서울로 올라가 두 집 살림을 차린 상황에서, 아내 남양 홍씨
는 홀로 본가의 살림을 꾸려가야 했습니다. 가장 중요한 먹을거리인 된
장이 떨어진 상황을 해결하기 위해 홍씨는 먼저 친정인 여주까지 가서

● 『선세언적(先世諺蹟)』

　　『선세언적』은 고령 박씨가에 시집와 삶을 살아간 여인들의 한글 편지
를 모은 책입니다. 11명의 고령 박씨가 부인들이 작성한 21편의 편지로 구성
되어 있으며, 1649년부터 1803년까지 200여 년간 7대에 이르는 세월의 삶과
애환이 기록되어 있습니다. 무엇보다 필자와 연대가 확인되는 조선 시대 언어
학에 중요한 귀중한 자료로 꼽혀, '앞선 시대를 살았던 사람들의 글 자취'란 책
제목 그대로의 가치를 지니고 있습니다. 이렇듯, 양반가에선 남성뿐 아니라
종갓집 살림을 이끌어간 여성들의 글도 모아 책으로 엮었습니다.

메주를 얻어왔지만, 소금 살 돈이 없어 전전긍긍합니다. 그런데 무명천을 구하는 집이 있다는 얘기를 들은 홍씨는 남편에게 무명천을 구해서 그것을 팔아 소금을 사려고 합니다. 남양 홍씨의 편지는 유독 가계를 꾸려가는 생활 편지가 많은데, 이 몇 줄 되지 않는 편지 한 장에도 2건의 증여와 2건의 거래가 있네요. 있는 궁리를 쥐어짜 생활고를 헤쳐 나가는 그녀의 모습이 쓸쓸하지만 낯익습니다.

전국의 남편들이 과거를 보러 서울로 향하는 동안, 전국 방방곡곡 사대부가의 살림은 오로지 여성들의 몫이었습니다. 시골에서는 돈 주고 사야 하는 무명천을 '구해보라'는 홍씨의 편지에서 보듯, 서울은 막다른 골목에서 한 줄기 빛처럼 모든 것을 구할 수 있는 치트키 같은 공간이었습니다. 물론 능력, 인맥 여하에 따라 공짜로 구할 수도, 값싸게 살 수도, 바가지를 당할 수도 있지만. 좌우간 남편에게도 아내에게도 기회의 땅인 서울로의 행차는 여러모로 수고로움도 떡고물도 동시에 떨어지는 빅 이벤트였습니다.

【 당신에게 】

여보, 천릿길을 어떻게 가고 있는지 걱정되네.
잘 때도 먹을 때도 당신 걱정뿐이야. 잘 가고 있지?
이곳은 모두 별일 없이 잘 지내.
여행 경비가 부족해서 고생했지? 미안해.

일단 당신 입을 옷가지들 마련해서 보낼게. 또 편지하자.

p.s. 한 푼도 없어서 그러는데, 비녀 좀 사다 줘. 부탁할게.

— 1829년 10월 3일 아내 아주 신씨가 남편 김진형(金鎭衡)에게
『의성 김씨 학봉 김성일 종가 언간』[한]

　　남편이 열심히 서울을 향해 걷고 있을 무렵에 아내가 작성했을
편지입니다. 남편의 이름은 김진형(金鎭衡, 1801~1865), 그는 늦은 나이
에서야 과거에 합격해 관직에 나갔고, 그 전까지 과거 입시 장수생의 삶
을 살았습니다. 조선 시대의 과거는 명목적으로 대부분 계층에 문이 열
려 있었으나, 실제적으론 양반 남성의 전유물이었죠. 가장 큰 이유는 역
시 돈입니다. 길바닥에 돈을 버리듯, 여러 달을 소요하는 과거 길은 붙
으면 다행이지만, 못 붙으면 밑 빠진 독에 물 붓는 것처럼 돈이 들어갔
습니다. 그때마다 아내는 남편의 노잣돈과 옷가지를 준비해야 하는 책
임을 떠맡아야 했죠.
　　편지에는 먼 길을 떠난 남편에게 넉넉한 여비를 넣어주지 못한
아내의 미안함과 추가적인 물품을 마련해서 보내야 하는 어려움이 숨
어 있습니다. 조선 여성들에게 바느질이란 필수적인 노동 행위였습니
다. 사대부에게 의복이란 명예의 시작이자 끝이었고, 남편의 명예를 위
해서 여성들은 야근 수당 따위는 꿈도 못 꾸고 촛불 아래서 바느질을 해
야 했죠. 본인이 아프거나 물량이 너무 많으면 마을의 다른 여성, 주로

소작 관계로 맺어진 평민 여성에게 하청을 주는 것도 빈번했습니다. 실제로 그럴싸한 옷 한 벌 입으면 '패션 피플'의 자부심을 널리 뽐낼 수도 있었고, 그래서 좋은 옷은 빌려 입기도 했습니다. 연암 박지원이 아들에게 보낸 편지에선 이런 글들이 등장합니다.

> "새아기가 보낸 새 옷은 즉시 차려입고 누각에 올라 여러 사람한테 자랑질 좀 했지. 완전 마음에 들어."

> "작년 가을 나의 남색 두루마기를 유득공(柳得恭, 1748-1807)에게 빌려줬는데, 이번 훈련 때 입어야겠으니 찾아와 보내주렴."

> 『연암선생 서간첩』 [漢]

롱 패딩을 사자마자 바로 인스타그램에 인증하고, 옷값이 매우 비싸므로 친구들과 돌려 입거나 중고거래 하는 요즘 아이들의 모습과 비슷합니다. 연암 정도 되는 셀럽이 아무 옷이나 걸칠 수는 없었으니, 며느리가 시아버지의 옷을 지으며 들였을 고생이 이만저만 아니었겠죠. 그래도 연암처럼 선물을 받은 후 끝내주는 리액션을 보이는 시아버지라면 며느리는 나름 뿌듯한 고생이었다고 생각하지 않았을까요.

옷 한 벌 짓는 데 들어가는 노동력을 생각하면 그야말로 생고생이지만, 그렇게 고생해서 옷가지를 지어도 아내가 바랄 수 있는 것은 고작 비녀 정도였습니다. 그러나 '고작 비녀'일지라도 여성들은 매우 애타게 기다렸습니다. '고작 비녀'조차 사 오지 않는 경우가 많았으니까요.

【 집사람에게 】

오늘 충주에서 묵고 12일에나 서울에 들어갈 것 같아.
서울 가면 아마 한 달 정도 묵게 되겠지.
아 참, 그리고 말이야, 어…….
그, 팔아먹으려고 가져온 것들 있잖아.
어찌어찌하다 보니 이미 다 팔아버렸어.
어쩔 수 없이 빈손으로 돌아갈 수밖에 없을 것 같아.
아이에게도 안부 전해줘요. 그럼 바빠서 이만.

— 곽주가 아내 하씨에게
『풍양곽씨언간』 [한]

여러 일을 겸사겸사해서 서울행을 준비한 곽주는 집에서 준비한 물품을 하인들에게 짊어지게 했습니다. 특산물을 팔고 그 돈으로 필요한 물품을 사는 것은 서울행에 따르는 필수적인 코스나 다름없었죠. 그런데 과거가 연기되는 바람에 체류 기간이 길어졌고, 물품을 판 돈은 고스란히 여행 경비로 쓰고야 맙니다. 남편의 서울행을 위해 뼈 빠지게 물품을 준비했을 아내가 이 편지를 읽는 순간 혈압이 치밀어 오르지 않았을까요. 곽주의 '바빠서 이만'이란 표현은 실제로 편지에 적혀 있습니다. 그 역시 나름 미안하기도, 무안하기도 했던 것 같네요.

가난이 대물림되는 것처럼, 가난해서 겪는 서러움도 대물림됩니다. 시집간 곽주의 딸 역시 이런 상황을 맞이하고야 말았습니다.

【 엄마에게 】

아이들은 그럭저럭 숨은 쉴 정도로 살고는 있지만,
엄마네 사정과 남편 떠나있는 서울 소식을 전혀 듣지 못해 갑갑했
어. 그런데 남편이 어젯밤에야 무사히 도착해서 기쁘기는 한데,
이 양반이 글쎄 바늘 하나, 분 한 통 못 사고 빈손으로 왔지 뭐야?
서울에서 돈이 똑 떨어졌다고 가지고 간 버선을 죄다 팔아
여비로 썼다나. 제가 이러고 살아요. 엄마.

— 시집간 딸이 어머니 하씨에게
『풍양곽씨언간』[한]

'가지고 간 버선'을 팔았다는 대목이 눈에 띕니다. 곽주의 사위는

오죽했으면 버선까지 팔아서 경비를 마련했겠어요. 딸도 그 입장을 모르지 않으나, 그래도 서운한 건 서운한 거죠. 아무래도 빈손으로 털레털레 오는 귀향은 요즘으로 치자면 '등짝 스매싱' 감이 분명합니다. 이 편지를 받고 어머니 하씨는 딸에게 "너희 아버지도 전에 서울 가서 다 팔아먹고 빈손으로 왔더라"라는 답장을 쓰며 의기투합하지 않았을까요?

한편, 이름을 정확히 알 수 없는 곽주의 딸이 어머니 하씨에게 보낸 편지엔 친정에 손을 빌리며 가계를 꾸려나가는 장면이 여럿 들어 있습니다. 그 깨알 같고 소소한 부탁의 편지를 모아보면, 사실상 생계를 혼자 책임지는 아내의 동분서주가 한 편의 인간극장처럼 펼쳐집니다.

엄마, 진짜 내 팔자 같이 기구한 팔자가 어디 있겠어?
덕공이는 죽고, 멀쩡해진 넙생이는 도망가버렸고,
남은 태복이마저 죽게 생겼으니 난 이제 망했어.
태복이가 죽으면 시댁의 험한 종들을 어떻게 다스릴 수 있겠어.

동생한테 바느질할 것을 많이 보냈었는데, 아직 못했을 것 같아.
일단 빨리 마무리 지어달라고 말 좀 전해줘.
다음 달에 태복이를 보내서 받아올게. 동생한테
"그 바느질값은 내가 살아 있는 한 분명히 갚을 거야"라고 전해줘.

엄마. 이번에 가는 무명이랑 새로 산 신발을 보낼게.

산다고 샀는데 별로 안 예뻐서 막 신는 신발로 쓰세요.

가는 무명은 보라색으로 염색해서 시월에 나한테 보내주면 안 돼?

내가 못할 것 같아서 그래. 미안

삼치 마흔여덟 마리도 보냈어.

다섯 마리는 엄마가 쓰고, 세 마리는 오빠들한테 보내주고,

두 마리는 동생들한테 한 마리씩 주면 될 것 같아.

나머지 서른여덟 마리는 면화로 바꿔서 나한테 보내줘.

『풍양곽씨언간』[한]

.

역병으로 인해 시집올 때 데려온 세 명의 하인이 모두 죽거나 도 망쳐버린 하소연이 먼저 보입니다. 아무리 마님이라 해도 안방 권력에 따라 하인들의 태도도 결정되는 법이죠. 그래서 자신의 종들이 떠난 상 황에서 '시집의 하인들이 말을 잘 안 들을 것'을 걱정하는 말이 들어 있 습니다. 집안 대소사를 비롯해 가장 중요한 농사 역시 하인들을 통해 치 러야 하는 양반가에서 노비란, 재산인 동시에 노동력이었습니다. 그녀 에겐 그야말로 절망적인 상황이 된 것이죠.

한편, 여동생에게 맡긴 바느질감의 대금 지불에 대해서 한 말도 재미있습니다. "살아 있으면 다 갚게 되겠지." 물론 뻔뻔한 '배 째기'가 아니라 미안한 마음과 분명히 갚겠다는 약속을 동시에 담은 말이지만, 동생에게 직접 전해도 될 말을 엄마를 통해서 전하는 다소 귀여운 꼼수

가 엿보이네요. 아무리 동생이라도 돈 문제는 영 껄끄럽고, 게다가 채무 변제를 미루는 말은 더더욱 껄끄러우니까요.

마지막 단락은 그녀의 캐릭터를 선명하게 보여줍니다. 먼저 엄마에게 신발을 선물하면서, 동시에 무명을 보랏빛으로 염색을 해달라는 부탁을 하고 있네요. 또 삼치 마흔여덟 마리 중 열 마리는 식구들에게 나눠주면서, 나머지 서른여덟 마리는 면화로 바꿔 보내달라는 꽤 골치 아픈 부탁도 함께 전합니다. 글은 쭉쭉 쓰여 있지만, 하씨로선 문장마다 처리해야 할 일이 무척이나 많습니다. 특히 '염색을 해달라'는 부탁이나 '삼치 팔아서 면화 좀 구해줘'란 부탁은 며칠이고 신경 쓰고 여러 사람을 동원해야 하는 일이었죠. 약간의 선물과 어려운 부탁을 동시에 건네는 그녀의 잔머리가 다소 얄미우면서도 측은하네요.

결국, 기댈 곳이라곤 친정밖에 없었기에, 그녀 역시 부탁의 글들을 적을 수밖에 없었을 것입니다. 그녀에게 친정이란 늘 그리운 곳이자, 거래처이면서, 어려울 때 조력을 받는 스폰서였습니다. 곽주와 아내의 경제 사정도 지금껏 소개한 편지에서 보듯 녹록하다 할 수 없었지만, 그래도 힘겨워하는 자식 앞에선 한 끼를 굶어서라도 도와주고 싶었을 겁니다. 그런 게 부모의 마음이니까요. 어머니 하씨는 본인이 더 힘들더라도 노비를 보내주고, 딸아이가 조금 얄밉더라도 삼치를 팔아줬을 것입니다.

남편의 체면을 세워줘야 하는 부인의 입장은 참으로 어렵죠. 앞서 소개한 연암의 '신상 아이템 런웨이'처럼 누군가 머리끝에서 발끝까지 '풀 세팅'하고 오는 사람이 있다면, 또 누군가는 어쩔 수 없이 다소 별로인 코디로 입을 수밖에 없습니다. 자연스레 서로의 옷을 비교하는 상

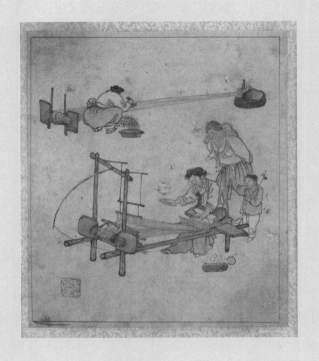

● **김홍도 작 <길쌈>**

길쌈은 양반에서 노비까지 모든 여성이 행하던 노동이었습니다. 우리 민요에는 길쌈할 때 부르는 노동요가 많은데, 그만큼 노동 강도가 상당했습니다. 고되고 힘들었지만, 생계로 삼을 수 있는 최소한의 수단이었던 것이죠. 여성들 사이에서 자연스레 생활 협동조합과 비슷한 마을 단위 노동 공동체가 형성됐고, 이들 사이에서 거래도 매우 빈번히 일어났습니다.

황이 벌어지고, 그날의 워스트 드레서는 '코디가 안티'란 댓글처럼 아내의 흉을 보는 뒷말이 나올 수도 있습니다. 이런 상황을 맞이한 어떤 며느리가 먼저 '보험을 드는' 편지가 있습니다.

【 형님께 】

그나저나 애기 아버지 옷도 죄다 낡아버린 건데,
몸은 늙어도 옷은 새로 입혀야 하는데 그러지 못해서 속상해요.
옷장을 좀 뒤져봐도 그나마 입을 만한 거라곤 얼마 없어 잘 빨고
다려서 보내지만, 옷이 너무 부족하네요. 일단 같이 보내는 옷은
목록에 적어놨어요. 반찬하고 같이 보낼게요.

애들 아버지 옷이 너무 형편없는데도 아무리 머리를 굴려도
돈 나올 데는 없어 결국 초라한 행색으로 길을 떠나니,
시아주버니의 옷에 비하면 너무 초라해 정말 창피하네요.
이제 젊지도 않아서 아무거나 입을 수도 없는 나이인데……
그저 제가 다 능력 없고 시원치 못해 아내의 역할을 제대로 하지
못한 죄죠. 사람들이 죄다 애들 아버지보고 홀아비인 줄 안다네요.
어디 얼굴을 들 수가 없어요. 부끄러워서.

아이고, 제가 또 주책없게 주절주절 쓸데없는 말을 늘여놨네요.
죄송해요, 형님.

— 1727년-1737년 사이, 밀양 박씨가 큰며느리에게
『은진 송씨 송준길 가문 한글 간찰』

종갓집으로 떠나는 남편에게 제대로 된 옷을 준비해주지 못하자, 남편의 케어를 담당할 큰며느리에게 보내는 편지입니다. 뭘 입어도 잘 소화하는 젊은 나이라면 저렴한 보세 옷이라도 사 입히겠지만, 중년의 근엄함을 뽐내야 하는 남편이기에 아무 옷이나 입을 순 없다는 내용입니다. 아저씨들이 그 비싼 등산옷 시리즈를 입는 것도 이런 이유겠죠.

본가를 지키는 시아주버님은 종갓집의 명예를 위해 늘 트렌디하면서도 품위를 잃지 않는 옷을 입었던 것 같습니다. 그런 시아주버님의 '멋짐 폭발'은 밀양 박씨 입장에서 늘 마음 한구석의 짐이 되었겠죠. 그녀가 큰며느리에게 편지를 보내지 않았다면, 분명 시댁의 식구들은 "도대체 며느리가 남편을 어떻게 생각하기에 작은 아주버님 행색이 저럴 수 있겠어요?"라며 수군수군, 어른들은 "아이고 우리 아들 바깥에서 뭔 고생을 하고 다니기에 저 모양이여"라며 절레절레했을 것입니다. 그 후 돌아올 어마어마한 잔소리는 덤이죠. 며느리는 이를 막기 위해 백방으로 애쓰다가 결국 자신의 무능력함을 인정하는 선언을 해버립니다. 그녀에게도 자존심이란 게 있었을 텐데, 모든 걸 내려놓은 그녀의 편지는 '웃픔' 그 자체가 아닐 수 없네요.

부탁과 청탁은 한 글자 차이지만, 그 두 단어가 갖는 무게감의 거리는 꽤 멉니다. 생필품과 먹을거리를 조달하기 위해 집안에서 오가던

부탁의 편지들은, 사안에 따라 청탁이 되어 공직 기강을 엉망진창으로 만들었습니다. 특히, 일반적인 이미지로는 하인이 양반에게 끔뻑 죽고 반란 따위는 절대로 꿈도 못 꿨을 것만 같은데, 청탁 편지의 많은 사례를 보면 꼭 그렇지만도 않은 것 같습니다. 양반들이 하인 집단과의 갈등을 법으로 해결하고자 권력을 이용하는 모습이 자주 보이니 말입니다.

이종사촌 동생 집안의 사건을 알려드립니다.
하인들이 그 집을 깡그리 장악했어요. 그 집에서 큰 저택 한 채를
마련했는데 오로지 하인들의 주머니로 들어가니
이런 터무니없는 일이 어디 있겠어요?
게다가 그놈들은 멀리 사는 하인들이 바치는 것이 소박하다 싶으
면, 쌍욕을 하면서 수치를 주고 두들겨 패서 쫓아 보낼 계획을
세웁니다. 이런 놈들은 결코 엄하게 벌을 주지 않을 수 없습니다.
그런데 전임 관리에게도 이 사건을 알렸지만,
곧장 교체되는 바람에 약한 처벌로 슬며시 지나갔습니다.
그래서 이렇게 영감님께 부탁을 드립니다.
영감님 다스리시는 지역과 그들의 본거지가 가까우니,
하인들을 엄벌하여 위엄을 보이신다면 저놈들이 정신을 차릴 겁니다.
꼭 좀 부탁드립니다.

— 1784년 7월 28일, 김리소(金履素, 1735-1798)
『조선시대 명현 간찰첩』[漢]

집주인의 사정이 영 시원치 않은 틈을 타 하인들이 양반집의 경영에 참여한 상황입니다. 그런데 공정함도 노하우도 없는 하인 집단의 무리한 경영개입은 하청 업체에 대한 '슈퍼 갑질'을 불러일으켰고, 결국 집주인의 먼 친척인 김리소가 개입할 수 있는 좋은 건수가 되어버렸네요. 김리소는 수차례 이 건을 해결하기 위해 나섰으나 전임 수령의 솜방망이 처벌로 끝났고, 이번엔 연줄 있는 수령이 내려온 덕에 강한 처벌을 요구하고 있습니다. 누구보다 더 법을 잘 알았을 김리소가 편지를 보낸 자세한 전후 사정이 궁금해지네요. 증거나 자료가 없어 알 수 없지만, 아무래도 고운 시선으로만 보기는 쉽지 않습니다.

김리소는 조선 정조대의 중신이었고, 특히 정조가 신임하며 급할 때마다 믿고 맡긴 '구휼 책임자'였습니다. 백성들의 식량고를 해결하는 중책을 맡았던 만큼, 다른 대신들보다 백성의 삶에 더 가까웠겠죠. 이 편지의 내막 따위 차치하더라도 훗날 좌의정까지 오른 에이스 관료가 동료, 혹은 후배에게 이런 편지를 보낸다는 것 자체가 껄끄럽습니다. 그때나 지금이나 공무원의 윤리에 적합한 행위는 아니니까요.

하지만 조선 사회에는 직장 선후배의 청탁보다 더 무서운 것이 있었습니다. 바로 거절하기 어려운 일가 친척들의 청탁이었죠. 역시 자세한 내막을 알 수 없으나 영 께름칙한 사촌 여동생의 청탁 편지를 소개합니다. 함께 읽어보실까요?

【 사촌 오빠께 】

제가 오빠만을 철석같이 믿고 있었는데, 도대체 그놈을 왜
풀어줬어요? 이젠 안 잡힌 것만 못하게 됐으니 너무 억울해요.
오빠도 제 사정, 잘 알잖아요. 종도 없이 생활비는 여기저기
돌려막으며 근근이 살아가는데, 가난한 양반이라고
우릴 무시하면서 욕설과 악행만 일삼는 괘씸한 놈이었다고요.
나도 참다 참다 못해 법관인 사촌 오빠만을 믿고 고발한 건데,
진짜 서운해요.

일이 너무 커지지 않게 알아서 잘 야무지게 처리하시고,
그놈을 꼭 다시 잡아다가 감옥에 넣어주세요. 귀양을 못 보낸다면
적어도 소작인 노릇은 못 하게 해주세요. 제가 너무 보채서 오
빠가 괴로운 것 알아요. 하지만 이렇게 부탁할게요.

— 1882년, 사촌 여동생 의성 김씨가 김흥락(金興洛, 1827-1899)에게
『의성 김씨 학봉 김성일 종가 언간』

　　이번엔 연줄도 그냥 연줄이 아니라, 사촌 오빠네요. 피의자는 아
마도 무혐의나 '증거 없음'으로 풀려난 것 같은데, 사촌 여동생은 이 소
식에 분노하며 '귀양을 못 보낸다면 소작인 노릇이라도 못하게 해달라'
며 부탁하고 있습니다. '일이 너무 커지지 않게 해달라'는 말에서 보듯,

● **김윤보『형정도첩(刑政圖帖)』중 <난장>**

　죄인을 향한 몽둥이의 각도들이 예사롭지 않네요. 조선은『경국대전(經國大典)』,『속대전(續大典)』등의 법전을 만들어 법리에 의한 판결을 기본으로 삼았습니다. 그러나 민간에서 일어나는 민사 소송 건은 행정과 사법권을 동시에 가졌던 수령의 전적인 판단에 의해 결정됐죠. 당연히 소소한 소송 거리는 판례 없이 중구난방이었고, 일단 한 대 맞고 시작하는 일도 부지기수였습니다. 물론 중범죄인에 대해선 국왕에게 직접 보고해야 하는 보완제도도 있었지만, 국왕의 업무가 비효율적으로 많아진다는 단점도 존재했습니다.

그녀는 본인이 하는 부탁이 청탁임을 강하게 의식하고 있죠.

그런데 문제는 김흥락(金興洛, 1827~1899)이 어쩌고 자시고 할 권한이 없었다는 것이었습니다. 그는 일생의 대부분을 벼슬하지 않고 살았는데, 딱 한 번 검사님이 된 적이 있었습니다. 그런데 그것도 고작 하루 일하고 다음 날 때려치웠죠. 그러니까 사촌 여동생인 의성 김씨는 번지수를 잘못 찾은 셈입니다. 출입증이 나오기도 전에 때려치운 관직 생활인데 김흥락이 뭘 할 수 있었을까요.

소개한 두 사건 모두 의심스러운 점이 있습니다. 한 번 법의 처분을 받았는데, 원고가 이에 만족하지 못하고 항소하고 있다는 것이죠. 조선 시대에도 재판 제도는 항소심을 인정하긴 했습니다. 다른 관아에 제소하거나 상급 관청에 제소하는 것이 제도적으로 보장된 항소였죠. 그런데 두 사건에서는 동일 관청에 동일인이 항소하고 있다는 것에서 의심의 냄새가 모락모락 납니다. 아무리 청탁과 뇌물이 횡행했던 사회라지만, 동시에 부정이 드러나면 엄한 처벌을 받던 나라가 조선이었습니다. 따라서 청탁을 받은 이도 조심스러울 수밖에 없었습니다. 청탁을 받고 직접 조사해보니, 도저히 처벌할 만한 건수가 안 나와서 가볍게 끝났다고 보는 것이 두 사건의 합리적인 정황인 것 같네요.

이번엔 청탁의 끝판왕, 벼슬살이와 관련된 청탁 현장이 고스란히 담긴 편지를 소개하겠습니다. 오랜 기간 조선에선 '인재 천거'란 명분 아래 물밑에서 오간 수많은 청탁의 흑역사가 펼쳐집니다. 특히 지역의 권위자였던 유학자는 가끔 시국을 걱정하는 상소를 올렸는데, 빠지지 않고 들어가는 클리셰 문구가 "지방의 잠든 인재를 발탁해주세요"라는 것이었습니다. 사실, 조선 중기 이후 과거제도의 가장 큰 문제는, 지금 전공 공부와 취업 준비가 매우 다르듯, 과거 역시도 입시와 학문이 달랐다는 점이었습니다. 따라서 과거를 포기하고 학문 연구에 매진하는 유학자도 많았고, 또 이런 사람들을 아름답게 여기는 풍조도 있었습니다.

그래도 역시 과거가 최고였습니다. 아무리 아름다운 풍습이라 해도 돈 없는 양반은 거지꼴을 못 면하는 상황이 갈수록 심화하였고, 그래서 더더욱 양반 가문은 과거에 집착하게 되죠. 조선 후기의 관료인 이주정(李周楨, 1750~1818년)이 받은 청탁의 편지에선 1800년대 당시 조선의 과거제도가 얼마나 비틀어졌는지 조목조목 드러납니다.

【 선배님께 】

제 외삼촌 권세석 씨는 쉰 가까운 연세로 여러 번 지방직 시험에
응시했었는데 아직도 합격을 못 했습니다.
외할머니가 이제 연세 아흔의 병든 노인이시니
외삼촌의 합격만을 정말 목 빠지게 기다리고 계십니다.
제가 심부름꾼까지 보내며 이렇게 어려운 부탁을 드리는 이유는,
외삼촌의 능력이 주변 사람 중에서 제일 낫기 때문입니다.

선배님이 호남지방으로 내려가시면 분명
과거 시험관으로 발탁되실 겁니다.
과거 시험관의 임무는 훌륭한 인재를 빠뜨리지 않는 것이겠죠.

문제는 호남지방의 입시 흐름이 영남지방과는 다르다는 겁니다.

선배님께서는 당연히 공정함을 지키실 테지만,

다른 동료 시험관들은 호남지방 입시 판의 흐름을 따라

채점할지도 모를 일이죠. 그러니 저희 외삼촌 좀 적당한 일정으로

티 안 나게 배치해주시고, 꼭 좀 뽑아주시길 부탁드리겠습니다.

— 1805년 7월 26일, 후배 류상조(柳相祚, 1763~1836)가

『안동 고성 이씨 팔회당 종택 간찰』[漢]

청탁의 내용이 노골적이면서도 구체적이죠? 정리해보면, 나이 쉰이 넘은 외삼촌의 사정을 소개하며, 모두가 눈치채지 못하게끔 스케줄을 조정하면서 외삼촌을 발탁해달라는 청탁입니다. 특히 지방마다 다른 입시 트렌드가 있다는 말은, 지방 인맥에 따라 뽑히게 된다는 말과 다름이 없어 보입니다. 처음엔 한두 사람에 그쳤을 청탁은 이제 공공연한 비밀이 됐고, 청탁을 안 하는 놈이 바보가 되는 지경까지 흘러온 것이죠. 이 와중에도 '선배님은 공정하시겠지만'이라며 상대를 추켜올리기에 여념이 없습니다.

주정이 류상조에게 어떤 답을 했는지, 과연 받은 청탁대로 류상조의 외삼촌을 발탁했는지 알 수 없습니다. 다만, 과거 급제자 명단에서 '권세석'이란 이름이 보이지 않으니, 아무래도 이주정은 거절한 것 같네요.

요즘의 젊은 세대에겐 내정자가 정해진 채용 공고만큼 화나는 일이 없죠. 게다가 청탁인인 류상조는 서애 류성룡(柳成龍, 1542~1607)의 8

대 종손이면서 과거에서 1등도 하고 여러 관직도 거친 엘리트였습니다. 이런 사람이 노골적인 청탁 편지를 썼다니, 조금 놀랍죠? 하긴 지금도 청탁을 제일 잘 하는 분들이 국회의원이긴 합니다만.

청탁 편지의 특성상, 주로 부탁하는 편지만 남게 마련이죠. 청탁을 수용하는 사람은 잃을 게 많으므로 되도록 증거를 남기지 않는 것이 상식이니까요. 그런데 이번엔 신기하게도 청탁을 보낸 편지도, 청탁을 받아들인 사람의 답장도 모두 남아 있는 것이 있습니다. 19세기에 쓰인 이 편지들은 조선 후기의 매관매직 르포를 보는 듯한 생동감이 느껴집니다.[06]

> 엄마, 내가 하도 답답해서 여기저기 알아보니까,
>
> 다들 벼슬 한자리 얻으려면 오만 냥, 육만 냥을 내야 한다더라고요.
>
> 그저 대감님만 믿고 있었는데 이런 얘길 들으니,
>
> 초조해지기만 하고 답답해 죽겠어요. 물론 대감님이 전혀
>
> 돌봐주지 않으시는 것은 아니지만, 그래도 돈은 한 푼도 없으니,
>
> 지옥이 따로 없네요. 정말 답답해요. 어떻게 해야 할까요?
>
> ― 아들이

06

이 편지들은 모두 『연안김씨가 언간첩』에 수록된 것으로, 시간적 전후 관계가 명확하지 않아 필자 가 자의적으로 재구성했음을 밝혀둡니다.

● **1866년 발행된 당백전**

흥선대원군의 무리한 궁궐 공사로 쓰인 비용을 마련하기 위해 발행된 것으로 유명합니다. 사실 이때 갑자기 만든 것은 아니고, 과거에도 급할 때 사채 쓰듯 조금씩 발행하긴 했죠. 그러나 고종 때처럼 대규모로 발행하지는 않았는데, 그 위험성을 잘 알고 있었기 때문입니다. 이전까지의 범용 화폐인 상평통보를 기준으로 실질 가치는 5~6배이지만, 명목 가치는 100배에 이르는 마법의 돈이었으므로 가뜩이나 엉망진창으로 굴러가던 조선 경제는 하이퍼인플레이션이라는 치명타를 입게 됩니다. 고작 6개월 동안만 유통되었으나 그 폐해는 20년 뒤까지 남게 되죠.

먼저, 엄마에게 보내는 아들의 하소연으로 편지는 시작합니다. '벼슬 한자리 얻으려면 오만 냥'이라는 가격 책정이 놀랍죠? 아무래도 인플레이션이 극심하던 때가 아닌가 싶네요. 맥락을 볼 때 발신인인 아들은 이미 어느 대감 밑에서 벼슬자리가 떨어지길 목 빠지게 기다리고 있었는데, 대감이란 양반이 아는 척은 하지만 벼슬에 대해선 말 한마디 없었나 봅니다. 아들의 안타까운 사정이 담긴 편지를 읽고 엄마는 어떤 답장을 보냈을까요?

건강하다는 얘길 들으니 기쁘단다.
그 건은 의논하기로 한 사람이 병이 났다고 아직 안 왔어.
그 사람이 오는 대로 자세히 의논해볼게. 엄마 마음도 답답하네.
너희 아버지도 편지를 봤지만 바빠서 답장은 따로 못했대.

— 엄마가

엄마는 '그 건'이란 표현으로 돌려 말하며 벼슬 청탁이 진행 중임을 넌지시 알리고 있네요. 아무래도 이 일은 아들의 편지로 시작된 것이 아니라, 사전에 이미 어느 정도 진행되었던 것 같습니다. 아들의 고위 공무원 진출을 위한 엄마의 눈물 나는 뒷바라지는 이제부터 시작입니다.

【 영광댁께 】

아드님이 객지에서 얼마나 괴롭겠습니까.

관직 얻는 일이라는 게 갑자기 아무 관직이라도 얻을 수 있을 것만

같지만, 몇 년이 걸릴 수도 있는 일이니 그렇게 조르지 마세요.

이미 대감께서도 모르지 않으시니 제가 때를 봐서

잘 얘기해보겠습니다. 아드님이 객지에서 고생하시는 점,

대감이 어떻게 그냥 넘어가시겠어요.

날은 추워지고 아드님에게 희망 고문만 시키시진 않을 겁니다.

그러니 일단 아드님보고 잠시 시골에 내려가서 기다리라고 하세요.

엄마는 '영광댁'이란 별칭으로 불리고 있었습니다. 편지를 보낸
사람은 아마 대감의 공무를 돕는 사람인 모양입니다. 엄마는 아들을 위
해 일이 어떻게 되어가는지 재촉했고, 재촉당한 사람은 '아들보고 일단
시골에 내려가서 기다리라고 하세요'라며 넌지시 거절합니다. 그러나
엄마는 포기할 수 없었습니다.

【 영광댁께 】

며칠 동안 잘 지내셨다니 다행입니다.

요즘 소문을 들으니, 하도 관직을 바라는 사람이 많아

그런 일을 하다가 문제가 되었다는 얘기가 많습니다.

아무래도 겁이 나서 점점 조심하게만 됩니다.

하지만 너무 걱정하지는 마세요.

아드님이 부임을 원하는 지역이 어디인가요?

자세하게 적어서 보내주세요.

저는 소심해서 완벽하게 준비해야 합니다.

'하도 관직을 바라는 사람이 많아' 여러 차례 문제가 되었다는 발신자의 말에서 범죄 행위라는 자각을 명백하게 하고 있는 게 보여요. 솔직하게 '겁이 난다'라고 적은 부분 역시 그렇고요. 그러나 일은 이미 어느 정도 진행이 됐는지, 부임을 원하는 지역을 묻고 있습니다.

【 영광댁께 】

용건만 적겠습니다.

판서님께 자세히 내용을 적어서 보내도, 돈이 준비되어있어야

할 텐데 만약 준비가 안 되어 일을 그르치면 어떡합니까.

혹시 판서님이 재촉해서 내놓으라 하시면 정말 큰일입니다.

아시다시피 판서님의 형편도 썩 좋지 않아서 말이죠.

특히나 저는 판서님의 가까운 사람인 데다가,

이런 일도 평생 처음이라 너무 겁이 납니다.

아무튼, 일단 판서님께 한문 편지를 보내시고, 바라는 점들은 따로

적어 보내세요. 그리고 가장 중요한 돈은 빨리 마련하셔야 합니다.

그게 안 되면 말짱 허사인 것은 물론, 큰일이 날 거예요.

아드님 이름은 전해드렸으니 벌써 겁이 납니다. 준비 잘 하세요

앞선 편지에서 이르던 '대감'은 판서급 관료였습니다. 장관급 라인의 청탁이라니, 꽤 스케일이 있죠? 피청탁인의 표현은 당시 사회의 모습을 노골적으로 보여줍니다. 일반적으론 "판서님께 그런 부탁을 했다가 잘못되면 어떡합니까?"란 걱정이 앞설 것 같은데, 그게 아니라 "판서님이 돈을 재촉하는데 준비가 안 되어 있으면 어떡합니까?"란 걱정을 하고 있네요. 이런 일이 하루 이틀 벌어진 것이 아니란 뜻이겠죠?

여기는 늘 그렇듯 잘 지내고 있어.

네가 보낸 돈, 잘 받았어. 일단 급한 대로 잘 쓰긴 했는데,

아무래도 불안하고 안심이 되질 않네. 그 일은 차차 진행될 것 같아.

아이고, 이거야 불안해서 이런 돈 쓸 수나 있겠니.

문제없이 단속 잘 하렴. 엄마 맘이 너무 불안하구나.

— 엄마가

일이 어느 정도 진행되었고 입금만 남은 상황입니다. 정확히 얼마를 보냈는지는 알 수 없지만, 아들이 알아본 대로 오만 냥이라면 결코 쉽게 마련할 수 있는 돈이 아니었을 것입니다. 게다가 브로커에게 줘야 할 커미션도 있어야 하니, 엄마는 돈을 융통할 수 있는 모든 곳에서 긁어모았을 것 같네요. 이 편지에는 아들도 돈을 마련해 보내줬으나, 돈의 출처가 아무래도 어둠의 경로인 듯하여 불안해하는 엄마의 모습이 담겨 있습니다.

봄 날씨가 제멋대로인데, 가족분들 모두 평안하신지요?

아드님도 잘 계시죠?

판서 나오리께서 아드님의 감역관(監役官: 토목공사 관리자) 직은 관두고 일단 기다리라고 하셨으니, 축하드립니다.

저희도 참 걱정을 많이 했는데, 시원하더군요.

친척이라지만 남같이 지내다가, 먼저 이렇게 찾아주시니

정말 반가웠습니다. 편지에 적으신 아드님의 안타까운 사연,

잘 읽었습니다. 걱정이 이만저만이 아니시겠어요.

차차 기회가 나는 대로 진행하겠습니다.

아참, 보내주신 것들은 잘 받았으나, 아무래도 좀 불안합니다.

하지만 너무 감사해 옷 사 입는 데 썼네요.

진작 답장을 드렸어야 했는데, 별로 하는 일도 없이 몸만 바빠서

이제야 답장을 보내드리는 점 죄송합니다.

내내 평안하시길 바랍니다.

— 정해년 3월 9일 올림

오고 간 편지 중에서 가장 형식을 제대로 갖춘 편지가 등장했습니다. 마지막 편지까지 종합하여 청탁 상황을 정리해보면 이렇습니다. 영광댁이라 불리는 엄마의 아들은 이미 감역관(監役官), 즉 공사현장 감독직을 수행하고 있었습니다. 계급은 종9품, 최전방 공무원이었고 이마저도 과거가 아닌, 가문에 의한 낙하산으로 많이 떨어지던 자리였습니다. 아들내미도 정황상 낙하산을 통해 감역관을 맡은 것으로 보이네요. 그런데 여기저기 지방 출장이 많았는지, 아들은 감역관 직은 어렵다고 투덜대면서 판서에게 더 좋은 자리를 바라기 시작합니다. 발령 희망 지역을 묻는 편지로 볼 때, 지방 수령을 바랐던 것 같네요.

추운 겨울이 지나는 동안 엄마-브로커-판서 사이의 뒷일은 가담자 모두가 불안해하면서도 착착 진행됐고, 결국 판서의 최종 사인, "감역관 직은 관두고 다음 인사이동을 기다리고 있어라" 하는 명령이 떨어집니다. 얼마나 주고받았는지는 알 수 없지만, '관직 하나에 오만 냥'이라는 아들의 편지에서 대략적인 시세를 알 수 있죠. 브로커는 이 건으로 받은 커미션으로 신상 아이템을 샀는데, 사실 그것보다 더 많은 돈을 받았을 게 분명하죠. 또한, 브로커는 영광 댁 가문과 먼 친척 관계라는 것이 밝혀졌습니다. 물론 완벽한 비즈니스 관계이겠지만, 어쨌든 친척이란 것은 그럴싸한 명분을 만들어줍니다.

마지막으로 가장 중요한 연도가 밝혀졌는데, 정해년(1887년, 고종 24년)입니다. 1887년은 조선 최초로 궁궐에서 에디슨의 전등이 밝혀진 해였습니다. 또한, 1887년을 전후하여 조선은 각국과 여러 조약을 체결하며 개화의 문을 열게 되죠. 이런 상황에서 일본과 청이 조선을 두고 군사, 경제적인 기 싸움을 벌이고 있었습니다. 조선의 대일, 대청 무역 적자가 상승할수록, 여러 개화정책 추진으로 인해 나라의 재정도 텅텅 비게 되었고. 내수 시장이 무너지며 가내 수공업으로 유지하던 가계 경제 역시 무너집니다.

사실, 편지 첫 장부터 망국의 냄새가 흠씬 느껴지지 않나요? 엄마의 모정과 도덕적 윤리가 줄기차게 충돌하는 상황이 씁쓸하기만 합니다. 조선이 망국이란 구덩이를 향해 자유 낙하하며 붕괴하던 19세기, 예전 같았으면 바로 태워버렸을 벼슬 청탁의 편지들이 이 시기에는 많이 남아 있습니다. 청탁편지가 태워지지 않고 남았다는 것에서 크게 세 가지 사실을 유추해볼 수 있죠. 첫째, 벼슬 청탁이 매우 보편적으로 이뤄졌다는 것, 둘째, 혹시나 일이 잘못될 시 보험으로 간직할 만큼 처벌이 무뎌졌다는 것, 마지막으로 이런 편지를 아무렇지 않게 쓰고 받을 지경이 됐을 정도로 도덕적 해이가 만연했다는 것입니다.

하지만 이 어둠의 기록들보다 넘치는 모정으로 딸을 대학에 들여 보내고 아는 사람을 재단에 내려 보내는 현대 한국의 현실이 더 리얼한 어둠이겠죠. 자본주의의 상징인 카지노 업체에 정치인에서 종교인까지 수많은 청탁이 물밀듯 들어간 현대 한국에 경종을 울리는 청탁의 편지들은 위와 같이 생생합니다.

기축이 이놈아
내 돈 내놔라

'놀고먹는 양반'이란 말, 들어보셨나요? '한량'이란 말은 조선 후기, 탱자탱자 놀면서 일은 안 하고 책이나 좀 들여다보는 양반님들을 일컫는 멸칭(蔑稱)이었습니다. 멸칭이란 '남을 경멸하여 일컫거나 그렇게 부르는 말'이란 뜻이니, 한마디로 '디스'하는 거죠. 또 한편으로 부를 독점한 일부 양반 중에는 '곰돌이 푸우'처럼 꿀단지에 손을 넣고 행복한 인생을 즐긴 양반도 있습니다.

이번 장에서는 먹고사는 문제를 치열하게 해결해나가는 사람들의 이야기를 모았습니다. 지난 장에서 '아쉬운 소리'를 해가며 생활을 꾸려가는 이야기가 주를 이루었다면 이번엔 진짜 '돈 때문에' 벌어진 이야기들입니다. 주인공의 대부분은 16세기에서 19세기에 이르는 양반과 양반의 가족 구성원입니다. 그런데, 뭔가 이상합니다. 분명 내로라하는 명가(名家)이자 지역의 유지인데 어딘가 좀 어설픕니다. 집안의 큰 어른이 소소한 경제 문제에 일일이 개입하며 깨알 같은 잔소리를 하기도 하고, 백성과 소작농의 고혈을 쥐어짜는 양반은 다 어디로 갔는지 몇 냥이 모자라 덜덜 떠는 초라한 양반의 모습도 등장합니다.

【 집사람에게 】

더 짜증 나는 소식이 하나 더 있어.
노비 파는 문제 말이야. 사는 놈이 말하길
"니작이란 놈이 봄에 와서 싹 다 팔아 갔다"라면서
떡하니 매매문서를 내놓는 거야. 난 분명 판 적이 없는데!

● **꿀 빠는 양반, 김홍도 〈타작도(打作圖)〉**

　　주말에 소파에 누워 TV를 보시는 아버지처럼, 세상 편한 자세로 누워
계시는 이분은 농사일을 감독하는 사람인 '마름'입니다. 마름은 몰락한 양반이
나 집주인을 가리킵니다. 그런데 김홍도가 그린 「행려풍속도병(行旅風俗圖屛)」
에도 비슷한 콘셉트의 타작도가 나옵니다만, 그 그림의 마름은 의관을 정제하
고 단정히 앉아 있습니다. 제가 저렇게 편한 자세로 누워 있을 때, 할머니께서
는 "우리 양반 집안에서는 그렇게 누워 있으면 안 된다!"라고 호통을 치셨는
데, 타작도의 양반님은 어떻게 된 걸까요? 양반이란 존재에서 '예절'이라는 것
을 빼면 아무것도 안 남겠죠? 결국, 이들은 조선의 음주가무 문화, 즉 '풍류'를
책임지는 존재로 남게 됩니다.

아니 이게 웬 황당한 소리인가 해서 따졌는데,

매매문서 때문에 어쩔 도리가 없었어.

이게 도대체 무슨 손해야 정말

게다가 도망간 문춘이는 어디로 꽁꽁 숨었는지 코빼기도 못 찾겠고

에휴. 뭐 아무튼 그렇네.

어쨌든 조심히 잘 지내고 있어.

― 남편 곽주가 아내 하씨에게

『현풍곽씨언간』[한]

　　겸사겸사 과거와 집안의 대소사를 처리하기 위해 서울로 올라온 곽주는 뜻밖의 소식을 듣습니다. 곽주에게는 자신의 가문에서 소유하던 노비와 아내가 시집올 때 데려온 노비가 있었습니다. 날이 갈수록 힘겨워지는 살림 때문에 곽주는 노비 구조조정을 결정하고, 아내가 데려온 노비를 팔려고 합니다. 그런데 이게 웬걸, 곽주는 '니작'이란 사람이 먼저 와서 노비들을 싹 팔았다는 황당한 이야기를 접하게 됩니다.

　　조선 시대의 노비 매매는 생각보다 만만하지 않았습니다. 인적사항과 가족관계가 적힌 노비 매매문서를 주고받고 구매자, 사용자, 해당 노비까지 모두 모여 문서와 대조한 뒤, 관공서에 공증을 받아야 했습니다. 어디로 도망가지 않는 부동산 매매도 사기가 판을 치는 요즘 세상을 생각해보면, 동산(動産)인 노비의 매매가 예민한 시스템 속에서 진행된 것은 당연했겠죠.

그런데 곽주가 팔려고 했던 노비들의 경우, 아마 상속권이 여러 사람에게 나뉘어 지분이 조금씩 달랐나 봅니다. 돈이 모이는 곳엔 언제나 범죄가 뒤따르는 법이죠. 이때도 인신매매꾼과 추노[07]꾼, 노비 브로커 등 노비 시장의 일익을 담당하는 다양한 직업군이 있었습니다. '니작'이란 사람도 아마 이런 부류의 인물이 아니었을까요. 꽤 복잡한 노비 매매 절차는 그만큼 별의별 일이 있었기 때문에 만들어지고 굳어졌을 겁니다.

게다가 도망간 문춘이를 추노하기 위해 여기저기 돌아다녔지만, 증거조차 찾을 수 없네요. 도망 노비의 경우 크게 두 케이스로 나눌 수 있습니다. 사용자의 압제를 못 견디고 자유를 찾아 떠난 노비와 근무조건에 불만을 느끼고 다른 사용자를 찾아 떠난 노비입니다. 노비의 재취직도 자연스러운 일이었습니다. '문춘이'처럼 사연 있는 노비의 경우, 일부러 관에 등록하지 않고 '대포 노비'로 고용하는 일도 있었으니, 돈이 얽혔을 때 꼼수 쓰는 방법은 이곳이 성리학의 나라 조선이 아니라 자본주의의 나라 대한민국이 아닌가 싶습니다.

곽주는 빈털터리 서울행인 것도 모자라 호구 취급까지 당합니다. 이분의 편지는 왜 다 하나같이 짠내만 날까요. 양반의 근엄함은 어디 가

07

'추노'하면 드라마가 먼저 떠오르는 분들도 있을 거예요. 총24부로 방영되었던 드라마인데 최고시청률 34.0%를 찍은 적도 있죠. 로그라인은 '역사조차 담지 못했던 쫓고 쫓기는 두 남자의 목숨을 건 추격전'인데요. '추노'에는 원래 두 가지 뜻이 있었습니다. 첫째, 조선 시대에 주인과 따로 살면서 독립적으로 생계를 유지하던 외거노비에게 그들의 주인이 몸값을 징수하는 것입니다. 사역(使役) 대신 생활의 자유를 얻은 대가로 포(布)를 바쳤는데 이 일을 추노라 했어요. 둘째, 드라마처럼 도망간 노비를 쫓아서 잡아오는 일을 일컬었습니다.

고 을의 신세가 되어버린 것이 퍽 재미있습니다. 그런데 곽주가 살던 시대가 임진왜란(1592~1598)의 시대였음을 상기한다면 그럭저럭 이해할 만도 합니다. 워낙 시절이 어려웠고 곽주 역시 그다지 잘 나가는 양반이 아니어서 딱한 처지에 놓인 것일 수 있으니까요.

그런데 훨씬 유명한 '쓰리 송' 중 한 명, 송규렴이 소작인에게 보낸 편지에서도 '짠내'는 여전합니다.

【 백천에 사는 노비 기축이 놈아! 】

네놈이 막무가내로 내 땅에서 농사를 짓고 있는데, 임대료 넉 섬이라는 게 얼마나 적은 돈인데도 한 번을 제대로 내질 않느냐!
이 천하에 나쁜 놈아. 너 그따위로 하다간 내가 가만히 안 둘 것이다.
작년에는 네놈이 임대료 두 섬을 배 째란 듯이 안 내서
내가 그 땅을 배씨에게 빌려줬지. 네 놈이 나랑 멀리 산다고
나를 만만히 보나 본데, 너 그러다 나중에 진짜 큰코다칠 것이다.
올해 임대료와 작년에 네 멋대로 안 낸 것까지 합해 여섯 섬,
똑바로 내라. 또 한 번 그런 짓을 한다면, 나도 한두 번 참은 게
아닌지라 곧 본때를 보여줄 것이야!

— 1692년 송규렴이 '기축이'에게
은진 송씨 송규렴가 『선찰』 [한]

117

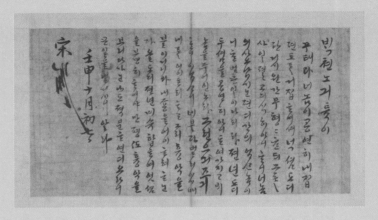

● 노비 기축이에게 보내는 송규렴의 편지

'기축이'란 이름은 기축 씨가 태어난 기축년(己丑年)을 따서 붙인 듯합니다. 노비는 이렇게 태어난 연도의 이름을 붙이는 경우가 많았습니다. 아마도 기축 씨는 1649년생이었을 겁니다. 한편, 편지 끝에는 임신년(壬申年), 즉 1692년에 보냈다는 기록이 있습니다. 이때 송규렴의 나이는 63세, 기축 씨의 나이는 44세입니다. 나이가 한참 위인 자신의 상전에게 이렇듯 배짱을 부릴 수 있던 까닭이 무엇인지 정말 미스테리합니다. 이러한 편지는 극히 드뭅니다. 하지만 기축 씨 같은 케이스가 있다는 것만으로도 조선의 민낯은 우리의 상상 이상임을 짐작하게 합니다.

송규렴이 살던 곳은 대전이었습니다. 어쩌다가 황해도 백천의 땅을 소유하게 된 것인지는 모르겠지만, 이 땅을 기축 씨를 비롯한 몇 명의 노비에게 소작을 주게 됩니다. 기축 씨처럼 소유자와 멀리 떨어져 사는 노비를 '외거노비(外居奴婢)'라 합니다. 주인집에 거주하면서 가내 노동이나 경작을 하던 '솔거노비(率居奴婢)'와 달리 이들은 주인의 통제를 벗어나 가족도 이루고 사유재산도 모으며 살았습니다. 땅이 멀리 떨어져 있으면, 양반은 믿을 만한 외거노비에게 중간 관리자의 임무를 부여했는데요. 따라서 노비가 노비를 고용하는 형태도 존재했습니다.

그런데 기축 씨를 통제할 수 있는 수단이 송규렴에겐 거의 없었나 봅니다. 기축 씨는 넘어서는 안 될 선을 넘어 '배 째'로 일관하네요. 상대가 당대의 중신이자 내로라하는 셀럽, 송규렴인데도 말이죠. 고을 수령을 넘어 관찰사에게도 영향력을 행사할 수 있는 사람이었던 송규렴은 편지 한 통으로도 기축 씨의 배를 정말로 오픈할 수도 있었을 겁니다. 과연, 기축 씨는 송규렴에게 항복했을까요?

【 며느리에게 】

내가 요즘 득뇌 놈에게 엄청 재촉은 하고 있는데,
이놈 자식이 목화 아홉 근 딸랑 낸 후에는 깜깜무소식이라
괘씸하지만, 올해 목화 작황이 영 시원치 않아서 제대로 받아내기는 그른 것 같다. 그래도 어떻게든 받아서 팔아볼 테니 그리 알렴.
백천 땅 임대료를 받는 일은,

내가 아무리 재촉하고 겁줘도 영 시원치가 않네.

— 1708년, 시아버지 송규렴이 며느리에게
은진 송씨 송규렴가 『선찰』 [한]

기축 씨가 어떻게 됐는지는 구체적으로 알 수 없습니다. 하지만 4년 뒤인 1708년, 며느리에게 보낸 편지에도 '백천 땅의 임대료는 여전히 잘 안 들어온다'라는 내용이 있네요. '득뇌에게 목화를 재촉하고 있다'라는 내용처럼, 외거노비를 통제하고 닦달하는 건 꽤 쉽지 않았나 봅니다. 물론 송규렴 정도의 인물이 '보이지 않는 손'을 쓴다면야 못 할 게 없었겠지만, 송규렴은 그렇게까지 하지 않은 것 같습니다. 실제로 위 편지에 등장한 득뇌 씨와 진행한 협상도 결국 원하는 만큼의 성과를 얻지 못했습니다.

득뇌가 목화 여섯 근과 참깨 한 말을 바치고 때려죽여도 더는 못 바치겠다고 그러더라. 그래서 세게 밀어붙이면서 다 내놓으라고 하긴 했는데, 영 못 믿겠다. 한 번 더 재촉해보마. [한]

오히려 지난번에 받았던 목화 아홉 근보다 양이 더 줄었습니다. 득뇌 씨도 어지간히 사정이 안 좋았는지, 참깨로 대납하며 사정하는 모

● **제월당 송규렴이 살던 집 '제월당'**

넓은 포용력과 모나지 않은 성격을 드러내는 집입니다. 방문자의 마음을 휘어잡는 안채의 깊고 넓은 마당이 특징이며, 그런 와중에 체면을 지키려는 듯, 송규렴의 거처는 중앙에 떡 하니 앉아 스포트라이트를 받고 있습니다. 제월당은 일반 양반집에서는 볼 수 없는, 잘 다듬은 장대석 기단을 사용했습니다. 당대 최고의 셀렙이라는 의미겠지요? 비록 기축 씨에게는 쩔쩔매는 분이지만 말입니다. 대전광역시 대덕구에 있으며 인근에 송준길이 살던 동춘당도 있으니 겸사겸사 방문하기 좋습니다.

습이 눈에 선합니다. 한글 편지에 나타난 송규렴의 모습은 아무래도 근엄한 성리학자가 아닌, 일일이 소작인과 협상하며 한 푼이라도 더 받아내려는 소상공인의 모습에 더 가깝습니다. 물론, 송규렴은 지위나 권력, 기타 모든 면에서 압도적인 위치에서 노사협상을 할 수 있었고, 실제로 사람을 고용해 말을 듣지 않는 소작인에게 슈퍼 갑질을 할 힘도 있었습니다. 그런데도 재촉하는 것 이상의 사례는 편지에 보이지 않으니 나름대로 합리적인 경영을 위해 노력했던 것 같습니다.

지금까지는 한 푼이라도 더 뜯어내려는 양반님의 입장이었습니다. 한편 한 푼이라도 덜 내고 싶은 소작인의 입장도 궁금해집니다.

【 어르신께 】

나리님의 노복 구원이가 황공하옵게도 땅에 엎드려 문안드리옵니다.
나리님, 마나님 모두 건강하시죠? 공손히 우러러봅니다.

소인은 요즘 몹시 괴롭습니다.
형이 죽어서 장사를 치렀지만, 장례비용이 모자라 죽겠습니다.
게다가 올해 농사도 말할 것도 없이 망했습니다.
논에 모도 전혀 못 심었으니, 저는 살 방법이 전혀 없습니다.
나리님, 얼마만이라도 조금 도와주세요.
유밀과 부채를 보내나이다.

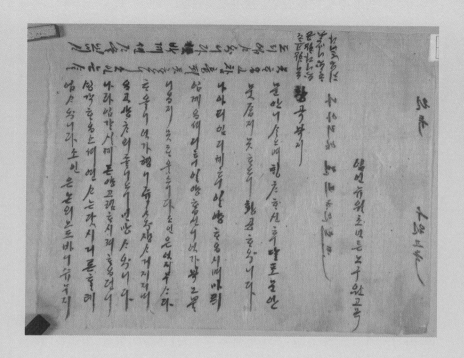

● 노복 구원이 김진화에게 보낸 편지

붓에 먹을 찍어 한지에 글을 쓰는 것의 특징이 무엇일까요? 한 번 쓰면 지울 수 없다는 것이겠죠. 조선 시대 편지에는 이렇듯, 가지런히 간격을 배열하며 잘 써 내려가다가, 종이가 부족해지자 여백에 세로로 쓰고(중앙 상단), 그마저도 모자라 깨알 같이 마저 쓴(오른쪽 상단) 정황이 그대로 담겨 있습니다. '다만, 이렇게 쓰더라도 오른쪽에서 왼쪽으로 읽을 수 있게 썼습니다. 즉, 오른쪽 상단의 깨알 같은 글씨는, 종이를 180도 뒤집어서 보면, 오른쪽에서 왼쪽으로 쓰인 글입니다. 조선 시대 사람들은 아마도 편지를 이리저리 돌려가면서 읽었을 것입니다.

— 1842년 6월 2일 노복 구원이 상전 김진화(金鎭華, 1793-1850)에게
『의성 김씨 학봉 김성일 종가 언간』 [한]

19세기 중반에 노복이 상전에게 보낸 흔치 않은 편지입니다. 이때 구원 씨는 이미 60세가 넘은 할아버지였습니다. 상전인 김진화(1793~1850)는 50세였으니, 둘 사이의 나이는 10살가량 차이가 나죠. 하지만 역시 신분의 한계는 엄연한 법, 구원 씨는 몹시 공손한 어조로 편지를 작성합니다. 아무리 공손하더라도 협상은 협상이죠. 양반, 그것도 대종가의 큰 어른에게 직접 협상을 걸어오는 소작인의 태도가 다소 놀랍습니다.

하지만 갑이 될 수 있는 양반은 돈이 있는 양반일 뿐, 몰락한 양반은 여기저기 눈치를 보고 살아야 하는 을의 신세를 피할 수 없었습니다. 몰락한 양반이 차고 넘치는 19세기의 시대상이 낱낱이 그려진 편지를 소개합니다.

【 둘째 아들에게 】

우현 앞에 서너 마지기는 홍록이를 시켜서 팔려고 했는데,
수십 일이 지나도 아무런 입찰도 안 들어오네.
원래 그 동네는 매물이 없어서 내놓기만 하면 바로 팔렸는데,

사람들이 죄다 눈치만 보고 있어. 아마 세갑이나 업동이 같은
놈들이 양반들이 돈 꿔갈까 봐 걱정되어 돈 없는 척하는 것 같아.

좌우간 거기 말고도 내놓은 땅을 산다는 사람이 한 명도 없으니,
이 일을 어떡하면 좋니. 어쩔 수 없이 소라도 팔까 싶은데,
소값은 또 개값이라 20냥도 안 돼. 당장 목구멍에 풀칠할 돈은
어떻게 마련해야 할지 아빠는 막막하다.

『조병덕 간찰』[漢]

    편지의 발신인은 19세기의 학자 조병덕(趙秉悳, 1800~1870)입니다. 그는 소위 '뼈대 있는' 노론의 엘리트 집안 출신이지만, 그의 할아버지 때부터 중앙 정계에 진출하지 못했죠. 조병덕 자신은 나름대로 학문적 깊이를 쌓았습니다. 그러나 당대는 과거도 학문도 모두 무용지물이고 오로지 인맥과 청탁으로 관직을 나눠 가지던 세도정치 시절이었습니다. 결국, 조병덕 일가는 날로 높아져만 가는 서울의 물가를 버티지 못하고 낙향을 결심합니다. 그리고 물려받은 가문의 땅들을 싹 팔아 전원생활을 위한 자금을 마련하려 했습니다.
    그런데 조병덕이 땅을 내놓자마자, 공급량이 턱없이 부족해 땅값은 천정부지로 솟던 시장이 거짓말처럼 얼어붙었습니다. 양반 가문에서 무더기로 땅이 나오면 자본력이 있는 사람들은 곱게 거래하려 들지 않

았기 때문이죠. 편지에 등장한 '세갑이'나 '업동이'는 돈 있는 양인[08], 그러니까 19세기부터 조선 사회에 본격적으로 등장한 부르주아 계급으로 볼 수 있습니다. 돈도 현실적 권력도 충분하나 또한 양반의 신분적 권위 또한 외면할 수 없었던 그들은 몰락한 양반들이 상환할 수 있는 능력이 없음을 알면서도 어쩔 수 없이 돈을 꿔주기도 했습니다. 특히 조병덕처럼 몰락한 양반의 땅을 비싼 값에 산다면 비슷한 처지의 다른 양반들도 조병덕의 예를 따라 할 위험도 있었죠. '세갑이'나 '업동이'는 그들이 돈을 번 이유가 우연이 아님을 증명하듯, 버티다 보면 결국 한 푼이 아쉬운 조병덕이 값을 내릴 수밖에 없음을 알고 있었겠죠. 역시, 부동산 시장은 예나 지금이나 자본주의 참교육의 현장입니다.

'한량'이란 단어로 이번 장을 시작했지요? 이미 18세기부터 무능한 양반을 풍자한 박지원의 소설이나, 양반이 장사에 종사하는 것을 허가하자는 홍대용, 박제가 등의 주장이 있었으나 어떠한 개혁도 이뤄지지 않았습니다. 결국, 수많은 양반이 대대손손 물려받은 땅을 팔아도 거지꼴을 면하지 못하는 상황에 놓이면서도 또 딱히 하는 일은 없어 보이는 '한량'이란 단어로 남게 됩니다. 위 편지는 그런 '한량'의 우울한 사정을 잘 보여줍니다.

08

'양인'이란 말은 참으로 사람을 헷갈리게 만듭니다. '양' 자 때문인 것 같아요. 그런데 양반의 양은 '兩'(둘, 짝)이고, 양인의 양은 '良'(좋다, 어질다, 순진하다)입니다. 결이 많이 다르지요. 양인의 사전적 의미는 '조선 시대에, 양반과 천민의 중간 신분으로 천역(賤役)에 종사하지 아니하던 백성(=양민)'입니다. 조선 초기 양천제(良賤制) 하에서 나타난 용어로 처음에는 노비가 아닌 모든 사람을 이르는 말이었지만 16세기 이후 신분이 양반, 중인, 양인, 천인으로 분화되면서 천인과 대조되는 일반 평민을 이르게 됩니다.

투자와 매매, 협상과 독촉 등 주요한 결정들을 처리하고 나아가 자녀나 다른 식구들의 애로사항까지 해결해주는 양반 남성의 모습은 결정권자, 즉 기업 총수의 모습입니다. 하지만 총수가 있으면 관리자도 있는 법이죠. 관리자의 역할을 맡은 여성의 편지는 깨알 같으면서도 현실적인 괴로움이 묻어나옵니다.

【 아들에게 】

날이 너무 추워지니 이거 원 너무 힘드네.
백성들이 빌려 간 곡식은 이제 바치기 시작했어.
수경이한테 석 섬, 염색집에 서른 말을 먼저 결제했는데,
아직 처리해야 할 게 너무나 많구나.
구미집에도 돈 닷 냥 빨리 줘야 한다는데 어떻게 해야 할지 갈피가
안 잡혀. 진성이네 집에도 받을 돈도, 갚을 돈도 있다고 하니
나중에 자세히 적어 알려주렴. 혼수에 쓰는 닭과 돼지도
마련해야 할 텐데 참 걱정이구나.

— 1694년 10월 9일 엄마 안동 김씨가 아들 송상기(宋相琦,
1657~1723)에게
은진 송씨 제월당 송규렴가 『선찰』 [한]

조선 후기 양반의 주요 수입원은 크게 세 가지였습니다. 소유한 토지를 빌려주고 생산물 혹은 임대료를 받는 '소작', 봄, 혹은 재난이 닥쳤을 때 곡식을 빌려주고 이자를 덧붙여 받는 '환곡', 그리고 관직 생활을 하며 받는 '녹봉'이 있었습니다. 여기에 땅이나 노비의 시세 차익을 얻는 재테크 수단이나 특산물을 판매하는 불규칙한 수입이 있긴 했습니다만, 고정적인 수입원은 소작, 환곡, 녹봉 정도였습니다.

안동 김씨는 송규렴의 아내입니다. 송규렴이 크고 작은 결정을 내리거나 뜻밖의 트러블을 해결하면, 아내인 김씨는 계산, 결제, 분배, 정리 등 실무 관리자의 역할을 충실하게 수행했습니다. 그런데 환곡의 업무량은 상당히 무거웠습니다. 화폐로 계산했다면야 일이 한결 수월했을 테지만, 빌려주거나 받은 곡식을 하나하나 계산하는 일이었으니 말입니다. 결국 하인들 모두 매달려야 하는 고달픈 일이었지요. 게다가 납부하지 않은 백성에겐 편지를 보내거나 하인을 보내 독촉까지 해야 하니, 아무리 성실한 사람이라도 귀찮지 않을 리 없었겠죠?

안동 김씨에게도 이 일이 분명 힘에 부쳤나 봅니다. 3년 뒤, 아들에게 보낸 편지에 이런 문장이 나옵니다.

백성들에게 이자를 받는 일은 진짜 해도 해도 끝이 없구나.
그냥 저 멀리 사는 사람들에게는 안 받으련다. [한]

128

곧 70세가 되는 안동 김씨는 거의 평생을 가문의 총무부장으로
살아야 했습니다. 솔직히 귀찮은 것도 이해가 가죠? 관직이라면 사퇴
할 수도 있지만, 농사일은 대부분 움직일 수 있을 때까지 하는 종신직이
었으니, 환곡을 처리하는 일도 덩달아 종신직이 될 수밖에 없습니다. 이런
종신직이라면, 면접을 안 보고 채용한다 해도 응시하지 않을 것 같습니다.

솔거노비, 즉 집에서 근무하는 하인에게 급여를 주는 일 역시 안
주인의 일이었습니다. 인건비를 처리하는 일은 시대를 막론하고 부담
백배의 일이죠.

【 아들에게 】

요즘 집에서 쌀이 너무 많이 나가네. 쌀만 해도 지난번에 열다섯 말,
너 떠난 후에 열 말, 총 두 섬 열다섯 말을 들였는데도
모자랄 정도로 헤프게 쓰인단다. 홍농 아기네 셋이 늘 우리 집에
눌러앉아 있기도 하고, 일일이 계산하면서 쓰는 것도 어렵단다.
당장 다음 달부터 하인들에게 주는 곡식을 어떻게 마련할지
캄캄하네. 기본급으로 주는 곡식이 서른 말에 도토리 7홉인데,
쌀 열 말을 들이면 총 두 섬이 되지만 여기는 식구도 많고 뜨내기도
많으며 그 아이들까지 있으니, 우리 집에 벼를 찧어두는 사람들만
먹이고, 그렇지 않은 사람들은 먹이지 않든가 해야겠어.
쌀이 얼마나 부족한지, 오죽하면 종이 붙일 풀 쌀도 없어
쌀을 구하려 노력해봤지만 다 헛수고였어.

— 18세기, 엄마 안정 나씨가 아들에게
『은진 송씨 송준길 가문 한글 간찰』[한]

이 편지는 집안 식구들 외에 객식구나 친척, 거래처 사람들까지 머무는 가문의 지출 상황을 보여줍니다. 총 두 섬 열다섯 말을 들여왔는데 딸린 입이 많아서 순식간에 사라진다는 이야기, 그래서 하인들에게 줄 급료가 모자랄까 봐 걱정된다는 이야기가 담겨 있네요. 작황에 따라 보너스도 줘야 하는데, 보너스는 고사하고 기본급조차 제대로 못 주면 노비는 파업이나 잠수, 도망 등 나름의 저항 방법으로 양반에게 막대한 손해를 끼칠 게 분명했습니다. 그래서 안정 나씨의 선택은, 그 많은 사람 중에 '우리 집과 거래하는 사람들만 밥을 주겠다'였습니다. 좀 치사해 보이지만, 인건비를 못 주는 것보단 나은 방법이긴 하네요.

남편이 병환, 관직 등 여러 사정으로 결정권자의 역할을 제대로 하지 못할 경우, 그 일을 대신하는 것은 아들이었습니다. 물론 한창 공부하거나 관직 생활을 할 나이여서 큰 도움은 안 되었지만, 엄마는 집안 돌아가는 사정을 편지로 꾸준히 알려줬습니다. 언젠간 아들과 며느리가 그 역할을 대신해야 하기 때문이죠. 일종의 원격 후계자 수업이랄까요.
그런데 후계자이면서 가족 기업의 간부인 아들과 마찰이 생기면, 엄마로선 상당히 고달파집니다. 만만한 게 엄마인지, 경제권을 놓고 엄마와 아들 사이에 벌어지는 갈등이 담긴 편지가 눈에 들어왔습니다.

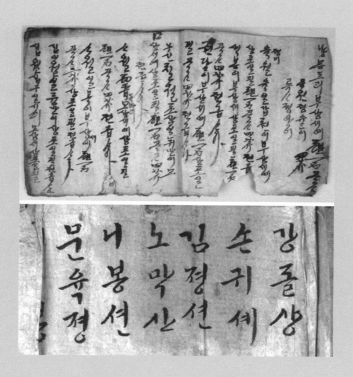

● **마을의 노비와 평민이 작성한 계문서**

18, 19세기로 갈수록 사유재산이었던 노비는 고용인인 '머슴'으로 자연
스레 바뀌어 나갔습니다. 노비와 평민이 함께 계를 든다는 것은 200년 전만 해
도 상상할 수 없던 일이었죠. 노비들도 재산 증식의 꿈을 꿨고, 양반가는 자연
히 노비에게 지급하는 급료에 점차 민감해졌습니다.

【 당신에게 】

올해는 정말 버티기가 너무 힘들어.

심지어 종들 입힐 옷도 없으니 어떻게 해야 할지 대책이 안 서네.

차돌이가 집에 온 뒤로는 말이야, 반찬거리 좀 사려고 돈 좀

달라고 하면 이놈의 아들놈이 융통성 없게 한 푼도 내놓질 않아.

급할 때 남의 돈을 꾼 것이 있어서 갚아 달라고 부탁하면,

지도 지갑이 텅텅 비었는데 자꾸 보챈다면서 핀잔을 주더라고.

또 며느리가 이불 만들 시간이 없어서 다른 사람한테 부탁했는데,

집에서 하면 될 일을 남에게 시켰다면서 핀잔주면서 돈을 안 내놔.

그러니 당신이 돈을 좀 보내줘요. 빨리 갚아야 한다고.

— 1847년, 아내 여강 이씨가 남편 김진화에게

『의성 김씨 학봉 김성일 종가 언간』 [한]

김진화(金鎭華, 1793~1850)는 학봉 김성일의 10대 종손입니다. 관직 커리어의 대부분을 고을 수령으로 채웠으므로 타지에서의 생활이 잦았죠. 아내 여강 이씨는 자연스레 맏아들 차돌이와 대소사를 상의합니다. 차돌이는 엄마에게 꽤 비협조적이었습니다. 여강 이씨가 하인들의 옷을 입히는 관리자 업무를 수행하기 위해선 예산을 받아야 하는데, 아버지의 부재로 경제권을 쥔 차돌이가 전혀 예산을 주지 않았기 때문

입니다.

아내의 하소연에 남편은 어떻게 답했을까요? 한 달 뒤 여강 이씨가 김진화에게 다시 보낸 편지에서 맥락을 좀 더 살펴볼 수 있습니다.

> 자꾸 차돌이에게 얻어 쓰라고 하는데, 지가 손에 꽉 쥐고선 한 푼도 내놓질 않는데 나보고 어떡하라고. 돈 생기면 일단 면포나 좀 사려고 했는데 글렀어. 아까워 죽겠네! 정말. [한]

남편은 "거 차돌이랑 잘 상의해서 써요"라며 모르쇠 전략을 썼나 보네요. 하지만 차돌이는 꼼짝하지 않았습니다. 남편이 아들에게 "엄마한테 돈 줘라" 하고 한마디만 거들면 될 일인데, 그렇게 하지 않은 이유가 궁금합니다. 아들의 긴축 재정을 은근히 지지했던 걸까요?

그래도 아들은 아들인지, 아빠가 보낸 재료로 요리를 해 아들에게 먹였더니 맛있게 먹었다는 엄마의 마음이 가득 느껴지는 편지를 쓰기도 합니다.

【 당신에게 】

> 당신이 하인 시켜서 보낸 서양 면포 있잖아?

● **1892년 김흥락**(金興洛) **서간**(書簡)

　여강 이씨의 편지에 '차돌이'라는 아명으로 등장하는 서산 김흥락(1827
~1899)이 쓴 편지입니다. 1892년 5월 29일, 김흥락이 상대방의 손자가 방문하
여 돌아가는 길에 자신이 쓴 글과 편지를 보냈는데, 글이 졸렬하고 말이 거칠
어 상대방의 높은 뜻의 만 분의 일에도 미치지 못할 것이니 온당하지 않은 곳
은 논박하여 가르쳐 달라는 내용과 상대방의 손자가 공부에 자질이 있어 보이
니 상대방의 기대에 부응할 것이라는 칭찬이 들어 있습니다. 여강 이씨의 편지
에선 그저 흔한 아들로 나타나지만, 말년의 김흥락은 지역 유림의 존경을 받
는 학자였으며, 동시에 안동 지역 의병 활동의 구심점이었습니다. 1896년, 김
흥락과 김희락 등 문중의 어른들이 의병 활동에 패배했고, 일본군은 의성 김
씨 종택에 침입해 이들을 꿇어앉히고 김희락을 총살합니다. 엄마와 아웅다웅
하며 한 푼도 내주지 않던 차돌이는 망국을 기록한 역사의 한 페이지를 겪어낸
인물이 되었습니다.

받아 보니까 아주 구멍이 숭숭 뚫려 있더라고. 아무래도 하인 놈이
우리가 경상도 촌 양반이라 우습게 여긴 게 분명해.
그래서 당신이 기껏 보낸 것이지만, 다시 돌려보낼게.
당신이 신경 써서 보내준 건데, 이놈의 버릇이 너무 괘씸해서
그냥 넘어갈 수가 없어.

당신이 보낸 반찬으로 차돌이 해줬더니, 맛있게 잘 먹네.

— 1847년, 아내 여강 이씨가 남편 김진화에게
『의성 김씨 학봉 김성일 종가 언간』[한]

이 편지엔 또 하나의 재미있는 에피소드가 있습니다. 남편 김진
화는 아내에게 서양목[09]을 사서 보냈는데, 업자가 구멍이 숭숭 뚫린 서
양목으로 보낸 것이죠. 여강 이씨는 이 편지로도 분이 안 풀렸는지, 바
로 다음 편지에 내용을 자세히 씁니다.

서양목은 하나도 안 예쁜 데다가, 구멍이 숭숭 뚫려 있어.
아니, 싸게 산 것도 아니고 제값 주고 중고로도 못 쓸 걸 받아왔으니
억울해서 도로 보낼게. 하인한테 잘 빠지고 예쁜 거로
다시 사 오라고 해. 제값을 받고 삭아 빠져 구멍이 숭숭 뚫린 걸

● **여강 이씨가 남편 김진화에게 보낸 한글 편지**

　　세도정치 시기, 영남의 유림은 중앙 정계에서 상당한 소외를 받았습니다. '경상도 양반이라 무시당했다'라는 내용은 당시 시대상을 반영하고 있는 것이죠. 또한, 편지에는 게와 방어를 보냈다는 기록, 그리고 '섞박지(김치의 한 종류 조기젓 국물로 간을 낸다)'를 차돌이에게 먹였더니 좋아했다는 기록이 있습니다. 당시의 음식 문화도 여과 없이 드러나고 있죠. 게, 방어, 김치와 같은 반찬은 지금의 우리 밥상과 큰 차이가 없죠?

136

갖다 주면서 우리가 아무것도 모르고 그냥 당할 줄 알았나 봐.
진짜 괘씸하기 짝이 없네. 빛이 뽀얗고 흰 서양목이 단단하니까,
배꽃 같이 흰 서양목을 사 오라고 해줘. [한]

여강 이씨, 화가 단단히 났네요. 명색이 학봉 김성일의 10대 종손, 명망 높은 가문인데 '경상도 촌 양반'이라 무시당했으니 그럴 만도 하죠. 아무리 위엄 있는 가문이라도 사기꾼을 피할 수는 없는 법입니다. 지금 같았으면 커뮤니티에 올라올 만한 소동이었겠죠?

한편, '빛이 뽀얗고 흰 서양목'이나 '배꽃 같이 흰 서양목'이란 비유적 표현이 인상적입니다. 이토록 상품에 대한 니즈가 확실하게 드러나는 장면에선 19세기 조선의 여성들 사이에서 서양목이 얼마나 높은 평가를 받았는지 알 수 있습니다.

유통을 전적으로 한 사람에게 의지해야 했던 조선에선 이런 식의 배달 사고가 상당히 잦았습니다. 특히 하인에게 심부름을 맡길 경우, 무슨 배짱인진 모르겠지만 수신인에게 보내는 돈에서 일부를 빼서 쓴 후, 경비로 썼다며 당당하게 말하는 경우도 있었죠. 이번에도 여강 이씨의 편지입니다.

09

두 가닥 이상의 가는 실을 촘촘하게 한 가닥으로 꼰 무명실을 이용하여 나비가 넓고 발이 곱게 짠 피륙입니다. 광목보다 실이 가늘고 하얀데 서양에서 발달하여 이렇게 부르기도 합니다. 17세기, 인도에 진출한 동인도 회사는 인도의 면포를 수출하였고, 영국은 수입된 면포로 면직물을 만듭니다. 그러한 면직물이 개항 이전 조선에까지 수출이 된 것이죠. 서양목처럼, 산업혁명의 파도는 조선에도 스멀스멀 밀려오고 있었습니다.

이 하인이 중간에 당신이 무슨 말을 썼는지,

분명 편지를 뜯어본 것 같아. 봉물은 다 받긴 했는데,

이 하인이 여행 경비가 떨어져서 돈 닷 전을 썼대. [한]

보안이 생명인 편지를 뜯어보고 호시탐탐 종가의 경제 상황을 훔쳐보는 하인도 있었습니다. 여강 이씨의 하인에 대한 불신은 점점 강해졌겠죠. 누구라도 그럴 만합니다. 19세기 중반에 작성된 여강 이씨의 푸념을 들어보면, 종갓집 안주인에게 모두 머리를 조아리며 그녀의 말 한 마디에 모두가 긴장하는 사극의 장면은 어디로 간 건지 의아합니다. 나라 전체가 망국으로 향하고 있다는 이미지가 너무 강력하지만, 한 꺼풀 벗겨보면 우리가 생각하는 것보다 조금 더 역동적이며 다양한 삶의 양상이 그려지고 있었습니다.

뜻밖의 배달 사고를 내는 것은 하인뿐만이 아니었나 봅니다. 자식들도 종종 그랬던 것 같네요. 송준길의 며느리, 백천 조씨가 그 아들에게 보낸 편지엔 아들이 대금을 꿀꺽해버린 정황이 드러나 있습니다.

【 아들에게(송광식) 】

너, 도대체 얼마에 어떻게 팔았는지 얘기를 안 하니?

서 서방한텐 팔고 남았다면서 왜 이것만 보낸 거니?

열다섯 장을 받았다는데 계산이 이상하잖아.

명주가 장당 5미터짜리인데.

계산이 제대로 된 건지 이상하니 자세히 써서 보내.

아 그리고, 과일들은 수영 댁에게 물어봐서 계피, 꿀, 모과를 얻어

정과를 달여서 만들어 와. 차례 때 써야 하니까.

또 상주 지역에서 받는 공물들을 받아오라고 말했는데,

아직까지도 왜 소식이 없는 거야. 혹시 아직도 안 받았다면,

당장 사람 보내서 면화랑 공물 받아와.

— 1650년, 엄마 백천 조씨가 아들 송광식(宋光栻, 1625-1664)에게
『은진 송씨 송준길가 한글 간찰』[한]

　　우리는 이 장에서 소개하는 편지의 소장처가 모두 내로라하는 종
갓집임을 다시 상기할 필요가 있습니다. 이 집의 아들은 어릴 때부터 귀
에 딱지가 앉도록 효도에 대한 이야기를 들었을 텐데요. '임금과 신하는
의리로 맺어졌고, 엄마와 아들은 정리로 맺어졌다'라는 관용구가 흔히
쓰였던 시대였습니다. 그만큼 부자 관계보다 모자 관계는 조금 더 특별
한 무언가가 있죠. 그런데 엄마 알기를 어떻게 아는 건지, 김진화의 아
들 차돌이(김홍락)처럼 엄마에게 돈을 한 푼도 안 준다든가, 송준길의 아
들 송광식처럼 엄마가 맡긴 거래 대금을 꿀꺽하는 등, 동네 사춘기 소년
이나 저질렀을 법한 행동을 했다는 것이 퍽 재미있습니다. 물론 자세한
사정은 편지 한 통으로 알 수 없지만, 그래도 아니 땐 굴뚝에 연기 나지

않는 법이죠.

하지만 아들이 바깥에서 고생하는 것을 생각하면 언제나 가슴 졸이며 걱정하는 것이 어머니의 마음입니다. 특히나, 아들의 주머니가 가벼워서 더욱 고생해야 한다면, 엄마는 늘 죄책감에 시달립니다. 여기, 돈 떨어진 아들에게 보내는 엄마의 편지가 있습니다.

【 몽이 애비에게 】

네가 돈이 다 떨어져 집에 돌아오지 못한 채 발만 동동
굴리고 있을 생각을 하니 가슴 아프네.
부탁했던 도승지 댁에서 이불과 돈을 안 부쳐주기에,
다른 집에 부탁해보려고 했지만,
이 농사철에 종을 또 보내기 어려웠어.
일단 급한 대로 둘째 딸 집에서 돈을 꿔서 다섯 냥을 보낼게.
도승지 댁에서 너한테 돈을 얼마나 부쳐줄지 알 수가 없으니,
그저 답답하네. 다른 사람과 얘기해보니 도승지 댁에서
돈을 더 안 줄 것 같다는데, 큰일이구나.
아무튼, 우리 집에 있는 돈 긁어모아 한 냥 반, 빌린 다섯 냥 합쳐
여섯 냥 반을 보낼게. 두 편으로 나뉘어 가니, 꼼꼼히 챙겨야 해.
부디 빨리 돌아오렴.

편지의 수신인은 권상희(權尙憘, 1734~1809)입니다. 중년 이후 생애의 대부분을 여러 고을의 수령을 역임했던 꽤 성공한 관료였죠. 돈이 똑 떨어져 집에도 돌아올 수 없는 아들의 사정을 접해 들은 어머니 최씨는 일단 있는 대로 돈을 긁어모아 아들에게 부칩니다. 권상희의 집안 또한 당대의 명문가였습니다. 그런 집안의 귀한 아들임에도 서울살이하며 들어가는 생활비는 요즘의 서울살이만큼이나 무서웠습니다.

이렇게 식구가 어려운 곤경에 처했을 때 드는 돈이야 힘들게라도 모아서 내지만, 식구들이 앞뒤 안 재고 긁어버린 카드를 막아야 하는 일은 참으로 속 터집니다. 결국, 뒷수습은 엄마의 몫으로 남게 되죠. 불평도 못 한 채 뒷수습을 맡게 된 엄마의 편지를 소개해봅니다.

【 당신에게 】

여보, 초상화 그리는 데 쓸 돈 말고
또 집 짓는 데 필요한 돈 부치라고 했다면서?
그러면 딱 정확한 액수를 적어줘야 보내주든가 말든가 하지.

일단 돈 열 냥 정도는 만들어놨는데,

초상화도 그리고 집도 짓기엔 터무니없이 부족해.

액수를 써서 보내라고 적긴 했지만, 솔직히 그만한 돈 못 보내.

미안하지만 그래요.

— 1700년-1714년, 아내 안동 김씨가 남편 송요화에게
『은진 송씨 송준길 가문 한글 간찰』[한]

남편인 송요화가 하인을 집에 보내 돈을 요구하고 있네요. 본인 초상화를 그리는 결제 대금과 집 짓는 데 드는 돈이 필요하다며 일방적으로 통보합니다. 이에 아내인 안동 김씨는 가뜩이나 빠듯한 살림인데 갑자기 목돈을 써서 일을 처리해야 하니 꽤 당황했을 것 같습니다. 편지엔 돈이 부족해 염려하는 마음이 뚜렷이 남았지만, 솔직히 남편이 사전 협의도 없이 일단 지르고만 본 것이라면, 요즘 같으면 등짝 맞고 팬티 바람으로 쫓겨났을 텐데요. 하지만 남편의 체면을 경제적으로 지원해야 하는 것이 아내의 의무였던 시대이니, 요구사항을 속 시원히 해결해주지 못하는 것에 대한 미안함이 먼저 나옵니다.

그래도 없는 돈을 찍어서 만들 수는 없는 법이죠. 아내는 두 통의 편지를 연달아 보내며 어렵다고 말합니다. 마치, "제발 하나는 포기하라고!"라고 말하는 것처럼요.

어느 집이든 살림을 꾸려나가는 것은 어려운 일이죠. 많이 벌수

록 씀씀이도 커지니, 고래 등 같은 기와집을 짓고 담배나 끔뻑이며 꿀 빨 것 같은 양반들도 나름의 고충이 있었습니다. 재테크에는 어두울 것만 같은 대학자도 땅값에 촉각을 기울이고, 열정페이를 지급하며 하인을 부려먹을 것 같은 마님도 인건비 걱정에 여념이 없네요. 게다가 거느린 식구는 많아서, 열심히 벌어서 돈 부쳐주기 바쁩니다. 노비의 옷 지어주는 것까지 일일이 신경 써야 하는 양반의 종가 경영은 하루가 부족할 만큼 일이 많았던 것이죠.

　　한글 편지엔 늘 '바빠서 그만 쓴다'라는 표현이 있습니다. 더 쓰기 귀찮아서 하는 말이 아닌, 진짜로 눈코 뜰 새 없이 바빠서 썼던 말이 분명합니다. 비록 사고파는 것과 주고받는 돈이 지금과는 무척이나 다르지만, 돈을 벌고 돈을 쓰는 마음씨는 곧 우리네 엄마 아빠와 다르지 않아 참 친근하면서도 어딘가 사무치는 면이 있습니다.

나랏일 하기
더럽게 힘드네!

애타게 꿈꾸던 미래가 현실이 되었다고 해도 꼭 행복한 것만은 아닙니다. 극심한 취업난에 시달리는 요즈음도 크게 다르지 않아요. '일단 취업만 하면 조금 나아지겠지'라고 먹은 마음은 취업 후 직장생활에서 몰려오는 크고 작은 스트레스에 찌그러들게 마련이죠. 환희의 마음은 어느새 사라지고 때려치우고 싶은 마음만 무럭무럭 일어납니다. 힘들게 돈 벌어서 힘들게 공부하고 힘들게 시험을 쳐서 합격한 과거 이후 얻은 조상들의 관직 생활도 그랬습니다. 우리네 사회생활처럼, 생각지도 못했던 현실적인 고충들이 깨알 같이 쏟아졌죠. 이번 장에선, 역사서에서 "누군가 무엇을 했다"라고 기록된 것 이면의 흔적들을 편지 속에서 찾아보겠습니다.

첫 취직은 언제나 두려움과 설렘이 공존하는 사건입니다. 특히, 입사시험이나 면접을 망쳤는데도 합격 공고가 붙고, 게다가 자신이 평소 원하던 부서로 발령을 받는다면 그 기쁨이 이루 말할 수 없겠죠? 조선 후기의 관료, 이주정(李周楨, 1750~1818)이 보낸 편지에선 그와 비슷한 감정 상태가 잘 드러납니다.

【 선배님께 】

요즘 조정에서 제가 언관(言官)이 된다고 설왕설래가 많더군요.
저로선 참 바라는 바지만 전혀 기대하지 않았던 바라 빈말뿐인
칭찬에 낯을 들 수 없었는데, 이달 11일 예조 좌랑이 되었고,
21일 결성(홍성군 결성읍)의 수령이 되었네요. 고을의 형편은

엉망이지만, 특이한 케이스라 감격한 나머지 얼굴이 빨개졌어요.
고향에서는 다들 못 믿어서 난리이겠죠. 저 역시 예조 좌랑만 해도
감지덕지인데 고을 수령까지 얻게 되었으니 그저 놀라울 뿐이에요.
저처럼 시험에 통과하지 못한 사람이 고을 수령이 되는 건,
서울 인근 출신으로 조정에 뒤보아주는 사람이 있어도
쉽지 않을 것이라고들 하네요.

— 1804년 12월 26일
『안동 고성 이씨 팔회당 종택 간찰』 [漢]

1804년, 정조가 승하하고 조정이 세도정치로의 전환을 위해 클러치를 밟을 무렵, 이주정은 뜻밖의 수령 자리를 얻게 됩니다. 편지에는 시험에 합격하지 못했다고 썼지만, 일단 8등으로 합격하긴 했습니다. 문제는 합격한 때가 46살, 즉 오래전에 붙었던 시험이었던 것이었죠. 그 사이 왕도 집권세력의 중심부도 바뀌었기에 이주정의 관직 커리어는 끝날 뻔했습니다. 이런 상황에서 시험 없이 수령으로 발탁되는 것은, '서울 출신에 뒷배가 든든한 사람'이 아니라면 힘든 일이라는 것을 본인도 자각하고 있네요. 그래서 기쁨도 두 배가 아닐 수 없겠죠.

그런데 고을 수령의 부임지를 결정하는 자리는 치열한 눈치 싸움과 파워 게임의 현장이었습니다. 조선은 수령의 부패를 막기 위해 자신의 거주지와 인근 고을에는 수령으로 부임할 수 없는 규칙[10]을 세워놨습

니다. 그래서 호남에 사는 사람이 뜬금없이 함경도에 발령받는다면 정말 골치 아픈 일이 아닐 수 없었던 것이죠.

　게다가 부임하는 일도 만만치 않았습니다. 채용 일정이 언제 한 번 구직자의 일정이나 애로사항을 봐준 적이 있던가요. 건강에 이상이 있거나 부임하자마자 고을에 밀린 일거리가 산적해 있다면 참으로 골치 아픈 부임길이 아닐 수 없었습니다. 충청도 면천군(지금의 당진)으로 향하는 연암 박지원의 편지엔 부임길의 고난이 묻어나옵니다.

【 처남에게 】

난 길에서 심한 무더위를 참아가며 7일을 달렸다네.
학질(말라리아, 혹은 그와 비슷한 전염성 열병)은 나았는데 이번엔
치질이 심해진 데다가 수군훈련까지 겹쳐 정신줄이 날아가고 있구
면. 훈련 때 쓰는 배들은 죄다 바닷물과 벌이 가득하고 수군과
노군(노 젓는 군인)은 다 어디로 도망갔는지 태반이 부족하네.
게다가 안흥목은 험한 바다라서 배 부리기가 쉽지 않은데,
기한에 맞추기가 어려울 것 같아 고민이 많아.
고을 형편도 엉망진창이라 말이 안 나오고.

10
상피제도를 말합니다. 친족이나 기타 관계에 있는 사람들이 같은 곳에서 벼슬을 하거나 재판의 송사를 들어주거나 여러 종류의 시험에 관계되는 일 등을 피하게 한 제도입니다. 딱 봐도 알 수 있듯이 인사(人事) 문제로 야기되는 청탁이나 낙하산 양형 감량 등의 부정부패를 막기 위한 제도였습니다.

비록 백성들한테 수령의 생활비 걷는 일은 중지시켰지만,
쌀값이 흙값이라 앞으론 맨땅에 헤딩하게 생겼어.

— 1797년 7월
『연암선생 서간첩』[漢]

중국 여행을 할 때만 해도 말 위에서 붓 하나로 후다닥 풍경 스케치를 해냈던 박지원이었습니다. 그러나 나이는 속일 수 없죠. 말 위에서 견뎌야 하는 치질의 고통은 짐작하기 어려울 만큼 끔찍합니다. 신체 컨디션이 거의 바닥을 치고 있는데, 부임하자마자 수군훈련 감독을 받아야 한다니, 공무원으로 치자면 부임하자마자 감사원 감사를 받는 것과 비슷할까요. '치질'과 '감사' 두 단어만으로도 몸서리를 치게 되네요. 한편, '쌀값이 흙값'[11]이라는 그의 표현[12]은 새삼 그 문장의 재기발랄함에 탄복하게 됩니다.

11

원문에는 '米賤如土, 前頭事, 實如觸柱, 奈何奈何?'(쌀값이 흙값이라 앞에 닥친 일이 실로 기둥에 부닥친 것만 같으니, 어쩌면 좋은가)라고 나와 있는데요. 박지원의 문장력과 표현력은 21세기인 오늘 다시 보아도 감탄을 연발하게 됩니다. 오죽했으면 천재 임금 정조가 문체반정을 주장했을까요? 요즘으로 치면 재기발랄하고 톡 쏘는 신인들의 글맛에 중견 작가들이 '어 무서워' 하면서 뒷일을 도모한 셈이었습니다.

12

정민, 박철상. "『燕巖先生書簡帖』脫草 원문 및 역주." 대동한문학, (2005): 344-393. pp.379.

다시, 이주정의 이야기로 돌아가볼까요? 행운과 고생을 같이 겪으며 첫 직장을 얻은 이주정은 과연 '슬기로운 수령생활'을 꾸려갔을까요? 바로 다음 해의 편지를 보겠습니다.

【 선배님께 】

요즘 아주 나랏일 하느라 죽겠습니다.
고을 수령이 되어서 좋아했는데, 부임하고 보니 제가 맡은 동네는
입에 풀칠할 거리는 적은데 일은 많아서 최악이에요.
세금 납부와 군인 모집은 당연하고, 봉수대 점검하랴,
뱃사공 색출하랴, 노 젓는 군인들 만들랴, 조세 보내랴,
불시에 진상품 점검이나 군대 시찰이 내려오니
잠깐이라도 깜박했다간 위에서 불호령이 떨어집니다.

게다가 동네는 가난한데 백성들이 고소장 날리는 건 아주 좋아해서
새벽부터 밀린 판결 처리하는 데 해가 저물도록 끝이 안 보여요.
어떻게 된 게, 이 동네 백성들은 남들 염탐을 농사로 삼고
고소를 일상다반사로 여기니 이거 원, 저같이 조용함을 좋아하는
사람이 견디기 쉬운 것이 아닙니다. 진짜 선배들이 이 고을을
"360 고을 가운데 가장 다스리기 어려운 곳"이라 부른 것도
과연 빈말이 아니에요.

— 1805년 4월 15일

『안동 고성 이씨 팔회당 종택 간찰』[漢]

3개월 만에 그는 후회하고 있었습니다. 역시 공짜란 없다고, 과거에 붙지도 않았는데 수령을 얻었다고 좋아할 만한 것이 아니었습니다. 모두가 기피하는 '360여 개 고을 중에 가장 힘든 근무지'를 배정받았으니, 사실상 감투를 쓴 귀양길이나 다름없네요.

이주정의 부임지인 지금의 홍성군 결성읍은 조선 시대까지만 해도 충청도 서해안 지방을 통괄하는 중심 지역이었습니다. 지역 유림의 세력이 강하여 수령이 근무하기에 여러모로 어려운 곳이었죠. 그래서일까요. 고소가 많다는 고충을 토로하고 있습니다. 고소가 많다는 것은 수령에게는 일거리가 늘어난다는 이야기지만, 다른 한편으론 백성들이 법과 제도에 비교적 밝았다는 뜻이기도 합니다.

수령은 동시에 향토사단의 지휘관이기도 했습니다. 말이 지휘관이지, 상급 부대의 감찰을 받는 것도 버거웠죠. 늘 부족한 예산 때문에 군수 물자를 채워 넣는 일도 힘들었지만, 무엇보다 괴로운 것은 어떻게든 군역을 피해 도망가려는 사람들의 호적 위조를 밝혀내는 것이었습니다. 가가호호(家家戶戶) 이들을 찾아다니며 호적을 정리하고 머릿수를 채워 넣어야 했으니까요.

조선의 병역의무[13] 기간은 16세부터 60세까지였습니다. 엄청 길죠? 물론 1년에 2~6개월씩만 로테이션으로 근무하는 시스템이었지만,

152

● **김홍도 작 〈취중송사(醉中訟事)〉**

어느 수령이 한바탕 파티를 마치고 관아로 귀환하던 중, 느닷없이 재판을 신청한 두 사람의 사건을 가마 위에서 처리하고 있습니다. 판결문을 작성하는 사람도 취했을 것이고, 지켜보는 기생은 다소 겸연쩍었겠네요. 가마를 계속 들고 있어야 하는 하인의 괴로움은 표정에서 나옵니다. 꽤 지루했는지 뒤에서 잡담을 나누는 두 인물의 모습도 재미있습니다.

한 철이라도 농사를 망치면 한 해를 굶어야 하는 사람들에겐 현실적으로 매우 부담스러운 일이었죠. 게다가 양민계급만 병역의 의무를 지었고 그마저도 여러 면제 조항이 많아서 병자호란(1636) 직전엔 입영 대상자가 30퍼센트도 채워지지 않을 만큼 문제가 많았습니다. 그야말로 재수 없으면 군대 끌려가는 것과 다름이 없었죠. 따라서 어떻게든 군대를 빠지려고 노력한 것이 일견 당연해 보이기도 합니다.

그러나 수령에게 있어 가장 중요한 일, 즉 세금을 거두고 이를 잘 모아서 무사히 서울로 보내는 일만큼 괴로운 것은 없었습니다. 조세를 거두어 서울로 보내는 것은 중앙 집권화의 국가 시스템의 핵심 기반 행정이었죠. 특히, 홍성군 결성읍은 인근에서 거둔 세금을 모아 바다를 통해 서울로 올려보내는 지방 거점이었습니다. 이주정은 몸만큼이나 마음도 힘들었을 것 같네요.

하지만 책상머리에서 산정한 세금은 해마다 달라지는 산출량이나 현지 사정 따윈 신경 써주지 않죠. 전국 팔도의 수령들은 할당량을 채워 넣느라 골머리를 썩었고, '융통성을 약간 발휘한' 다양한 꼼수들을

13

다른 말로 '군역(軍役)'이라고 합니다. 그런데 지배층인 양반, 천인층인 백정 노비에겐 군역의 의무가 없었기에 주로 농민과 같은 일반 백성이 군대에 갔습니다. 조선 시대의 '역(役)'은 육체노동으로 무는 세금을 뜻했지만 본인의 노동 대신 돈 쌀 옷감 등을 낼 수도 있었습니다. 그런데 집안에 어른 남자 하나가 군역을 지러 가면 농사를 담당할 노동력이 사라지는 꼴이었으므로 다들 엄청난 부담을 느꼈지요. 결국 군역 대신 쌀이나 옷감으로 사람을 사서 대신 보내는 경우가 많아지게 됩니다. 그러다가 조선 후기가 되면 군역 대상자, 요즘 말로 하면 입영 대상자가 있는 집에 군포(1년에 2필의 옷감)를 내게 하고, 정부에서는 군포를 활용해 군인을 모집해서 군대를 운영하게 되었습니다.

짜내게 됩니다.

【 충청 감사님께 】

공무원 생활 하루를 하더라도 제대로 해야 하는데,

오늘 새벽에 진상해야 할 전복을 점검해보니 119개의 전복이

그다지 훌륭하지 않을 뿐 아니라 백 개를 더 채워야 하니,

그야말로 큰일 났습니다. 충청 감영에서 쟁여놓은 전복이 있어

예전부터 매번 빌려주시는 은혜를 입었었는데, 이번에도

품질 좋은 전복 백 개만 빌려주신다면 돈이나 바라시는 것으로

바꿔드리겠습니다. 정말 저의 사정이 너무나 간절하여

드리는 부탁이니 꼭 좀 도와주세요. 감사님.

— 1807년 12월 22일, 아랫사람 이주정은 절합니다.

『안동 고성 이씨 팔회당 종택 간찰』[漢]

꼼수 중 하나가 바로 딜(deal)이었습니다. 지금이야 세금은 100퍼
센트 돈으로 내는 게 상식입니다. 지방세와 국세의 비율이 법적으로 정
해져 있고요. 그런데 조선 시대엔 돈이 아닌 쌀과 특산물, 그리고 면포
가 주요 징수대상이었고, 지방세의 비율도 천차만별이었습니다. 특히
특산품을 진상해야 하는 고을은 고충이 더했는데요. 어떤 고을은 그 지

역에서 나지도 않는 특산물을 바치라는 얼토당토않은 요구도 따라야 했기 때문이죠. 나중에는 특산물 전문 브로커가 양성되는 등 또 다른 문제가 발생[14]하기도 했습니다.

이러한 상황 속에서 이주정은 상급 기관장인 충청 감사에게 편지를 씁니다. 올해 전복 수확량이 너무 부족한데 할당량은 채워야 하니 상급 기관의 것을 빌려서 채우고, 대신 돈으로 갚겠다는 내용입니다. 이주정뿐 아니라 이전에 근무했던 수령들도 이런 꼼수를 썼나 보네요. 그런데 이것도 감사와 수령이 어느 정도 친분이 있어야만 가능했습니다. 감사가 마음먹고 수령을 박해한다면 꼼짝 못 하는 것이 수령의 처지였죠. 감사에게 있어 '절대 을'이었던 수령의 처지는 결국 감사에게 그저 굽신굽신해야 하는 안 좋은 관습을 만들었고, 상급자 접대에 드는 비용은 모두 백성이 부담해야 했습니다. 그야말로 악순환이었죠.

그런데 이주정은 무슨 자신감으로 돈으로 내겠다고 한 걸까요? 실은 특산품을 돈으로 내는 것이 매우 일반적인 방법이었기 때문입니다. 즉, 특산품을 바쳐야 하는 백성들이 브로커나 중간 관리자를 이용하여 돈이나 다른 물품으로 대신했고, 이렇게 쌓인 돈으로 이주정은 거래를 시도했을 것 같네요. 그나마 이 정도면 꽤 훌륭한 수령입니다. 융통

14

영화 <광해>의 한 장면이 떠오르는 대목입니다. 가짜 광해에게 사월은 이렇게 고해요. "소인의 아비는 산골 소작농이온데, 어느 날부터 세금을 전복으로 바치라 하여, 세전을 메우려고 고리를 빌리다보니 빚이 빚을 낳고, 결국 업자에게 집과 전답마저 빼앗기고 아비까지 옥살이를 하게 되었나 이다. 그걸로도 갈음이 되지 않자 업자는 관리와 결탁하여 어메는 변방 노비로 저는 몸종으로 팔려가고……." 조선의 세금 중 공물, 진상, 방납의 폐해를 그대로 보여주는 진솔한 고백이 아닐 수 없습니다.

성이라곤 1도 없고 그저 할당량을 채워 승진만 바라보는 수령이라면, 백성의 사정이야 어찌 되든 무섭게 쥐어짰을 테니까요.

또한, 흉년이 났을 때 백성들을 구휼(救恤)하는 것도 수령의 책임이었습니다. 특히 조선이란 나라에 있어 구휼이란 '호의'가 아닌 '의무'였습니다. 조선의 통치 이념인 성리학, 그중에서도 예학(禮學)을 현실로 실현하는 수단이 바로 구휼책이었기 때문이죠. 또한, 쌀농사에 전력을 쏟는 조선에서 쌀이 부족하다는 것은 자존심을 넘어 국가 존재 당위에 위협을 가하는 일이기도 했습니다. 어떤 면에서도 조선은 구휼에 집착할 수밖에 없었겠죠?

그런데 문제가 있었습니다. 일선 지방의 수령들은 임금님의 아량이 있기 전까진 세금 걷기를 하면서 동시에 구휼도 해야 했기 때문입니다. 조선 중기의 지방 관료, 권엽(權曄, 1574~1650)의 편지에는 설상가상의 상황에서 열심히 꾀를 부려 뽑아낸 구휼책이 담겨 있습니다.

몸은 좀 어떠신가요. 요즘 전 몸도 아픈데 흉년까지 맞아서,
백성들이 우환은 깊어져만 가고 저의 병도 괴롭기만 하니,
아주 공사가 다 망하게 생겼네요. 올해 흉년은 정말 역대급인데,
그중에서도 바다 근처의 피해가 더 심하니 어떻게 구휼책을
세워야 할지 막막합니다. 그런데 제가 맡은 이 고을은 수산업과
소금생산을 통한 세금이 모두 궁궐로 죄다 흘러가니, 제가 어떻게
할 방법이 없네요. 그래서 말인데요. 간절히 부탁드립니다만,

예조(禮曹)에서 내야 하는 수산세를 빌려와 이익을 내서,

그 이익으로 사람들을 구휼하고 다시 수산세 원금은 돌려드리는 방

안을 세우고 있습니다. 예조는 세입이 한 푼도 줄지 않고,

다 망해가는 고을은 살릴 수 있으니 모두가 행복한 방법이

아니겠습니까? 다시 한 번 부탁드립니다.

허락해주십시오. 정말 부탁드립니다.

— 1648년, 권엽

『명가필적집』 [漢]

역대급 흉년으로 굶어가는 백성들을 구휼하기도 빠듯한데, 지방

에서 나는 모든 생산물은 이미 세금으로 책정된 처절한 상황입니다. 운

용할 수 있는 예산이 한 푼도 없는 상황에서 권엽이 짜낸 방법은 '다른

부서의 세금으로 투자하기'였습니다. 상당히 획기적이면서 동시에 위

험해 보이는 수단인데요. 그 만큼 권엽이 절박했던 것 같습니다. '세금

으로 투자하기'는 지금도 다르지 않아요. 국민들이 자신의 노후를 위해

꼬박꼬박 내는 연금으로 여기저기 투자하는 걸 보면 일단 민감해지잖

아요.

애초에 구휼은 최후의 카드였습니다. 일상적으로 백성이 겪는 경

제적 곤궁함은 환곡이라는 제도로 해결했었죠. 하지만 환곡 업무도 엄연

히 나라 세금을 빌려주는 일인 만큼, 쉬운 일이 아니었습니다. 환곡 문제

는 백성의 삶과 매우 긴밀하게 연결되어 있었고, 백성과 마주 앉아 일 처

리를 하는 사람은 수령이 아니라 이방을 비롯한 중간 관리자였습니다. 그런데 이 중간 관리자들이 음으로 양으로 권력을 남용하기 시작하면, 수령이 아무리 머리를 굴려도 해결되지 않는 일들도 많아집니다. 그것은 중앙에서 이름을 날리는 유망한 관료라도 별수 없어서, 채제공(蔡濟恭, 1720~1799)이 보낸 편지엔 이런 상황이 등장합니다.

관아의 일은 아주 엉망진창입니다. 중간 관리자 놈들이 못된
심보로 곳간을 꽉 잡고 자기들 맘대로 곡식을 모조리 모아 담질 않
나, 아니면 자기들 멋대로 곳간을 걸어 잠그질 않나 아주 엉망이에
요, 이러니 곤궁한 사람들은 상을 당하거나 결혼식이 있어도
이놈들 때문에 곡식을 내어줄 수가 없으니, 하나같이 입을 모아
제 욕만 하고 있습니다. 산골 농사는 모두 망해서 가을인데도
밥 짓는 연기는 어디에도 없으니, 관아 앞에 굶주린 사람들이
떼로 몰려 목 빠지게 저만 바라보고 있는데, 정말 대책이 없네요.
어르신께서는 대체 어째서 저를 이곳에 부임시키신 겁니까?
이게 다 어르신 때문입니다. 물론 저도 처음엔 감사함 반,
원망함 반이었는데, 모든 일이 엉망으로 흘러가니 원망함이
무럭무럭 커져 삼 분의 이를 차지합니다.
그러니 순순히 저를 차라리 파면시키십시오. 농담입니다. 농담.

— 1756~1757년, 채제공
『명가필적집』 [漢]

159

상황을 그려볼까요. 한창 갓 추수한 곡식으로 풍족해야 할 가을의 풍경이 흉년 때문에 엉망진창으로 변했습니다. 관아 앞에서 백성들은 아우성치며 수령의 결단을 촉구하고 있지만, 곳간 책임자들은 '모종의 사정'으로 인해 제멋대로 일 처리를 하고 있네요. 아마도 어려운 이때 한몫잡으려는 심보도 있었을 것이고, 대책 없이 쌀을 내주다가 당할 문책이 두려워서일 수도 있습니다.

결단을 내려야 할 채제공의 우유부단한 모습이 아쉬워 보입니다. 그런데 사실 실록에는 관할 내의 부대에서 세금을 무리하게 걷자 영조에게 직접 상소를 올려 해결하는 채제공의 모습도 남아 있습니다. 부당한 일이라면 왕과 바로 컨택할 수 있는 인물이었던 것이죠. 그런 인물이 쉬이 결정을 내릴 수 없었다는 것은 채제공이 처한 상황이 간단하지 않았음을 추측하게 해주고도 남습니다. '순순히 저를 파면시켜 달라'는 채제공의 말이 과연 농담이었을까요? 하지만 어쩌겠습니까. 들어올 땐 마음대로였지만 나갈 때는 아닌 것을요!

하지만 이러니저러니 해도 최종 책임자는 수령입니다. 그래서 여론의 동향을 살피며 백성의 눈치를 보는 관료도 적지 않았습니다. 특히 19세기, 바야흐로 '민란과 죽창의 시대'가 도래하면서 더더욱 백성의 눈치를 살필 수밖에 없었습니다. 다음의 편지는 정확한 작성 연대도 작성자도 알 수 없지만, 혼란했던 시대에 나랏일을 하는 관료의 고충이 어떤 것인지 잘 보여줍니다.

● 모든 전래동화의 악역 아전

　　중간 보스인 아전은 부정부패의 상징이죠. 그런데 살펴보면, 부패할 수밖에 없는 시스템 안에 놓여 있었습니다. 공식적으로 아전은 '열정페이'직이었으니까요! 일은 많은데 제대로 된 보상을 받지 못한다면, 인간의 보상심리는 나쁜 쪽으로 흐르게 됩니다. 조선 중기 이후 아전의 급여 문제에 대한 지속적인 지적이 있었으나, 애민정치를 표방한 조선의 국가 경영은 명목 세금을 낮추는 방향을 지향하게 됩니다. 그러나 아무리 명목 세금을 낮춰도 이를 메우기 위한 실질 세금은 늘어나기만 했습니다, 그래서 아전은 늘어나는 실질 세금에 비례해 자신의 수입도 늘릴 수 있었습니다. 그러한 '관행'이 하나둘 쌓여, 결국 이방은 악역 중간 보스가 되어버리죠. 현실과는 맞지 않는 시스템이 어떠한 결과를 불러오는지 잘 보여주는 사례입니다.

【 아들에게 】

네 소식, 들었단다. 나라의 곳간을 조사하는 일을 맡아

여러 지방을 조사하는 감독관이 되었다면서?

요즘 돌림병이 돌고 있는 서울에 있는 것보다야

차라리 지방으로 가는 게 낫겠지만, 바쁘게 나랏일을 해야 하는

어려움이 사실 더 힘들 거야. 아무래도 걱정이 들 수밖에 없구나.

요즘 시골에 시끄러운 일이 일어나 여기저기

유언비어가 퍼져 있단다. 서울에서 들리는 소문도 그렇고.

나라에서 꾸었다가 갚는 곡식은 나라의 막중한 세금수입인데,

지방 수령이란 사람들이 어리석은 백성들에게 칭찬 한번 받겠다고,

받으라는 쌀은 안 받고 쭉정이나 피 따위로 대신 받고 있으니

포퓰리즘이 따로 없구나. 만약 전쟁이라도 나면, 뭘로 전쟁하겠니.

하다못해 흉년이라도 든다면, 그때 굶주린 백성들에게 줄

곡식도 없어지겠구나. 너는 감독관이 되었으니,

마음에 깊이 새겨 원칙대로 처리하렴.

고을마다 사정 다 봐주다간 중요한 것을 놓친단다.

『안동 의성 김씨 천전파 종택 간찰』[漢]

죽창의 시대, 19세기. 당시의 사회 경제적 현실을 살펴보면 우리 시대에도 반성해야 할 폐단이 보입니다. 경상남도 진주의 당시 토지대

- 홍경래 반군의 점령지
- 철종 때의 농민 봉기 지역
- 고종 때의 농민 봉기 지역

백두산

홍경래의 난
(1811)

선천 가산박천
곽산 정주

함흥

영흥

덕원

동 해

황주

고성

울릉도

토산

장연

개성

한성

황 해

광주 원주 정선
수원 여주
용인

공주 함창 문경
연산 상주 영해
인산 개령 군위
전주 거창 성주 울산
부안 고산 함양 창원
함평 광양 진주 동래
순천 김해
제주 장흥 남해
진주 농민 봉기
(1862)

개령 농민 봉기
(1862)

● 19세기 농민 반란

　　1800년대를 상징하는 한반도 지도입니다. 1811년, 서북지방의 차별에 대응해 일어난 홍경래의 난은 황해도 출신 인사와 상인들이 적극 지원하며 조선 조정을 간담에 떨게 했죠. 철종(哲宗) 재위기였던 1862년은 민란이 절정에 달했습니다. 충청·전라·경상, 즉 삼남(三南) 지방의 민란은 경상도 20개 군현, 전라도 37개 군현, 충청도 12개 군현이 가담하였고, 이 중 진주 민란의 여파가 가장 컸습니다. 죽창과 농기구를 든 수만 명의 진주 백성이 진주성을 포위하여 탐관오리를 살해하고 부호를 습격했습니다. 그러나 중앙의 세도 정치가는 완전한 '고인물'이 되어 자신들의 지위에만 관심을 두고, 그들에게 빌붙어 수령 자리를 얻은 이들은 한몫 단단히 챙길 생각만 했던 당시의 문제적 상황은 '죽창'으로도 해결할 수 없었습니다.

장을 분석해보면, 6퍼센트의 지주가 44퍼센트의 농지를 소유했고, 63퍼센트의 농민이 겨우 18퍼센트의 농지만을 지니고 있었습니다.[15] 기득권의 담합과 탈법으로 부의 불평등은 심화하였고, 실질 소득은 줄어가는데 조세의 공정성은 상실되었죠. 19세기의 조선인들은 이런 현실을 개선하기 위해 죽창을 들고 개선안을 냈으나, 조선 조정은 사건의 책임자를 처벌하는 수준에서 무마하려 했습니다. 어쨌거나 죽창 앞에선 모두가 평등하니, 무섭지 아니할 리가 없었겠죠?

아빠가 아들에게 조언하는 편지에는 '죽창의 시대'에서 활동했던 관료의 애로사항이 하나 더 들어가 있네요. 수령의 권위가 곧 왕의 권위였던 조선이었으나, 왕의 권위가 땅바닥에 떨어지면서 수령의 권위 역시 추락했습니다. 뿐만 아니라 겹칠 때로 겹친 생활고는 소작농 평민은 물론 몰락한 양반 계급까지도 죽창을 만지작거리게 되는 분위기를 조성했습니다. 제아무리 명망 있는 가문의 훌륭한 학자라 할지라도 매서운 죽창이 두렵지 아니할 리 없었습니다. 그래서 빌려준 쌀을 제대로 받아야 할 의무를 지닌 감독관들은 '쭉정이'나 '피'로 중량만 맞춰 갚는 백성들의 행위를 눈감아주었고, 가뜩이나 어려운 나라 재정은 그래서 점점 더 악화합니다. 그렇게 악화한 재정을 복구하기 위해 다시금 세목 신설이나 세금 인상, 혹은 화폐 개혁의 무리수를 두는 뫼비우스의 띠가 완

15

한국사데이터베이스 신편한국사 36권 조선 후기 민중 사회(http://db.history.go.kr/item/level.do?sort=levelId&dir=ASC&start=1&limit=20&page=1&setId=-1&prevPage=0&prevLimit=&itemId= nh&types=&synonym=off&chinessChar=on&levelId=nh_036_0030_0010_0010&position=-1#160_comment)

성됩니다. 물론, 적지 않은 수의 관료들이 위와 같은 행위를 선의로 행했음도 간과할 수 없습니다.

수령은 이다지도 해야 할 공무가 많은데, 사적으로 처리할 것도 많았습니다. 앞에서 소개한 몇 개의 장에서 조선은 철저한 기브 앤 테이크의 국가라는 것을 익히 보셨지요? 고을 수령 자리를 '오만 냥'씩이나 들이면서까지 얻고 싶어 했던 이유는, 제법 그럴싸한 여건을 갖춘 수령 자리야말로 기브 앤 테이크에 특화된 자리였기 때문입니다. 즉, 국가의 기강이 문란해지는 것과 수령이 사리사욕을 채울 수 있는 여건은 정비례했습니다. 이쯤 되면 언제나 공과 사가 무너지는 법이죠. 이주정이 충청 감사에게 SOS를 보낸 일화에서도 무언가 커넥션이 있던 게 아닐까 추측해볼 수 있는데요. 시간이 흘러 완숙한 수령이 되어 개성에 부임한 이주정은 여전히 '주고받기'에 익숙해지지 않았는지 투덜대는 편지를 씁니다.

【 사위에게 】

어쩌다가 내가 개성까지 와서 이 고생을 하는지 모르겠어.
공문서가 쌓일 때마다 마음은 답답하고, 고소가 빈번하니
관아는 온종일 쌈박질 소리로 시끄럽구먼. 사람들은 수령이라
그러면 되게 편한 줄 알지. 그런데 들여다보면 얼마나 일이 많은데.
한 달 예산이 3,000냥인데, 쌀, 고기, 채소, 과일, 소금, 간장, 땔

감, 종이 등을 다 사서 관청에 공급해야 하는데, 물가는 오르는데
예산은 안 올라서 죽겠어. 물론 사람들 출장료도 다 지급해야 하고.
그러니 내 봉록은 쥐꼬리만 해서 목구멍에 풀칠도 힘들어.
자식 결혼도 시켜야 하는데 꿈도 못 꿀 지경이지.
그런데 남의 속도 모르고 서울, 지방을 막론하고 사람들이 비단,
유삼, 초립, 가죽신 같은 걸 구해달라고 아우성이야.
홍경래의 난 이후 개경 경제가 박살 난 걸 모르거나,
내가 힘들어 죽겠는 걸 모르거나 둘 중 하나겠지.
아, 그저 빨리 때려치우고 고향이나 가고 싶다.

— 1816년 11월, 이주정
『안동 고성 이씨 팔회당 종택 간찰』 [漢]

　　지극히 현실적이며 깨알 같은 어려움이 들어 있는 편지죠? 죽창
시대의 도래를 알리는 '홍경래의 난' 이후, 개성에서 의주까지 서북지방
경제는 파탄이 납니다. 홍경래의 난은 경제적으로 지원한 지역의 '돈 많
은 양인' 계급, 즉 부르주아 시민계급의 지원을 받은 터라 난이 진압된
이후 이들과 이들이 이뤄놓은 생산기반까지 모두 무너지게 됩니다. 이
러한 시국에 개성으로 부임한 것을 보면, 역시 중앙 조정에서 이주정을
궂은일이나 맡기기 딱 좋은 정도로 본 것이 분명해 보입니다. 그런데도
편지를 통해 그가 어려운 상황임에도 관료로서의 공정성을 잃지 않고
청렴함을 유지하려 노력했던 것을 읽어낼 수 있네요.

166

그는 예산이 줄어도 필요한 물자는 그대로이니 결국 사비를 쓸 수밖에 없다고 말합니다. 그런데 녹봉은 동결되어 집안일조차 제대로 챙기기 힘들어졌습니다. 무엇보다 괴로운 것은, 전국 각지의 지인들이 부탁하는 '특산품 구하기'였습니다. 이를 사비로 충당할 마음이 없는 수령은 결국 백성들에게 열정페이를 지급하며 뽑아내려 했겠지요. 선택권을 독점한 사람들에게 상생을 요구하는 것은 어느 시대에나 섣부른 기대로 그칠 확률이 높습니다.

관료들의 많고 많은 애로사항 중 압권은 역시 전쟁으로 인해 발생하는 애로사항이었습니다. 임진왜란부터 병자호란까지를 살아간 몇 세대를 '조선왕조 최악의 세대'라 볼 수 있는데요. 관료라고 해서 사정은 크게 다르지 않았습니다. 이들의 편지에 시대의 우울함이 짙게 남아 있는 걸 보면 말입니다. 학봉 김성일(金誠一, 1538~1593)이 가족에게 보낸 한글 편지를 먼저 보시죠.

【 당신에게 】

추워죽겠는데 다들 어떻게 지내니. 항상 그립네.
난 산청에 왔어. 뭐 지금은 별문제 없는데, 곧 봄이 오면
왜놈들이 날뛸 텐데, 또 어떻게 막아내야 할지 영 대책이 안 서네.
감사씩이나 되면 뭐해. 간신히 끼니 때우는 것도 급급해서
아무것도 못 보내줄 것 같아.

우리가 살아서 다시 보면 걱정 따위 그만하게 될 텐데,

약속할 수 있는 일은 아니겠지.

그러니, 그냥 내 걱정일랑 말고 잘 살고들 있어.

이만 쓸게.

— 1592년 12월, 김성일

『학봉 유물 전시관 소장 김성일 한글편지』[한]

일용할 양식을 넘어 생존까지 걱정해야 하는 시대입니다. 당연히 가족에게 보내는 편지에도 거리마다 날뛰는 죽음의 그림자가 스며들어 있네요. 학봉 김성일 정도의 명망 높은 관료라고 해서 국가의 존망에 대한 걱정에 앞서 내 생계, 내 생존, 가족 걱정을 하지 않을 수가 없었습니다. 그 마음은 지휘봉을 든 대장군이나, 활을 잡은 이등병이나 똑같았을 것입니다. 하지만 김성일은 그가 지은 사소한 표정 하나로도 군대의 사기를 좌우할 수 있는 위치였죠. 가족에게 쓰는 편지에 담긴 약한 마음은 그나마도 애써 스스로 다잡은 것이 아닐까요? 그랬던 그는, 이 편지를 보내고 4개월 뒤에 과로로 사망합니다. 마지막 순간까지 그는 제2차 진주성(晋州城) 전투[16]를 대비한 포대 공사를 진행하고 있었습니다.

학봉 김성일 정도의 명망 있는 관료조차 이렇게 어려웠는데, 명예가 없던 선비의 경우는 또 얼마나 괴로웠을까요? 임진왜란 시기 효과를 발휘했던 의병이 병자호란 시기엔 반쯤은 의무적인 제도가 되

는데요. 자의 반 타의 반으로 의병장으로 추천(이라 쓰고 발탁)된 선비의 사례는 너무나 안쓰럽습니다. 병자호란 때의 의병장 안방준(安邦俊, 1573~1654)이 동료 의병장 고순후(高循厚, 1569~?)에게 받은 편지를 보겠습니다.

> 저는 병들고 피폐한 몸뚱이라 여생을 보내기도 벅찬데,
> 뭔가 엄청난 일을 성취하긴 이미 그른 사람이죠.
> 그래도 임금님을 모시고 싸우기 위해 짐을 꾸리는 날,
> 격문을 보고 의병을 모으기 시작했어요. 그런데 이 동네 남자들은
> 죄다 관군으로 끌려가고, 노비를 비롯한 낮은 계층의 사람들은
> 모두 모르쇠로 일관하네요. 아쉬운 대로 관아 직원들이나 선비들에게
> 돈독히 타일러보지만, 제 인품이 미천하고 명망은 쥐꼬리라서
> 모두 핑계만 대고 바람과 함께 사라지네요. 의병 모집 기한인 20일
> 안으론 다 채우기 글렀으니 눈앞이 캄캄합니다.
>
> — 1627년 2월 7일 고순후
> 『은봉 안방준 종가 서간집』[漢]

정묘호란(1627)이 일어나자 조선 조정은 '하던 대로' 일단 강화도로 도망갑니다. 방어선이 개경까지 밀린 상황에서 남은 수단은 '하던 대로' 남쪽에서 올라온 의병과 관군의 대활약을 기대하는 것뿐이었죠. 따

라서 중앙의 관료를 각지로 내려 보내 임진왜란 때 날렸던 왕년의 의병장과 그 후손들에게 마구 의병장 임명장을 발급하게 됩니다. 안방준은 임진왜란엔 스승과 함께, 정묘호란과 후에 벌어질 병자호란엔 의병장으로 참여한 프로 의병장입니다. 또한, 편지의 발신인인 고순후는 임진왜란의 의병장 고경명(高敬命, 1533~1592)의 아들이었습니다.

남쪽으로 파견된 관료들은 조선의 충직한 백성과 선비들이 '하던 대로' 의병에 참여하길 기대했지만, 현실은 그렇지 않았습니다. 의병도 의병 나름인지라 어느 끗발을 따르느냐도 중요한 법이었죠. 시골에 묻혀 있는 선비들은 기왕이면 좀 더 명성 있는 스승과 선생을 찾아 떠났고, 예비군은 이미 모두 동원령이 내려진 상황이라 머릿수를 채울 수 없었습니다. 이런 상황이니, 뜬금없이 의병장으로 발탁된 고순후의 호소에 놀라울 만큼 아무도 관심을 갖지 않았습니다. 그가 얼마나 좌절했을지, 얼마나 창피했을지 생각하면 숙연해지네요.

제 한 몸 바쳐 나랏일을 열심히 하더라도 왕의 칭찬을 듣는 일은 평생에 한 번 있을까 말까 한 사건이었습니다. 그런데 칭찬은커녕, 매일

16

1593년 7월 20일부터 같은 달 27일까지 진주성에서 벌어진 전투입니다. 1593년 전쟁이 휴전기로 접어들면서 명과 일본 사이에 강화회담이 오갔는데요. 도요토미 히데요시는 그 과정에서 일본군 전군에 진주성을 공격할 것을 명령했습니다. 강화협상에 대한 무력시위의 성격임과 동시에 침략 첫 해에 가장 큰 패배를 당했던 제1차 진주성 전투에 대한 보복의 성격도 있었습니다. 거의 모든 일본군 병력이 진주성 한곳을 집중 공략했기에 명군은 물론 일본 측에서도 민간인들을 모두 내보내라 권고했을 정도였습니다. 그러나 진주성에 주둔했던 조선군은 진주가 전라도로 넘어가는 길목이기에 성을 포기할 수 없다면서 저항했고 결국 치열한 전투 끝에 진주성 안에 있던 군인과 민간인 모두가 전멸하게 됩니다.

욕만 들어먹는다면 정말 의욕이 나지 않겠죠. 입이 매우 거치신 정조는 최악의 상사라고도 할 수 있는데요. 정조 시대의 권신, 심환지(沈煥之, 1730~1802)가 정조에게 받은 편지를 읽어보면, 용안에 사표를 던지고 도망치고 싶은 기분이 절로 듭니다.

> 얼마 전 내가 경에게 이야기한 것을 경이 다른 이에게 얘기했다면
> 서? 나는 경을 격의 없이 대하는데 경은 갈수록 입조심을 안 하네.
> 앞으로 경을 대할 때 나도 입을 다무는 것밖엔 방법이 없구먼.
> 경이 이제 늙어서 머리가 세었는데도 입조심 하나 못 해서
> 늘 탈이 생기니, 아무래도 경은 생각 없는 늙은이가 아닌가.
> 답답하다 답답해.
>
> ─ 1797년 4월 10일, 정조
> 『정조어찰첩』[漢]

'호래자식' 같은 욕도 서슴지 않는 정조가 나름 절제해서 쓴 편지지만, 낼모레 일흔인 백발이 성성한 노인에게 '생각 없는 늙은이'라 평한 것은 상당한 모욕입니다. 노인은 언제나 학문과 인품이 완숙한 경지에 이르렀기에 공경하고 배워야 한다는 이념이 지배하던 사회였는데 말이에요. 게다가 심환지는 조정의 중신이었습니다. '생각 없는 늙은이'란 표현은 사실상 '밥만 축내는 늙은이'와 비슷한 욕처럼 보여요. 왕만

아니면 한 대 쥐어박고 싶지 않았을까요?

이렇듯 수많은 애로사항이 난무하던 관료의 삶이었습니다. 국가를 멋지게 바꿔보겠다던 청운의 꿈은 다 어디 갔는지, 어느샌가 중진으로 자리 잡은 관료들은 하나같이 때려치우고 싶어서 별짓을 다 하게 됩니다. 이로 인해 발생한 잦은 파직과 사직으로 인해 국가 시스템인 관료제의 효율성은 심각하게 떨어지게 되었죠. 그래서 파직하기 위한 각종 꼼수가 나타나게 됩니다. 요즘 같으면 너도 나도 명예퇴직을 신청하는 꼴입니다. 하지만, 꼼수는 업계 사람들이 더 잘 압니다. 동료가 떠나면 혼자 덤터기를 써야 하는 사람들의 입장 역시 매우 곤란해지겠죠? 꼼수를 파악한 동료의 만류, 그리고 꼼수가 아니라며 표정관리를 하는 도망자의 편지를 읽어볼까요.

> 어제 소식을 들었는데, 영감님이 내년 봄에 올라오겠다고 하기에
> 마음이 조금 놓였어요. 그런데 또 주워들은 바에 의하면,
> 영감님이 아주 낙향해버릴 마음이 있다고 하니 정말 서운합니다.
> 요즘 조정에 짬 좀 차신 선배님들은 모두 사표 쓰고 나가버리고
> 저같이 늙고 형편없는 사람만 남았으니 어쩌란 말입니까.
> 주상께서 정치를 잘하시려면 반드시 인재가 필요한데,
> 영감님 같은 분이 어떻게 한가롭게 세월을 보낼 수 있단 말입니까.
>
> — 1569년, 이준경(李浚慶, 1499-1572)이 유희춘에게

편지 감사합니다. 저는 그저 잠시 휴가를 보내고 오려는 거예요.
또 아내가 얼마 전부터 찬바람에 몸살 기운이 있었는데,
여기서 겨울을 보내다간 큰일 날까 싶어 동행하게 되었어요.
마치 낙향하는 듯한 모습이긴 하지만, 저는 그렇게 살아오지
않았습니다. 20년 동안이나 백수였던 신하가 임금의 은혜를 입고
그 은혜의 만 분의 일도 보답하지 못해 부끄럽기만 한데 어떻게
혼자 도망칠 수 있겠어요. 다만 워낙 제가 허약한 몸이라 추위에
허리가 너무 아파 겨울에만 잠시 내려가 있다 올 거예요.
걱정하지 마세요.

— 1569년, 유희춘(柳希春, 1513~1577)이 이준경에게
『미암일기』 [漢]

병 핑계로 잠시 고향에 내려갔다가 그대로 탈주해버리는 신하가
얼마나 많았으면 유희춘의 움직임을 보고 바로 견제구를 던졌을까요.
본인이나 가족의 병을 핑계로 낙향하는 일은 매우 고전적인 탈주방법
이었음을 알 수 있습니다. 유희춘은 이로부터 6년 뒤인 1575년이 되어
서야 낙향할 수 있었고, 2년 뒤인 1577년에 사망합니다. 안락한 노후를
고작 2년밖에 못 즐겼으니, 조금은 안타깝네요.
세상의 모든 일이 그렇듯, 관직 커리어도 언젠가 끝을 맞이하게
됩니다. 공무 중 사망, 사직, 귀양 등 유형도 매우 다양합니다. 그들의 마
음은 과연 어땠을까요? 잘 나가는 청년 관료였다가 문제적 인물로 찍힌

후, 긴 세월 동안 귀양지에서 살았던 말년의 정약용은 그야말로 대현자
가 되어 있었습니다.

내가 그래도 노년 복은 있어서 부부가 나란히 늙었고
이남일녀가 든든히 있지. 해마다 들어오는 콩과 보리는
15-16섬이고 노비들도 꽤 있어.
땔나무는 팔아 고기를 먹을 만한 양이며,
꽃과 약초를 심어 사시사철 볼만하지.
북서쪽 골짜기에는 별장을 지어놨는데, 꽤 멋있지?
아무것도 안 하고 누워만 있어도 그대로 가마를 타고
노비들이 옮겨다주니, 가끔 가서 신나게 놀다 오곤 하네.
아무래도 너무 복이 지나쳐 재앙이 닥칠까 두려울 지경이야.
그런데 당신은 나보다 더 복이 많네.
수입도 훨씬 많고 두 아들도 나란히 과거에 합격해 성공했으니,
아무래도 반성 좀 해야 할 것 같은데? 그 복 좀 나랑 나눠서 갖자고.

오늘은 9월 14일. 1818년에 오랜 귀양살이에서 풀려난 지도
거의 10년이 지났구면. 다산의 옛집도, 규장각 벼슬 생활도 죄다
한바탕 꿈에 지나지 않아. 형과 다시 만나서 추억팔이나 하면서
떠들면 좀 재미있을 것 같기도 해. 10년이 지나서야 내 분수를
알게 되었으니, 가까운 날에 농어회나 먹으면서 좀 떠들자고.
내가 아직 죄인이긴 하지만 이젠 아무 의미도 없어서

크게 걱정하지 않아도 될 것 같아.

— 1827년 *9월 14일* 정약용
『조선시대 명현 간찰첩』 [漢]

정조의 은총을 듬뿍 받으며 조정의 신진 관료로서 파란을 일으킨 인물, 정약용. 비록 그의 관직 생활은 짧았지만, 여전히 존재감만은 대단해서 유배에서 풀렸음에도 끝끝내 죄인의 신분을 벗지 못했습니다. 16년간의 '뜻밖의 창작 활동' 끝에 유배에서 풀려난 그는, 조정이 세도정치로 엉망진창이 되든 말든 알 바 아니라는 듯, 유유자적하며 대현자의 삶을 살게 됩니다. 비록 그의 일족과 친척이 모조리 풍비박산 났지만, 처가만은 재정적으로 풍족했기에 안락한 노후를 보내기에 큰 걱정이 없었죠. 편지에서도 가마에 앉아 그저 노비들이 알아서 데려다주는 별장에서 놀다 오는 그의 행복한 백수 생활이 그대로 드러납니다.

수많은 후학을 키웠던 다산 초당에서의 저술 활동도, 시대의 총아로 불렸던 규장각 각신 시절도 모두 한바탕 꿈이 되어버렸고, 드디어 분수를 깨달아 농어회나 먹자는 그의 태도 변화가 놀랍습니다. 유배지에서 아들에게 편지를 보내며 끝끝내 명예를 잃지 말라며 면박 주던 모습과 다소 결이 다르네요. 그가 이런 태도를 보일 수밖에 없던 까닭은, '내가 아직 죄인이지만 아무 의미 없으니 너무 걱정하지 마'라고 적은 편지 말미에서 찾아볼 수 있습니다. 비록 서울로 올라왔지만, 여전히 집권세력의 레이더에 경계대상으로 올라와 있었던 만큼 까딱했다가는 다시 한 번 조직의 쓴맛을 볼 수도 있었을 테니까요. 바람 잘 날 없었던 그의 인생에서 처음 맛보는 풍요와 행복을 그는 포기할 수 없었을 것입니다. '분수를 알았다'[17]라는 그의 표현은, 그가 청년에 가졌던 올바른 관료의 삶과 중년에 가졌던 개혁 의지 모두 이젠 이룰 수 없는 꿈이 되었음을 고백하는 말로 들립니다. 마치 곧 은퇴를 앞둔 586세대가 술 취해 꺼내는 토로를 듣는 것 같네요.

역사책에 기록된 한 줄의 행위 이면엔, 수많은 개인의 노력과 복잡한 감정이 잠들어 있습니다. 끊임없이 나랏일의 어려움을 토로하는 이들의 편지에서 관료제가 가진 문제점보다 개인이 느꼈을 성취와 좌절에 먼저 마음이 갑니다. 특히, 관료의 매뉴얼인 『목민심서(牧民心書)』를 쓴 정약용의 편지에서는 관료의 청렴함과 공정함을 강조한 『목민심서』 텍스트에선 느낄 수 없었던 그의 회한이 독자의 마음을 울립니다.

한반도는 약 천여 년간 제법 굳건하게 관료제가 적용됐던 지역이었습니다. 특히 엄격한 생활 윤리의 나라였던 조선에서 관료란 늘 책임과 의무가 먼저 요구되었던 위치였습니다. 그들의 편지에선 이런 외침

17

분수를 알았다. 다산이 노년에 작성한 시에 담긴 정서는 조금씩 다릅니다. 열심히 여기저기 놀러 다니면서도, 패기 넘치던 젊은 날에 대한 회한과 늙어버린 자신에 대한 체념이 동시에 드러납니다. 1824년, 63세의 다산은 팔당댐 인근에 배를 타고 나갔다가 역류를 만나 다음과 같은 시를 씁니다. "自從耳順聽天公 육십 세가 되면서부터 천명에 순응하니 浩蕩胸懷觸處同 호탕한 회포는 이르는 곳 마다 한결같네.이처럼, 자신의 삶에 만족하고 순응하면서 주어진 삶을 최대한 즐기려는 자세를 보여줍니다." 반면, 70세에 지은 다른 시에선畢竟腐儒成底事 끝내 썩은 선비가 무슨 일을 이루겠나醯鷄生活不離缸 초파리 같은 생활 술 항아리 못 떠나네라는 시구처럼, 자신을 초파리나 술 항아리에 비교하며 젊었을 때의 이상과 패기를 더 이상 실현할 수 없음을 자조하는 시도 보입니다.

이 들립니다. "공무원도 사람이야, 사람!" 조선의 관료제가 특유의 견고함에 비해 효율이 부족했던 것은, 결국 그들도 온갖 욕망이 충돌하는 저잣거리의 백성과 크게 다르지 않음을 외면했던 탓이 아닐까요. 혹은 학문과 자기 수양으로 그 차이를 극복할 수 있다고 굳게 믿었던 탓이었을까요. 뭐 원인이야 얼마든지 짚어낼 수 있을 것입니다. 그래도 한 해에 몇 번은 꼭 스스로 목숨을 끊는 공무원이 뉴스에 나오는 것을 보면, 그때나 지금이나 나랏일 하기 더럽게 힘든 건 크게 다르지 않은 것 같습니다.

우쭈쭈,
내 새끼들

조선의 유학자들이 특히 효를 강조한 것은 가족 집단 내에서 나타난 인간 심리에 대한 깊은 관찰에서 비롯되었습니다. 아이를 사랑하고 아끼는 마음은 굳이 강조하지 않아도 무럭무럭 커지나, 부모를 공경하는 마음은 날이 갈수록 줄어드는 것이 인간의 본성이라 여겼기 때문이죠. 자식 사랑하는 마음은 노인부터 초보 부모까지 연령을 초월하고, 왕부터 노비까지 신분 역시 초월합니다. 아마 저 먼 우주에서 문명을 이룬 외계인에게도 보편적으로 존재하는 감정일 것 같네요.

이번 장에선 자식 사랑하는 마음이 담긴 편지를 소개해보겠습니다. 엄마의 목숨이 늘 위태로웠던 출산기, 걸음마를 갓 배우기 시작한 유아기, 글과 행동 요령을 배우는 유년기, 자신에게 주어진 역할을 수행하는 청년기까지, 새로운 아이의 아빠가 되더라도 그저 누군가의 자식일 뿐인 사람들의 이야기를 준비했습니다. 조선이라 하여 크게 다를 게 없는 흔하디흔한 이야기지만, 아이 키우는 이야기만큼 끝없이 이어지는 수다거리도 없으니 읽는 잔재미가 꽤 있습니다.

부부의 사랑 엔트로피가 최대치를 찍는 순간 중 하나는 아마 출산이 임박한 순간이겠죠. 엄마의 건강을 해쳐가며 10개월간 애지중지 품어 온 자식이 세상에 태어나는 모습은 진부한 표현 그대로 '경이롭다'고밖에 할 수 없습니다. 아이의 출산을 목 빠지게 기다리며 아내에게 보낸 곽주의 편지에선 출산 직전의 순간이 그대로 전해집니다.

당신 가슴 앓던 병은 좀 어때?

● **신윤복의 부친, 신한평(申漢枰, 1726년 ~ ?) 작 <자모육아도>**

　　후세 사람들은 이 작품을 '신윤복의 가족사진'이라고 부릅니다. 신한평
은 슬하에 2남 1녀를 두었기 때문입니다. 눈을 비비며 엄마를 바라보고 있는
저 꼬마가 아마도 신윤복이겠죠? 왜 눈을 비비고 있을까요. 회식 후 밤늦게 집
에 들어와 아이를 깨우던 우리네 아버지들처럼, 신한평도 그랬던 걸까요?

신경 쓸 일이 너무 많은데 당신 몸이라도 나으면 정말 좋겠어.
진통이 시작되면 그 즉시 사람을 보내요. 밤중에 소식이 오더라도
바로 출발할 테니, 부디 '즉시즉시' 사람을 보내.
소식을 빨리 알려오면 노비라도 큰 상을 줄 것이니, 노비들한테도
전달해줘요. 그러니 산기가 시작되는 그 '즉시즉시 즉시' 사람을 보내.

이번 달도 다 넘어가는데 아직도 소식이 없으니, 출산 예정일을
잘못 계산한 걸까? 나는 여기서 오늘 소식이 올까, 내일은 소식이
올까 그저 전전긍긍하고 있으니 이 마음을 당신도 알까?

종이에 싸서 보내는 약은 내가 가면 직접 다려줄 테니,
그 전에는 먹지 마. 계산한 게 맞는다면 오늘내일 안으로 진통이
시작되겠지. 진통 오자마자 '부디 부디' '즉시즉시' 사람을 보내요.

아, 행여나 비록 딸을 또 낳아도 절대로 마음 쓰지 마.
당신 몸만 상하지 않으면 아들이든 딸이든 아무런 상관없어.

— 17세기 초, 곽주가 하씨에게
『현풍곽씨언간』 [한]

출산과 몸조리를 위해 친정에 가 있는 아내 하씨에게 곽주는 하
루가 멀다고, 아니 하루에도 몇 번씩 편지를 보냅니다. 출산의 순간을

놓치지 않기 위해 진통이 시작되면 바로 사람을 보내라고 끝없이 재촉하고 있죠. 편지의 '부디'나 '즉시'란 표현의 반복은 원문의 표현을 그대로 옮겼습니다. 즉시를 세 번이나 연타로 썼을 정도로 그의 마음은 애가 탄다는 말로도 부족했습니다. 이때 하씨가 보낸 답장은 아쉽게도 남아 있지 않으나, 누가 보면 애 낳는 사람은 정작 곽주로 오해할 만큼 유난 법석이죠?

곽주는 새 생명이 태어나는 기쁨보다 아내의 건강을 먼저 신경 쓰는 자상한 남편이었습니다. 산후조리를 위해 약을 먼저 보내놓으면서도 '자신이 직접 달일 테니 먼저 먹지 말라'며 강조하는 글이나, '아들이든 딸이든 상관없고 당신만 무사하면 된다'는 요즘에도 자주 쓰이는 표현이 참 따스하죠? 물론 아들이 이미 세 명이나 있었다는 점도 고려해야겠지만, 곽주는 자신의 0순위 사랑의 대상이 바로 아내임을 증명하고 있습니다.

이윽고 곽주의 아내 하씨는 무사히 사내아이를 출산합니다. 곽주는 그토록 바란 대로 출산의 순간을 놓치지 않았나 봅니다. 이후의 편지가 없는 걸 보면요. 아마 그 역시 처갓집에서 일정 기간 체류하며 아내의 산후조리를 도왔던 것 같네요. 다시 본가로 돌아온 곽주는 보내는 편지마다 새로 태어난 막내아들의 소식을 궁금해했습니다.

대임이는 한결같이 젖을 잘 먹고 있지? 소식이 궁금하네.

184

● **2002년, 파평 윤씨 묘에서 출토된 모자(母子) 미라**

아이가 세상 밖으로 나오기 5분 직전에 사망한 여성은 뱃속에 태아를 그대로 품고 있었습니다. 명문가에 시집와 좋은 영양 상태를 유지했던 그녀였지만, 결국 출산을 이기지 못했습니다. 20대 초반, 애지중지 품어온 아이와 함께 묻어진 그녀의 묘는 세월이 흘러 아무도 기억하지 않는 무연고 묘가 되었습니다. 그녀의 묘에는 적지 않은 부장품이 있었으나, 후손을 낳지 못한 까닭에 그녀의 무덤엔 일찌감치 인적이 끊겼을 테죠. 영화 <코코>에는 아무도 기억해 주지 않는 영혼은 산 자들의 세상을 방문할 수 없다고 하는 이야기가 나옵니다. 그녀의 생애와 죽음 이후가 모두 안타깝기 그지없네요.

대임이는 이제 걷고 있어? 일어서는 것도 잘하고?

잠시도 잊지 못하고 눈에 선하네. 철례도 잘 지내고 복례는

아빠 생각은 좀 하고 있을까? 작은아이는 빨리 언문을 배워

아빠한테 편지하라고 해. 종이가 없어서 큰애에겐 편지를

못 보내니, "집안에 네 어머님이나 네 동생이나 너나 누구든지

아픈 사람이 있거든 그 즉시 내게 소식을 전해라"고 전해줘.

대임이는 어제 돌잔치 때 무엇을 잡았어?

궁금한데 소식을 알 수 없어 답답하네.

집안도 편하고 마을도 편하면 내가 왜 여기까지 와서 고생할까.

— 곽주가 하씨에게

『현풍곽씨언간』[한]

　　젖먹이 시절부터 첫 돌잔치까지 이어지는 편지의 기록을 모아
보았습니다. 편지와 족보에서 확인되는 곽주의 자녀는 4남 4녀였습니
다. 생몰연대와 이름이 확인되는 자녀는 4남, 곽이창(1590~1617), 곽의
창(1613~1654), 곽유창(1615~1673), 곽영창(1617~1674)이 있고, 편지에
서 확인되는 딸들은 정렬이, 정낭이, 정례, 덕례 등이 있습니다. 편지의
철례, 복례 등은 아명을 다르게 부른 이름으로 추측됩니다. 이때 출산한
'대임이'는 그중에서도 막내였는데요. 곽주와 하씨 부부에게 출산이란
이미 충분한 경험이 쌓인 사건이었다고 할 수 있죠. 익숙하더라도 설렘

은 늘 여전한지, 곽주는 막내아들에 대한 사랑을 감추지 못합니다. 그의 인격적인 성숙함과 가족에 대한 사랑이 보통이 아니었음을 짐작할 수 있죠.

모든 관심사가 막내아들에게 쏠릴 만함에도 곽주는 다른 아이들의 근황도 끝없이 캐묻습니다. 눈에 넣어도 아프지 않은 딸내미들이 아빠 생각은 좀 하는지 물으며 딸바보 인증을 하다가도, 셋째 아들 유창이에겐 빨리 외할머니께 언문을 배워 편지를 보내라고 재촉합니다. 또 둘째 아들 의창이에겐 어린아이지만, 자신의 부재를 대신해 조금이나마 가장의 역할을 해주길 주문하고 있네요. 특히, 대임이의 돌잔치 기록이 흥미롭습니다. 유학자의 집안이니 붓 잡기를 원했을 텐데, 과연 대임이는 무엇을 잡았을까요? 아이 일생에 한 번뿐인 이벤트를 보지 못한 아빠의 마음은 또 얼마나 아쉬웠을까요?

한편, 곽주 아버지의 반응은 어땠을까요? 곽주는 아이의 생김새를 눈으로 확인할 수 있었지만, 할아버지 할머니는 최소한 며칠은 기다려야 손주의 모습을 볼 수 있었습니다. 멀리 떨어져 있었기에 그 궁금함과 갑갑함은 더해갔죠. 하지만 시아버지로서의 체통이 있는 법, 보통은 며느리에게 구구절절 묻는 편지를 쉽사리 보내기 어려웠겠죠. 그래서 곽주 아버지가 보였던 반응은 알 수 없습니다.

그런데 조선에는 다행히도 그런 사사로운 격식에 얽매이지 않는 자유로운 영혼이 있었습니다. 새로 태어난 손주의 생김새를 무척이나 궁금해하는 연암 박지원의 편지를 통해 '조선 할아버지들'의 마음을 짐작해보겠습니다.

● **김홍도 작 <초도호연(初度弧筵)> 중 부분**

　　18세기 돌잔치를 하는 아이의 모습이 남아 있습니다. 자그마한 돌잡이 상에는 붓과 책 등이 있고, 아빠와 엄마, 형과 누나가 이 광경을 지켜보고 있네요. 아들 앞에서 담배 피우는 수염 난 아빠의 '아빠 미소'와, 아이에게 돌잡이를 유도하는 엄마의 '엄마 미소'가 인상적입니다.

너의 첫 편지에서는 "태어난 아이의 이목구비가 잘 생겼다"라고 했고, 두 번째 편지에서는 "차츰 뚜렷해지는데 얼굴이 비범하다"라고 했으며, 둘째 아들의 편지에선 "골상이 비범하다"라고 하더구나. 도대체 이마가 넓다든지 툭 튀어나왔다든지 모가 졌다든지, 정수리가 평평하다든지 둥글다든지 하는 식으로 왜 일일이 쓰지 않는 거냐? 아빠는 궁금하다.

요즘 날씨가 아직도 더워 죽겠으니 하물며 아이들 입으로 가는 건 더 신경 써야 할 때야. 반드시 어린 계집종을 빌려 정성껏 바깥채에서 돌보게 시키고 안채로는 절대로 들어오지 못하게 하렴. 귀봉이의 술주정은 좀 나아졌니? 그 사람은 술만 먹으면 주사(酒邪)를 있는 대로 부리니, 절대로 아이를 안게 해서는 안 돼.

— 박지원이 큰아들에게
『연암선생 서간첩』 [漢]

멀리 부임지에서 맏손자 효수의 생김새를 설명하는 두 아들의 진부한 표현에 박지원은 다소 짜증이 났던 모양입니다. 아이의 생김새가 어떤지 깨알 같이 써서 보내라는 투덜거림이 다소 귀엽습니다. 이런 생각은 세상의 모든 할아버지가 공유하는 것이겠지만, 박지원의 편지에서나 찾아볼 수 있는 솔직하고도 익살스러운 표현이죠. 한편, 날이 더우므로 아이들 먹을거리에 더 신경 쓰라는 잔소리와 함께, 아이를 술주정뱅이에게 절대 안게 하지 말라는 그의 말도 이채롭습니다. 술만 먹으면 견공이 되시는 분께 아이를 맡기는 건 정말 초조한 일이죠. 아내 앞에서 남편이 그런 짓을 했다면 여지없이 부부 싸움 감입니다. 이런 마음을 콕 집어 대변한 연암은 손주 앞에서만큼은 그저 동네 할배였습니다. 그러나 "느그들 생각은 하나도 안 나고 오로지 효수 생각만 나네?"라는 농담을 아들에게 건넬 정도로 사랑했던 손자 효수가 요절하니, 그 슬픔은 참으로 헤아리기 어렵습니다.

출생신고를 돌잔치 이후에 하는 풍습이 얼마 전까지도 남아 있던 까닭은 어마어마하게 높은 영아 사망률 때문이었죠. 갓 태어난 아이에게 거칠고 하찮은 아명을 주며 생존을 희망하던 '웃픈' 풍습도 있었습니다. 민간요법에 의지하던 신생아의 건강과 산모의 산후조리는 그만큼 목숨을 넘나드는 일이었어요. 숙련된 조교나 다름없는 부모의 헌신 덕인지, 대임이는 무사히 돌잔치를 마쳤고 이후 여느 아이처럼 잔병치레 하는 아이로 커가기 시작합니다.

> 대임이 종기는 점점 낫고 있어. 흉터도 아물고 있고.
> 다만 침을 너무 무서워하며 하도 울어 침을 놓지 못했어.
> 한 번이라도 침을 놓고 당신 집으로 같이 갈게.
> 생선 한 마리 사서 보내니 아이들과 함께 구워 먹어요.
>
> 대임이는 오늘 뜸 뜨는 양반을 모셔왔더니 하도 두려워하며

울기에 침만 났어. 애가 요즘은 엄마 보고 싶고 형과 누나들도 보고
싶다면서 잠에서 깰 때마다 보채니, 내일이라도 같이 갈게.

아 참, 고양이 새끼 한 마리 보낼게. 도둑고양이인데 대임이가
지 고양이라고 하도 우겨서 보내니, 개한테 물리지 않게끔
잘 기르도록 해줘. 다른 아이들이 고양이 새끼를 품에 넣지 않게 하고.

— 곽주가 하씨에게
『현풍곽씨언간』 [한]

대임이가 말을 조금 할 정도의 나이가 되자, 곽주는 종기 치료를
위해 아이를 본가로 데려옵니다. 곽주로서는 아이와 함께 지낼 수 있는
귀중한 시간이었겠죠? 또 늘 여러 아이를 독박 육아해왔던 아내에게도
조금이나마 짐을 덜 수 있는 시간이었을 것입니다. 하지만 엄마와 떨어
져 지내는 것은 역시 아이에겐 무리였나 봅니다. 잠에서 깰 때마다 엄
마와 형아들을 찾아대며 떼쓰는 대임이를 지켜보는 것만으로도 곽주의
마음은 아팠습니다. 특히 종기 치료를 위해 뜸이나 침을 놓을 때마다 우
는 아이의 모습은 아빠의 마음을 살살 녹입니다. 치과에서 아이들이 우
는 모습을 보노라면 무슨 억하심정이 가득한 사연이 있는지 서럽게도
우는데, 대임이의 모습도 그랬겠죠.
어렵사리 침을 놓는 데 성공한 곽주는 마음이 약해졌는지, 새끼
길고양이를 보며 자신의 고양이라 우기는 대임이의 투정을 들어줍니

다. 아이는 지 고양이라며 떼쓰고, 아빠는 그런 아이를 달래다가 결국 포기하는 모습을 읽으니, 동네 마트에 주저앉아 울고 있는 아이가 떠오르네요. 도대체 유학자의 근엄함은 어디로 간 걸까요. 결국, 고양이를 처갓집에 보내며 개에게 물리지 않게 하라든가, 다른 아이들이 품에 넣지 않게 하라는 주의를 줍니다. 그의 꼼꼼하고 세밀한 성격이 드러나는 부분이죠.

온갖 잔병치레에 시달리는 아이들을 치료하는 것은 늘 어렵습니다. 달콤한 말과 속임수를 동원해 병원에 데려가야 하고, 어르고 달래며 한 시간 동안 약을 먹여야 할 때도 있습니다. 곽주가 대임이에게 머뭇거리며 침을 놓은 것처럼, 할아버지나 엄마에게도 아이들을 치료하는 일은 쉬운 것이 아니었습니다.

우리 아버지가 "정낭이의 머리에 약을 발랐는데 손녀가 하도 아프다고 생떼를 써서 안쓰러워 못 바른다"고 하셨는데, 떼를 쓰거나 말거나 꼭 약을 발라서 낫게 해. 여기에 와 있어도 아이 걱정을 잠시라도 놓지 못하겠어. 부디 종기를 빨리 아물게 해줘. 정례 바지는 새로 해줬어? 아이가 추워서 오들오들 떨던 모습이 눈에 선하니, 얼른 바지 만들어줘요.

— 곽주가 하씨에게

192

그저께 정낭이에게 뜸을 뜨고 또 침을 놓았더니 여위어 살가죽과
뼈만 남았어. 약을 구해 먹이려고 해도 안 구해지네.
아이가 나날이 야위어가니 이러다 죽을까 싶어 걱정돼.

— 하씨가 곽주에게
『현풍곽씨언간』 [한]

정낭이는 유난히 병치레가 잦았던지 편지에 아프다는 얘기가 많
습니다. 손녀의 병을 치료하기 위해 직접 나선 할아버지도 침이 무서워
벌벌 떠는 손녀의 모습을 보고는, 침놓는 걸 포기해버렸네요. 이 소식을
들은 곽주는 아내에게 애가 떼를 쓰든 어쩌든 무조건 침을 놓으라며 강
권합니다. 이에 아내 하씨는 침과 뜸을 놓았으나 나날이 야위어간다며
걱정하는 답장을 곽주에게 보내기도 합니다.

한편, 다른 딸 정례가 추위에 지쳐 오들오들 떨던 모습에 가슴 아
파하는 아빠의 모습도 보입니다. 타지에서 두툼한 바지를 입은 동네 아
이들의 모습을 볼 때마다 곽주는 정례 생각에 가슴이 아팠을 것 같네요.
그깟 바지가 뭐냐 싶지만, 부모는 사소한 것에서도 늘 아이에게 미안할
따름이죠.

아이 키우는 부모에게 가장 두려운 것은 역시 전염병이었습니다.
어떠한 예고나 알림도 없이 다가오는 전염병은 그저 속수무책의 재앙
이었죠. 할 수 있는 것은 굿을 지내든가, 아픈 아이를 안아 키우는 것이

● **조선 시대 문인 이문건(李文楗, 1494~1567)이 「양아록(養兒錄)」**

설사로 고생하는 아이를 묘사한 할아버지의 글에서 아픈 아이를 바라보는 부모의 마음은 예나 지금이나 다르지 않음을 느낍니다.

> "설사는 밤낮으로 그치지 않고 점점 붉은색으로 변해가네.
>
> 물똥은 끈적끈적 고기 씻은 물 같고,
>
> 곱똥은 방울방울 똥을 잘 누지 못하네.
>
> 바라보는 내 마음 절로 슬퍼지도다. 잠시도 염려 놓을 수 없어,
>
> 왔다 갔다 하며 자주 손자의 얼굴을 살피네."

전부였으니까요. 전염병이 돈다는 소식을 접하고 즉각 아이들 단속에 나서는 곽주의 편지에선 아이 키우는 부모의 긴장감이 느껴집니다.

옆 동네 아이가 홍역을 치르다 죽었다네.
석이에게 절대 그 동네에 가지 말라고 전해.
할아버지가 이 사실(마을에 홍역이 돈다는 사실)을 아시면
심란해하실 테니, 할아버지 몰래 석이에게 알려줘.
석이뿐 아니라 아이들 모두 밤에 절대 돌아다니지 못하게 해.

― 곽주가 하씨에게
『현풍곽씨언간』[한]

곽주와 하씨 부부는 다행스럽게도 아이를 잃지 않았지만, 아이가 병으로 죽는 것은 매우 흔한 일이었습니다. 고귀한 왕실의 후손이나 당대 명문가의 후손 역시 피해갈 수 없는 일이었죠. 손주를 잃은 할아버지들의 비통한 마음이 담긴 편지를 읽어보겠습니다.

그 아이가 그렇게 될 줄은 누가 알았겠니. 어른들이 너무나 복이 없어서 그런가 싶다. 정말로 잊지 못하겠으니 이제는 아이들에게 정을 붙이지 않을 거야. 무익하게 비통한 마음에 밥 굶고 병들어

근심을 끼치지 말렴. 이 편지는 사위와 함께 읽도록 해. 네 시아버지인 늙은 정승의 마음을 생각하니 더욱 안타깝기 그지없다.

— 17세기, 효종(孝宗, 1619-1659)이 딸 숙명공주(淑明公主, 1640-1699)에게
『숙명신한첩』[한]

세월이 덧없어 그 아이의 생일이 지나고, 죽은 지 1년 만에 지내는 제사가 가까워져 오니 불쌍해 죽겠구나. 지금도 얼굴 생김새가 눈에 보는 것 같이 또렷하고 곁에 앉아 있는 듯하니 차마 말할 수가 없구나.

— 송규렴이 딸 은진 송씨에게
은진 송씨 송규렴가 한글 편지 『선찰』[한]

'더 이상 아이들에게 정을 붙이지 않겠다'라는 효종[18]의 표현에서 그 비통한 마음이 읽힙니다. 딸바보로 소문난 효종인 만큼 딸의 자식도 끔찍이 아꼈을 것입니다. 무엇보다 자식을 잃은 나의 자식이 얼마나 아플지 누구보다 잘 알고 있기에 그는 비통함을 감추고 최선을 담은 담담함으로 딸을 위로하고 있네요.

일찍 죽은 아이의 제사를 지내는 일은 다른 의미의 비통한 순간입니다. 송규렴이 딸에게 보낸 편지에선 아이가 죽은 지 벌써 한 해가 지나 기제사를 지내야 하는 마음이 잘 나타나 있습니다. 사랑방에서 뛰어 놀며 까르르 웃던 아이의 모습이 여전히 생생한데, 손주의 제사를 준비하며 큰 어른의 의무를 다해야 하는 마음이 안타깝네요.

곽주는 여러 이유로 타지에 혼자 떨어져 있을 때가 많았습니다. 타지에서 머무는 그가 가졌던 가족들에 대한 염려와 가장으로서의 책임감은 잔소리란 형태로 표현됐죠. 돈과 힘을 모두 잃어버린 아빠는 잔소리만 느는 법이니까요.

여보, 혼자 병든 자식들 키우느라 고생이 많지? 식구들 버리고
나 혼자 서울에 와있으니. 그놈의 과거가 뭔지,
과거가 사람 이상하게 만드는 것 같아. 정례는 조금 나았는지,
정낭이 학질도 다 나았는지, 걱정을 잠시라도 놓을 수가 없네.

18

딸바보 효종은 청년기부터 정신적 외상을 많이 입은 인물입니다. 인조의 둘째 아들인 그는 병자호란(1636) 발발 후 강화도가 함락(1637년 1월 22일)되자 아버지가 삼전도에서 청 황제에게 '삼배구고두'의 예를 행하는 치욕을 지켜보았습니다. 그 후 효종은 형인 소현세자와 함께 볼모가 되어 중국 심양으로 끌려갑니다. 볼모지로 가는 도중에 등에 업혀가던 세 살배기 딸이 병사하는 아픔을 겪어야 했어요. 효종이 이후 딸바보로 살았던 것은 이런 아픔이 크게 작용한 탓일 겁니다. 1642년(인조 19) 효종은 심양 관저에서 현종(顯宗)을 낳았는데, 이로써 현종은 조선 시대에 외국에서 태어난 유일한 왕이 되지요. 이후 1645년 5월 14일에 완전히 귀국했다가 형 소현세자를 잃는 등 여러 슬픔을 겪으면서 1649년 인조 사후 조선의 제17대 왕으로 즉위합니다. 북벌이라는 원대한 꿈을 끝내 이루지 못한 채 재위 10년 만에 갑자기 세상을 떠난 원조 딸바보 효종을 기억해보았습니다.

아픈 아이들 먹고 싶어 하는 건 무슨 수를 써서라도 꼭 먹여줘.

정례랑 정렬이는 절대로 밖에서 사내아이들과 함께
놀지 못하도록 해. 내가 집에 있으면야 상관없지만, 내가 없는데
아이들이 밖에서 사내아이들과 싸돌아다닌다고 소문나면
안 좋으니 절대로 밖에 못 나가게 해.

금춘이(노비)를 걔네 집 말고 꼭 우리 집 와서 자게 하고,
야간 불침번도 항상 시켜. 당신도 절대로 혼자 자지 말고
조심조심하고 지내요. 당신네 집은 외딴집이니까 더 조심해야 해.
아예 현관문은 잠가 버리고 뒷문으로만 다니고,
화장실도 공용화장실은 절대 가면 안 돼.
특히 아이 혼자서 불 피우는 일은 없게 하고.

— 곽주가 아내 하씨에게
『현풍곽씨언간』[한]

임진왜란으로 흉흉해진 시절, 하인에게 야간 불침번을 맡기는 기록이 눈에 띕니다. 장성한 곽주의 큰아들 집에 도둑이 들기도 했었는데요. 그만큼 당시의 치안은 다소 불안했던 것 같습니다. 자연히 서울에서 혼자 지내는 아빠는 언제나 마음이 불안했겠죠. 특히 아내 하씨와 하인들 간의 관계가 그리 매끄럽지는 않았습니다. 육아만으로도 벅찬 집안

일을 꼼꼼히 챙기기는 어려웠을 테죠.

그는 아내에게 뒷문으로만 다니고 바깥의 화장실은 절대 이용하지 말라고 잔소리합니다. 또한, 정례와 정렬이를 사내아이들과 놀게 하지 말라는 잔소리도 하죠. 이러한 잔소리에서 당시의 엄혹했던 시대 상황을 느낄 수 있습니다. 조선 중기 이후 가옥 내 여성의 공간인 안채는 폐쇄적인 구조로 변화합니다. 가옥 구조뿐 아니라 생활 전체에 가해지는 통제도 강해집니다. 이처럼 전쟁이 인간의 삶에 남긴 흔적은 매우 큽니다. 가장이었지만, 동시에 무력한 개인이었던 곽주는 가족을 지키기 위해 그저 조심, 또 조심하는 수밖에 없었는데요. 이렇게 잔소리밖에 할 수 없는 본인의 처지가 무력했는지, '과거가 사람 이상하게 만든다'라는 표현에서 '내가 이러려고 과거 공부했나'라는 자괴감마저 보입니다.

그나마 서울행으로 가족과 떨어지는 것은 과거라는 그럴싸한 명목이라도 있었지만, 전염병이 돌 때 홀로 피접(전염병을 피해 고립된 지역으로 피하는 것) 나가는 것만큼은 참을 수가 없었나 봅니다. 무기력한 자신을 용서할 수 없던 그가 아내에게 무조건 집에 가겠다며 엄포를 놓는 편지가 있습니다.

7일에 나도 집으로 갈게. 식구들 모두 고생하는데 나 혼자 살겠다고
피접 나와 있는 것도 더 못하겠어. 나중에 큰 병 걸리더라도
혼자 살아서는 아무짝에 쓸모없는 일이지. 내가 죽을 운명이면
여기에 있다고 안 죽고, 살 팔자면 거기에 있다고 죽을까.
그러니 이유를 더 따지지 말고 말 몰 사람을 보내.

— 곽주가 하씨에게

『현풍곽씨언간』[한]

　　통제할 수 없는 위기가 닥쳐올 때면, 자연스레 생존의 우선순위
가 정해지게 됩니다. 병으로 아이를 잃으면 감당할 수 없는 아픔이 닥쳐
오지만, 곽주 본인이 위험해진다면 가족 전체의 생계와 안전이 위험해
지죠. 아내는 이 점을 잘 알고 있었고 바가지를 긁어서라도 곽주를 혼자
피신시킵니다. 하지만 가족들은 여전히 전염병의 위험에서 벗어나지 못
하고 있는데 혼자 살겠다고 나와 있는 것 같아 곽주의 마음은 결코 편하
지 않았습니다. 곽주의 내면에서 이성과 감성이 벌이는 줄다리기가 팽
팽하게 벌어진 배경이지요. 결국, '여기 있다고 죽을 놈이 살고, 거기 있
다고 살 놈이 죽겠나'라는 운명론에 몸을 맡기며 길을 떠나게 됩니다.
아내 하씨는 여러 번 답장을 통해 이를 극구 만류했으나, 곽주는 강경한
어조로 "거 참 말이 많네"라며 자신의 의지를 관철합니다. "혼자 살아서
는 아무 짝에 쓸모없는 일이지"에서 보듯, 혼자 피신해 있던 곽주는 최
악의 시나리오를 그리며 영원히 홀로되는 공포에 젖었던 것 같습니다.

　　지금도 아이들을 데리고 시댁에 방문하는 일은 며느리에게 참 부
담스러운 일이죠. 게다가 남편 없이 혼자 아이들을 데려가야 한다면 더
욱 그렇습니다. 그처럼, 손주들을 보고 싶어 하는 시댁 부모님과 가기
싫어하는 며느리 사이에 선 곽주의 입장은 참으로 난감했습니다.

부모님께서 손주들을 보고 싶어 하시니 정례와 덕례는
못 데려가더라도 철례는 꼭 데려가. 애들 옷이 변변치 않으니
연초록색 저고리를 입히고, 자주색 물을 들여 장옷을 만들고,
보라색 물을 들인 무명 바지를 만들어 줘.

불평이야 있겠지만 내 말대로 해.
어차피 피할 수는 없는 일이니 기왕이면 제대로 해줘요.

— 곽주가 하씨에게
『현풍곽씨언간』[한]

　　부담스러워하는 아내에게 다소 완고한 태도로 시댁 방문을 종용
하고 있는 곽주의 태도는 '좋은 게 좋은 거'였습니다. "기왕이면 제대로
해줘"란 곽주의 표현으로 볼 때 다소간 긴장감이 느껴집니다. 그만큼 시
댁 방문이 말도 많고 탈도 많은 까닭이었겠죠. 그 와중에 초록색 저고
리, 보라색 바지, 자주색 장옷으로 꼬까옷을 만들어주라는 곽주의 코디
가 제법 센스 있습니다. 없는 살림에도 애들 옷은 예쁘게 입히고 싶은
것은 인지상정인가 봅니다. 동네와 집안 어른들에게 꼬까옷 입은 아이
를 인사시키는 것은 요즘으로 치자면 꼬까옷 입은 아이 사진을 인스타
에 올리는 것과 같은 행위였습니다.

　　네, 그렇습니다. 아무리 며느리에겐 곤란한 일이라도 손주를 보

● **영덕 괴시파 종택 안채**

임진 병자 양란과 경신 대기근 등의 자연재해를 겪으며 안채는 더욱 폐
쇄적으로 변합니다. 특히 시선 차단용 담장이나 공간 분리용 벽을 설치해 시선
조차도 안채로 향할 수 없는 설계가 유행하게 되죠. 각종 전란과 천재지변으로
인해 조선 사회의 현실적 윤리는 급격히 무너져 내렸고, 조선의 성리학자들은
이를 통제하기 위해 예학(禮學)에 집중합니다. 예학의 바이블이던 주자가례는
매우 디테일한 가옥 구조 배치까지 규정합니다. 이후 모든 가택을 주자가례에
맞게 만들 수는 없었지만, 큰 줄기만큼은 가례에 의거해 짓게 되었습니다.

고 싶어 하는 조부모의 마음을 헤아릴 필요가 있어요. 나라에서 가장 고
귀한 존재인 왕후 역시도 손주 앞에선 흔한 할머니가 됩니다. 구중궁궐
에 갇혀 거추장스러운 제약과 함께 살아야 하는 왕후에게 손주의 방문
은 인생의 유일한 낙이었습니다.

잘 익은 귤 열일곱 개를 얻었는데, 숙안이(숙안공주)와
네게 8개씩 나누니 하나가 남아 네 쪽으로 넣었어. 요즘 손주들이
잘 있는지 궁금하며 고놈들 오죽 예뻐졌을까 궁금하네.

손주들 잘 있다는 소식을 들으니 기쁘구나. 네가 손주들의
모습을 적은 글을 보니 그놈의 어여쁜 모습이 눈에 훤하네.
언제나 다시 녀석들을 볼 수 있을까 날을 세고 있다.
볼 날이 얼마 안 남았으니 아이같이 손꼽아 기다리고 있어.

— 17세기 후반, 인선왕후(仁宣王后, 1619-1674)가 숙명공주(淑明公
主, 1640-1699)에게
『숙명신한첩』[한]

　　어여쁜 손주들을 한시라도 빨리 보고 싶어 손주 보는 날을 아이
처럼 손꼽아 세고 있다는 왕후의 모습입니다. 출장 간 아빠를 보는 날을
다섯 밤, 여섯 밤 세는 아이의 모습이 떠오르죠? 귀하디귀한 귤 열일곱

개를 두 공주에게 나눠주면서도 숙명공주에게 하나 더 얹어주는 것을 보면, 아마도 인선왕후에게 숙명공주란 조금 더 아픈 손가락이지 않았을까요.

애지중지 키운 자식도 언젠간 독립하게 됩니다. 그나마 주도적인 삶이 사회적으로 보장되는 아들은 독립해도 아쉬움이 덜하죠. 하지만 시집간 딸자식은 보고 싶어도 마음대로 볼 수 없고, 가슴 아파도 사돈댁에 아쉬운 소리 한 번 못합니다. 딸바보 효종은 그러한 안타까움이 묻어난 편지를 보냈습니다.

숙명아, 왜 이번에 궁에 안 들어왔니?
어제 네 언니도 오고 막내 숙휘도 와서 패물들을 싹 쓸어갔는데,
너만 없으니 아빠 맘이 너무 허전했어.
요즘 너한테 계속 안 좋은 일만 생기니 마음이 아프네.
가만히 있으면 다 뺏기니까 너도 악다구니를 써서라도
네 몫은 꼭 챙기렴.

숙명아, 네가 얼마나 큰 죄를 지은 건지 아니?
무슨 죄냐면, 이번에 궁에 안 들어와서 아빠를 안 보고 간 죄야.
이런 죄를 지은 이유는 사실 죄다
네 남편인 심철동(심익현의 아명: 沈益顯, 1641-1683)이 때문이니, 그 인간을 들들 볶아서 싸우기라도 하렴.

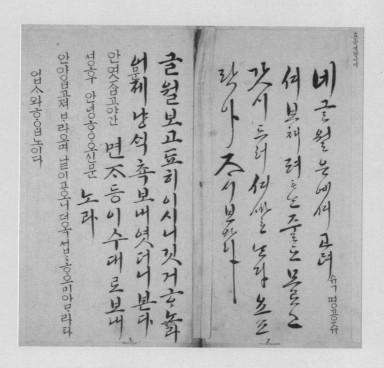

효종과 숙명공주가 주고받은 편지

필기체(오른쪽)가 효종의 글씨, 정체(왼쪽)가 숙명공주의 글씨입니다. 효종과 인선왕후 집안은 숙안, 숙명, 숙휘, 숙정, 숙경공주 등을 낳은 딸 부잣집이었습니다. 강인하면서도 도덕적으로 완벽했던 효종이었지만, 아내와 딸들에게는 무척이나 따스한 사람이었습니다. 한편, 숙명공주는 어지간히 고양이를 좋아한 집사였는지, 엄마 인선왕후가 "네 동생은 벌써 임신해서 수다를 떠는데 넌 아직도 고양이만 끼고 있니?"라는 잔소리 편지를 받기도 합니다.

— 17세기 후반, 효종이 숙명공주에게

『숙명신한첩』 [한]

평민에 비하면 훨씬 윤택한 삶을 살 수 있는 공주의 삶도 효종에게는 안쓰럽게만 보였나 봅니다. 언니인 숙안과 막내인 숙휘는 준비한 패물들을 모두 가져갔는데, 숙명만 가져가지 못해 더 마음이 아팠던 효종은 '악다구니를 써서라도 네 몫을 챙겨라'라고 말하죠. 우는 아이 떡 하나 더 준다고, 떼쓰는 아이들에게 하나씩 더 주다 보면 말 잘 듣고 순한 아이는 손해 보기 마련인 것을 잘 알고 있었던 겁니다. 효종과 인선왕후 부부는 바보처럼 착하게 사는 숙명이 늘 안타까웠던 것 같습니다. 집에 오지 못한 까닭이 남편 심철동 때문이라며 그를 들들 볶으라는 말은, 왕이 아니라 영락없는 친정 아빠의 말이죠?

왕족에겐 가족과 만나는 것 자체가 크고 작은 정치적 사건이 됩니다. 그래서 순원왕후는 수많은 사람의 시봉을 받아도 늘 외로워했습니다. 그들의 가족 모임에선 크게 소리 내어 웃는 것도 삼가고 조심해야만 했습니다. 하지만 어린아이는 예외였죠. 가족 모임에서 거리낌 없이 떼를 쓰는 손주를 흐뭇하게 지켜보는 것은 그들이 사람다운 삶을 만끽하는 얼마 안 되는 순간이었을 것입니다.

하지만, 아이들은 언젠가 떠나게 됩니다. 하나둘 자신의 품을 떠나가는 자녀들과 하루가 다르게 늙어가는 자신의 모습을 한탄하는 왕후의 편지에선 나이든 엄마의 서러움이 느껴집니다.

편지에 쓰인 너의 글씨를 보고 참 반가웠단다. 비록 안 좋은 일로 모였다지만, 온 식구가 오랜만에 한곳에 모여서 지내다가 모두 궁을 나가버리니, 엄마는 아쉽고 서러운 맘만 가득했단다.

작년 이맘때쯤만 해도 모두 모여 매일매일 즐겁고 시끌벅적하게 지냈었는데, 벌써 모두 옛일이 되어버렸네. 이젠 매일매일 옛 생각만 자꾸 들고 서럽지 않은 때가 없으니, 부질없이 눈물만 자꾸 나는구나. 아마 내 목숨이 쓸데없이 모질어 이렇게 살아만 있으니, 빨리 그만 죽었으면 좋겠다.

— 1660년, 인선왕후가 숙명공주에게
『숙명신한첩』[한]

"야야, 더 살믄 뭐하나 이제 고만 죽어야제." 한 달에 한 번씩 찾아뵙던 필자의 외할머니께서는 필자에게 늘 이렇게 말씀하셨습니다. 왁자지껄한 명절이 지나면 유독 힘들어하셨죠. 그처럼, 순원왕후의 편지에선 모든 할머니의 마음과 말을 대변하고 있습니다.

자식의 나이가 아무리 많아도 아프다는 소식을 들으면 부모의 마음은 자연히 불안해집니다. 특히나 시집간 딸이 아프다는 소식을 들으면 직접 돌보고 살펴볼 수 없음에 더욱 갑갑해지죠. 시집살이가 보편화한 조선 후기가 되면, 제아무리 명망가의 딸내미라도 시집살이의 법도를 어길 수는 없었습니다. 장성한 딸이 병에 걸리자 부모는 아픈 어린아이를 대할 때처럼 한없이 자애로우면서도 답답함을 숨길 수 없는 편지를 보냅니다.

우리 딸 병이 조금 나았다고 하니 그런 기쁜 일이 없구나.
하지만 증세가 조금은 남았을 테니, 마음을 편히 가져서 차분하게
몸을 조리하렴. 내가 편지를 두어 번 하지 않은 이유는 네가 아파서
편지를 읽기도 쉽지 않고 답장하는 것 때문에 몸이 더 상할까
걱정해서였는데, 네가 서운해할까 하여 이번에 잠깐 적어 보내니
부디 답장은 남을 시켜 쓰게 하든가 애초에 답장은 쓰지 말렴.

— 1700년 전후, 송규렴이 딸 은진 송씨에게
은진 송씨 송규렴가 한글편지 『선찰』[한]

【 김 서방에게 】

김 서방이 보낸 편지는 잘 받았네. 요즘 가을 날씨가 꽤 쌀쌀한데
사돈께서 아프시다니 참 걱정이네.
우리 딸이 어쩌다가 그런 흉한 병에 걸렸는지, 답답한 마음 애가 타지만 걱정한다고 병이 낫는 건 아니니 갑갑하네. 그 아이는 어릴 적부터 병 견디는 걸 참 힘들어했는데, 어떻게 견뎌낼 수 있을까.

그저 다음 편지엔 딸아이의 병이 조금은 나았다는 소식을 듣고 싶네. 잘 지내고 계시길 바라네.

― 1846년, 아주 신씨가 사위 김흥락에게
『의성 김씨 학봉김성일 종가 언간』

아빠가 딸에게 보낸 편지엔 딸을 염려하는 아빠의 마음이 가득합니다. 딸 은진 송씨가 병을 앓다가 쾌차했다는 소식을 듣자 안도감을 피력하면서도, 그동안 편지를 보내지 않은 까닭은 '네가 아픈데 답장 쓰느라 힘들까 봐'였다고 달래고 있네요. 또 여전히 아픈 증세가 남아 있을 테니, 이번에 보내는 편지의 답장도 다른 이를 시켜서 쓰게 하거나 아예 쓰지 말라고 전하고 있습니다. 전형적인 딸바보의 모습이죠?

시집살이하는 딸이 아플 때 친정은 도와줄 수 있는 것이 별로 없습니다. 딸이 사돈댁에 밉보이고 있다거나, 딸이 남편과 사이가 안 좋으면 딸에게 약을 보내는 것도 눈치를 봐야 하는 것이 딸 가진 부모의 서러움이죠. 어릴 때부터 병치레가 잦았던 딸이 심한 병에 걸리자, 엄마는 사위에게 편지를 씁니다. 쓰고 싶은 말이야 참 많았겠죠. 예컨대 딸 병수발을 잘 부탁한다든지, 조금 쉬게 해달라든지, 병이 심해지면 친정으로 보내달라든지 등의 이야기를 하고 싶었을 것입니다. 하지만 엄마는 말을 가리고 가려서 사돈과 사위의 안부를 묻는 것으로 시작과 끝을 맺고, 답답함을 피력하는 정도로 사위에게 에둘러 호소합니다.

- **송규렴이 딸 은진 송씨에게 보낸 편지 「아기에게」**

  송규렴이 딸에게 보낸 편지엔 '아기에게'라는 제목으로 시작합니다. 당시 '아기'는 장성한 자녀에게 썼습니다. 당시 송규렴의 외동딸은 이미 중년의 여성이었으므로, 다른 편지에선 '외손자의 어머니'라는 정체성을 담아 '중지(송규렴의 외손자) 어미에게'라고 부르기도 했습니다. 반면, 송규렴의 아내인 안동 김씨가 아들 송상기에게 보낸 편지의 제목은 다채롭습니다. '아기에게'로 시작하는 글도 있지만, 나아가 '참의에게' '승지 답서(답하는 편지)' '한산(한산군수) 귀서(보내는 편지)' '감사 귀서' 등 아들의 관직이 바뀔 때마다 부르는 이름이 달라지기도 합니다. 이러한 호칭은 타인의 눈에 비친 그들의 정체성을 알 수 있게 하며, 나아가 편지의 연대를 판독하는 중요한 근거가 됩니다.

얼굴만 봐도 가슴이 아픈 것이 시집간 딸이라면, 장성한 아들에 겐 조금 다른 종류의 걱정이 들게 됩니다. 사회적으로 성별에 따라 주어 진 롤 자체가 달랐기에 아들은 아들 나름대로 해야 할 일이 있었고, 어 린 시절부터 무던한 잔소리와 질타를 받아야 했죠. 부모의 바람대로 과 거에 합격한 아들이 자랑스러운 순간도 잠시, 곧 더럽고 치사한 사회생 활을 하루하루 버텨내는 아들의 모습은 안쓰럽기만 합니다. 남편도 아 들도 똑같은 처지인데, 왜 유독 아들의 사회생활이 더욱더 안쓰러운 것 일까요?

명예롭고 높은 자리인 충청 감사를 역임하는 아들을 걱정하는 엄 마의 편지를 읽어볼까요.

날이 더운데 무사히 지낸다니 기쁘네. 그토록 기다리던 교대를
하긴 했으나 이상한 사람이 후임으로 온다고 하니 놀랐어.
네가 얼마나 괴로울지 걱정이 이만저만이 아니네.
몸조심하여 편히 지내다가 빨리 오렴.

— 1700년 7월 18일

엄마가 네가 새로 벼슬을 받았다는 소식을 들으니
엄마는 너무나 심란했어. 너도 오죽 심란하겠니.
네가 드디어 한동안이라도 집에서 편히 지낼까 싶었는데,

벼슬을 받았으니 마음대로 쉬지도 못하고 서울을 가면
자연히 집에도 잘 못 올 텐데, 정말 말할 수 없을 정도로 심란하네.

— 1700년 8월 2일, 엄마가

새 감사로는 아무개가 온다지만 너무 더뎌 자꾸만 지체되니
안타깝네. 이달도 거의 다 갔으니 이보다 답답한 일이 어디 있겠니.
네가 임지에서 힘들게 고생하는 걸 생각하면 애가 끊어지는 것
같다. 아 참, 조홍감은 구경도 못 하고 있었는데, 네가 보낸
조홍감을 보고 "에구 이 기특한 것"이라면서 맛있게 먹었어.

— 1700년 8월 12일, 24일, 엄마 안동 김씨가 아들 송상기에게
은진 송씨 송규렴가 한글편지 『선찰』 [한]

안동 김씨의 아들 송상기(宋相琦, 1657~1723)는 충청 감사로 임명
돼 집을 떠나게 됩니다. 엄마는 평소 아들과 자주 편지를 보내며 서로
를 위로했습니다. 송상기는 타인에게 분명 '엄친아'적인 존재였지만, 엄
마에겐 늘 걱정되는 평범한 아들이었어요. 드디어 충청 감사 임기를 마
치고 집에 올 수 있다는 소식을 듣고 엄마는 설레는 나날을 보냈습니다.
그런데 한 가지 문제가 생깁니다. 후임자로 오는 양반이 영 '이상한 사
람'이란 소식을 들었기 때문입니다. 인수인계는 차일피일 미뤄지고, 빨

리 마무리를 지어야 집으로 떠날 수 있는 아들 송상기도 점점 난감해집니다.

여기에 또 한 가지 실망스러운 소식이 들렸습니다. 아들이 새로 호조참의(戶曹參議, 지금의 기획재정부 차관)라는 직책을 받아 서울에서 근무하게 되었다는 것입니다. 이제나저제나 집에 온 아들에게 따끈한 된장국 한 숟갈 먹이고 싶었던 엄마는 또다시 심란해집니다. 누구에게는 집안의 경사인 고관대작 임명도, 아들의 고생길을 생각하면 엄마에겐 그저 걱정거리일 뿐이었네요. 물론 잘나가는 아들은 언제나 자랑스럽고 기특하지만, 높은 자리를 받는 것은 곧 격무와 많은 책임을 뜻하는 바이기도 하죠. 특히 명문가였던 송씨 가문의 특성상 벼슬이 높아지는 것만큼 위험도 커지는 것을 엄마는 잘 알고 있었을 것입니다. 애태우는 엄마의 마음을 아들도 잘 헤아렸는지 잘 익은 조홍감을 보냈고, 엄마는 "기특한 것"이라며 맛있게 먹습니다. 장성한 아들과 노모가 주고받은 편지가 훈훈하면서도 어딘가 안타깝네요.

이번 장에서 소개한 편지에 적힌 언어는 지금 우리의 일상과 가장 닮았습니다. 물론 가정의 형태도, 자식을 낳는 것에 대한 개념도 많이 달라졌지만, 모든 것을 해체하는 시대에도 결코 가족이란 울타리까진 해체할 수 없죠. 지지고 볶고 싸우고 상처 주더라도 결국 가족이란 울타리가 주는 든든함은 수억이 넘어가는 사망 보험금으로도 비교할 수 없는 법입니다. 자식 키우기 힘들다고 툴툴대는 엄마, 아빠들이 한편으로 까르르 웃는 자식을 보면 고단함도 괴로움도 한방에 싹 날아간다고 하지 않던가요. 곽주는 아들이 아빠를 애타게 찾는다는 아내의 편지를 읽자 "과연 자식이 귀하다는 생각이 든다"라고 답장을 썼습니다. 조선의 엄마, 아빠들이 남긴 편지엔 새삼스러운 결론이 사무치게 깃들어 있습니다.

끝으로, 명절 때마다 "언제쯤 손주를 보여줄 거냐?"라고 하시는 할머니들의 마음은 예나 지금이나 다르지 않음을 보여주는 편지를 남깁니다.

한 달 넘게 우리 손자 편지를 못 받아 이 할미의 맘이
답답했었는데, 오늘 도착한 편지를 읽어 반가웠단다.
내가 아직까지도 살아서 네가 아들을 낳는 모습을 볼 수 있을지
상상조차 하지 못했는데, 어떻게 볼 수 있었으니 우리 손자가
얼마나 기특한지 모른단다. 손자야. 네 형이랑 언제 시간 내
죽어가는 할미에게 증손자를 좀 보여주겠니.
쉬운 일은 아니지만 그러길 바란단다.

— 1750년 이전, 외할머니 달성 서씨가 외손자에게
신창 맹씨가 언간 『자손보전』 [한]

사랑한다는
말은 다
거짓이었나요?

연애편지에는 이루고 싶으나 이루지 못하고 있는 특정 시점에서의 희망이 기록되어 있습니다. 편지란 공간적인 제약 위에서 둘 사이의 소통을 위해 주고받는 것이죠. 그중에서도 연애편지는 제약과 단절, 좌절과 한계라는 서사 구조의 핵심 소스를 가장 많이 담고 있습니다.

하지만 아쉽게도 남아 있는 조선 시대의 연애편지가 별로 없습니다. 연애라는 개념이 별로 없었던 조선에서 연애편지가 발생하기엔 여러 가지 조건들이 부족했습니다. 상대방의 얼굴도 보지 못한 채 부모가 정해준 대로 결혼하는 것이 매우 일반적이었던 시절이었으니까요. 좋아한다느니 그립다느니 따위의 마음을 담은 편지를 보낼 기회조차 없었을 것입니다. 물론 부부 사이에 사랑 혹은 의리를 전하는 편지는 많이 남아 있으나, '가족끼리 그러는 거 아니다'라는 요즘의 말처럼 부부 사이에 오가는 말은 어딘가 절제되어 있는 것이 아쉽습니다.

하지만, 그 시대에도 연애편지, 즉 '연서(戀書)'라는 것이 꽤 자주 오갔고 또 일종의 판타지로 작용했음을 알 수 있는 근거는 많이 남아 있습니다. 이른바 조선 시대 '애정 소설'이란 장르에서 남주와 여주가 편지로 서로의 마음을 고백하고 확인하는 장면은 익숙해 보입니다. 대표적인 예로, 담장을 사이에 두고 이생과 최 소저가 편지를 주고받는 『이생규장전』이나, 감옥에 갇힌 춘향이 이몽룡에게 편지를 보내는 『춘향전』 등이 있습니다.

그렇지만, 항상 현실이 소설보다 잔인한 법이죠. 역사에 기록된 연애편지는 고구마만 잔뜩 먹은 기분이 들게 합니다. 세조의 후궁인 덕성군(德城君)은 세조의 조카 귀성군 이준(龜城君 李浚)에게 사랑을 고하

● **신윤복**(申潤福, 1758~1814) 작, <**월하정인**(月下情人)>

　　"사랑을 나눈 것이 모자란데 날은 밝아 오니,

　다시금 옷깃 잡고 다시 만날 약속을 묻는다."

는 편지를 썼다가 처형을 당합니다. 남녀상열지사(男女相悅之詞), 남녀 간에 벌어지는 야릇한 이야기를 금기라 칭하던 사회에서 연애편지를 보내는 것은 때론 목숨을 거는 행위가 된 것이죠. 물론 덕성군의 경우는 부적절한 관계라서 처벌을 받았지만, 적절한 관계였다면 애초에 편지를 보내지 않아도 되는 시대가 또한 조선 시대였습니다. 현시대에 전해지는 연애편지가 드문 까닭엔 이러한 사정도 있습니다.

사회적, 제도적인 통제가 강했던 조선 사회에서 야릇한 행위를 비교적 노골적으로 할 수 있는 거의 유일한 공간이 '기생집'이었습니다. 사대부와 기생 간에 벌어진 '연애인 듯 연애 아닌 연애 같은 행위'는 많은 텍스트를 남겼고, 특히 적지 않은 시조는 강렬한 연애 감정을 담고 있으면서도 작성자를 확인할 수 있어 가치가 있습니다. 황진이, 어우동 등 조선 시대 내내 '악플'의 대명사였으나 동시에 판타지였던 사람들이 부른 시조, 즉 '러브송'은 연애편지보다 함축적이면서 농밀한 에센스가 담겨 있죠.

이렇듯 기생들이 남긴 기록을 통해 우리는 당시 연애편지의 모습을 확인해볼 수 있습니다. 작성자를 알 수 없는 첫 번째 편지는 '찌질남'과 '철벽녀'의 이야기입니다. 한없이 찌질한 편지에 담긴 남자의 사정을 먼저 들여다볼까요. (이번 장에서 소개하는 『소수록』의 내용은 원작의 시조, 가사를 필자가 편지 형태로 재구성, 재해석한 것임을 밝힙니다.)

그대와 내가 결혼하는 것만큼 좋은 일이 없습니다.

● 　　『소수록』

　　19세기 중·후반에 작성된 기생의 시조, 가사 등이 수록되어 있습니다. 기생들 각자의 다양한 이야기와 기생집에서 벌어지는 일을 묘사한 작품으로, 이야기의 대상이 되는 남성들의 신원은 제대로 안 나와 있으나 간접증거를 통한 교차검증으로 대략적인 추측은 가능합니다. 즉, 허구에 기반을 둔 소설이 아닌 실화 모음집입니다.

기생을 품는 일이야 모든 남자가 다 하는 일이지만,

삼 년을 공들여 기생을 부인으로 삼았다는 이야기도 있지 않습니까?

그처럼 그대가 철벽을 칠 때마다 나는 내 설득이 통하기를

바라고 있어요.

꽃 같고 옥 같은 그대의 얼굴은 눈앞에 없어도 떠오르고,

쟁쟁한 그대의 목소리는 듣지 않아도 귓가를 속삭이네요.

꽃이 활짝 피어 웃는 것도 나를 반기는 것 같고, 밤에 높이 뜬 달도

나만 비추는 것 같으며, 버들가지 하늘하늘 흔들리는 것도

나를 흔드는 것 같고, 가을 하늘의 광활함도 나를 깨우는 것 같아요.

그대의 찡그린 표정도 웃는 표정도 모든 일거수일투족이 마음과 머

리에 가득 차니, 지우려 해도 지워지질 않네요.

그대의 말끔한 귀밑머리와 고운 얼굴이 내 가슴을 찌르는 것 같고,

꽃다운 얼굴과 맑은 눈은 혼을 빼는 독약인 것 같군요.

그대의 드높은 절개를 잠시 굽혀 저와의 하룻밤을 허락해주신다면,

함께 따뜻한 이불을 덮으며 뜨거운 밤을 보낼 텐데, 그대의 철벽은

너무 단단해 마치 봉황이 까치를 노려보는 듯 차갑기만 하군요.

그래도 그대 생각이 갈수록 더해만 가니, 병 아닌 병이 사무치고

수심 아닌 수심이 가득합니다. 잊으려고 해도 잊지 못하고,

생각하지 않으려 해도 생각나며, 뒤숭숭하고 들뜬 마음에 자면서도

자는 게 아니고 먹어도 먹은 게 아니게 되었으니,

살아도 사는 게 아닌 모양새입니다. 이러다간 얼마 남지 않은 인생,

객사할지도 모르겠어요.

이러다가 죽게 되면 당신으로 말미암아 죽는 것이니,

당신이 사람이라면 한 번쯤 나를 동정하고 후회할지도 모를 일이죠.

죽은 사람은 다시 살아날 순 없으니 그때 가서 후회한들

의미 없는 일입니다.

제 목숨은 그저 당신의 희한한 방법에 달려 있습니다.

병든 마음을 잠시 버텨 두서없고 둔한 말을 편지에 담았으니,

그윽한 골짜기에 향긋한 봄을 채우듯 반가운 말로 답장을 보내주세요.

— 19세기, 어느 남자의 편지

『소수록』[한]

대뜸 결혼하자는 말로 시작한 찌질남의 청혼편지는 첫 줄부터 웃음 짓게 합니다. '기생을 품는 일은 아무나 하지만, 나는 그들과는 다르다'라며 3년을 구애해 기생과의 결혼에 골인했다는 고사의 인용으로 과대포장을 넣었네요.

사랑에 빠진 사람은 세상을 바라보는 시선이 바뀌게 됩니다. 활짝 핀 꽃도 자신을 보고 웃는 것 같고, 높이 뜬 달도 자신만을 비추는 듯하며, 광활한 가을 하늘도 자신을 깨우기 위해 펼쳐진 것처럼 착각하죠. 반대로 사랑을 잃으면 어느 노래의 가사처럼 "날 위해 빛나던 모든 것도 그 빛을 잃어버리"게 되지요. 이 모든 착각의 원인은 가슴 속에 박힌 한 사람, '그녀'입니다. 한데 정작 그녀는 별생각이 없습니다. 그는 그녀의 말끔한 귀밑머리, 고운 얼굴과 맑은 눈을 떠올리다가 결국 자신의 관심사는 그녀와 뜨거운 밤을 보내는 것임을 실토하고 말죠. 편지에서 그

녀를 떠올리는 의식의 흐름이 마치 손잡으면 안고 싶고, 안으면 함께 밤을 보내고 싶은 심리를 그대로 좇고 있죠?

하지만 그녀는 마치 봉황이 까치를 무시하는 듯 철벽을 치고 있으니, 그는 지독한 상사병에 걸려버렸습니다. '잊으려 해도 잊지 못하고, 지우려 해도 지우지 못하니, 결국 살아도 사는 게 아니다'라는 흔한 사랑 노래의 레퍼토리를 적으며 그녀의 동정을 얻기 위한 찌질함을 폭발시킵니다. 결국, 찌질함의 끝, "내가 죽으면 그제야 후회할지도 몰라"라는 씨알도 안 먹힐 협박으로 호소하면서 사실상 스토커남에 가까운 모습으로 진화합니다.

그는 자신의 상사병을 치료할 수 있는 이는 오직 그녀뿐이라면서, '당신의 희한한 방법'이나 '그윽한 골짜기에 향긋한 봄'을 운운하며 뜨거운 밤을 보내기 위한 은근한 수작으로 편지를 마무리하고 있습니다. 도대체 성욕이 뭐기에 이렇게까지 추해지는 걸까요. 혹은, 죽겠다고 소리치는 그의 절절한 어투는 진심인 걸까요?

철벽녀의 답장을 보면 그가 쓴 글귀가 과연 진심인지 간접적으로 확인할 수 있습니다. 찌질남의 구질구질한 편지에 철벽녀는 사리가 분명하고 냉철한 답장을 보냅니다. 그녀의 답장을 읽노라면 사이다 한 병을 마신 듯한 청량감이 들죠.

어젯밤 등불에 당신의 얼굴이 맺혀 있고,
오늘 아침에 본 꽃가지엔 까치가 내려앉아 지저귀더군요.

기대하지도 않았던 당신의 귀한 편지가 쓸쓸했던 제 마음에
한 줄기 위로가 되었습니다. 적어주신 말씀은 내심 부끄럽고
마음 아픈 얘기들은 그저 감사할 뿐이지만, 한 번 더 생각해보니
그저 저를 떠보려고 하신 가벼운 말씀이 아닌지요.
지성으로 기도하면 하늘도 감동한다죠. 당신의 마음이 진심이었으
면 저 같은 늙은 아녀자 때문에 상심하실 지경이 되셨겠습니까.
3년 동안 구애하여 결혼에 골인한 이야기를 언급하셨는데,
그 이야기처럼 각고의 노력을 하셨다면 천한 저는 진즉에
철벽을 허물었을 겁니다. 아무래도 그저 달콤한 말로
거짓된 이야기를 꾸며 저를 감동하게 하려는 농락의 편지 같습니다.
제 얼굴은 거울을 볼 때마다 부끄럽고, 목소리는 그저 꾀꼬리가
부러울 뿐입니다. 그런데 당신은 무엇이 눈앞에 떠오르고,
어느 것이 귓가에 생생하십니까. 더구나 당신은 계수나무 옥토끼도
아닌데 대체 왜 밤하늘의 달 이야기를 하시는 걸까요.
또 제게 좋은 보검이 있는 것도 아닌데 대체 누구의 가슴을 찌른다고
하시는 건지요. 제가 여우나 도깨비도 아닌데 누구의 혼을
홀렸다고 하시는 거죠. 제가 의사도 아닌데 누구를 살릴 수 있단
말씀이신지요.
제가 창기(娼妓)임을 부정하진 않겠습니다만, 거지를 거지라
불러도 기분이 나쁜 법입니다. 그런데 당신은 저 같은 사람을
어떻게 보셨기에 그저 하룻밤만을 탐하고 계시는지요.
제 기생 노릇 동안 당신의 말씀 같은 편지를 처음 들은 것도
아닙니다. 처음에는 진심인가 싶었지만, 조금 지내보면 다 불과

바람 같이 스쳐 가는 말뿐이었죠. 아프다고 난리 쳐도 진짜로 병든
사람 못 봤고, 죽는다고 난리 쳐서 진짜로 죽는 사람은 없었습니다.
당신의 말씀이라고 다를 이유가 따로 있겠습니까.
말끔한 귀밑머리와 꽃처럼 발그레한 얼굴이라 쓰신 부분은
쇠를 금이라 하고 돌을 옥이라고 부른 것처럼 참 불안하기 짝이 없
고, 저를 봉황이라 하시고 당신을 까치에 비교하신 것은 얼토당토않
으며, 제게 날씨를 바꾸는 요술 지팡이도 없으니 어떻게 골짜기에
봄을 부르겠습니까. 죽은 사람은 다시 살아날 수 없다는 말은 틀린
말이 아니지만, 당신의 말씀은 그저 웃을 말뿐이군요. 죽는 그 사람
이야 스스로 불쌍하겠지만, 죄지은 것도 아닌데 제게 무슨 책임이
있단 말입니까. 어찌하여 제게 책임을 지라며 겁을 주시는 건지,
사나이로 태어나 상사병으로 죽었다는 것도 창피한 이야기인데
무슨 배짱으로 이 같은 우스갯소리를 종이에 적으신 건가요.
예나 지금이나 남자의 달콤한 말은 다 믿지 못할 얘기뿐이더군요.
김씨나 이씨나 남자란 다 똑같았습니다. 저의 차가운 답장에 너무
상처받지 마시고, 그나마 정이 있어 이러는 거라 이해해주세요.

— 19세기, 기생의 답장
『소수록』[한]

그녀의 답장은 '어젯밤 등불에 당신의 얼굴이 맺혔다' '당신의 편
지로 쓸쓸한 마음에 위로가 되었다'라며 시작합니다. 이 정도 인연이면

적어도 규방 단골손님은 될 테니 나름의 고객관리용 멘트라 할 수 있죠. 하지만 살가운 말도 잠시, 이어지는 그녀의 글은 조목조목 한 구절도 빠짐없는 반박과 '팩트 폭격'으로 가득 채워집니다.

착각에 빠져 콩깍지가 제대로 씌어버린 그와는 달리 그녀는 냉철하게 자신을 관찰합니다. 그가 '꽃 같고 옥 같은 고운 얼굴'을 가졌다고 평했던 그녀는 사실 거울을 볼 때마다 부끄럽고, '귓속에서 지저귀는 쟁쟁한 목소리'는 꾀꼬리도 아닌데 왜 떠올리며, 계수나무 옥토끼도 아닌데 달은 왜 떠올리고, 칼로 찌른 것도 아닌데 왜 가슴이 아프냐며 반문합니다. 그의 콩깍지를 벗겨내기 위해 그녀는 운치라고는 하나도 없는 말로 자신을 깎아내리고 있죠. 한껏 달콤한 말로 종이를 채운 그는 제법 무안했겠죠? 결국, 자신은 의사도 아니니 그의 병을 치료할 수 없다는 말로 매우 품위 있는 거절을 건네고 있습니다. 이는 상사병을 그녀의 탓으로 돌리고 치료도 그녀만이 할 수 있다는 그의 우격다짐을 요리조리 잘 피해 가는 세련된 거절이라 할 수 있겠네요.

그가 구성한 논리 구조를 그대로 따라가며 반박한 것도 날카롭지만, 더 날카로운 부분은 중간 중간 그녀가 진심으로 하고 싶었던 얘기를 심어놓은 부분입니다. 이를테면, 그가 인용한 '3년을 매달려 기생과 결혼한 고사'에 대해 '당신도 그 고사처럼 제게 열과 성을 다했다면 진즉에 넘어갔을 것'이라며 지적합니다. 또한, '내가 기생임을 부정하진 않으나 어떻게 뜨거운 밤 보낼 생각밖에 안 하냐'며 면박을 주고, 마지막으로 '사나이가 상사병으로 죽겠다는 창피한 소리를 어떻게 종이에 적을 수 있었냐'며 공격합니다. 신랄한 3종 팩트 폭격 세트는 틀린 말이 하나도 없네요. 남자가 섹슈얼리티를 숨기기 위해 편지에 적은 글귀와 은

유를 곱씹으면, "오빠는 나랑 자려고 만나?"라는 말을 들어도 부족함이 없습니다.

　　사실 그녀도 처음부터 '건어물녀'는 아니었던 것 같습니다. 그녀가 스스로 밝혔듯, 이런 편지를 한두 번 받아 본 것도 아니었고, 처음엔 속았던 적도 있지만 '김씨나 이씨나 남자란 다 거기서 거기'였다는 말로 편지를 마무리하죠. 비교적 담담히 적은 그녀의 속사정은 사실 그의 상사병보다 더 쓰라린 것이었습니다. 다가오는 남자마다 평생 행복하게 해주겠다며 꾀지만, 몇 번의 뜨거운 밤을 위한 거짓부렁이었음을 깨달았을 때 느꼈을 좌절과 후회는 그의 아픔보다 깊고 넓었겠죠. 이 모든 것을 겪어낸 그녀는 현자가 되고야 말았으니, 그녀의 철벽에는 한때는 따스했던 아픈 자욱이 내는 냉기가 배어 있습니다.

　　그는 그녀의 답장을 받고 자신은 그들과 다르다며, 자신의 마음은 진심이라며 끝끝내 항변했을 것입니다. 하지만 그가 그녀와의 결혼 생활을 진심으로 꿈꿨다면 조금 더 현실적인 이야기를 적어냈겠죠. 앞으로 어디서, 어떻게 살 것인지에 대해 이야기하는 것은 혼인을 논하는 데 있어 매우 중요한 합의사항이니까요. 그런데 그의 청혼편지는 사실상 섹스 파트너에게 보내는 야릇한 편지의 느낌마저 나니, 산전수전 공중전 다 겪은 그녀에게 철저히 깨지는 것이 당연하고 또 통쾌하기도 합니다. 찌질하면서 진실되지도 못한 자에 대한 정의구현의 현장이 아닐 수 없네요.

　　앞선 편지가 매달리는 남자와 거절하는 여자의 편지라면, 다음에

- **신윤복 작, <기방난투(妓房亂鬪)> 중 일부**

　싸움이 나면 일단 옷부터 벗는 우리나라의 오랜 전통을 보여주는 작품입니다. 기생집에서의 싸움은 흔한 일이었습니다. 특히 『소수록』에는 기생집의 룰과 신입 기생 신고식에 대한 자세한 글이 쓰여 있는데요. 먼저 온 손님과 나중에 온 손님 사이에 기생을 두고 벌어지는 기 싸움은 심심찮게 몸싸움으로 번졌으며, 싸움이 벌어지면 그림에서 보듯 빨간 옷을 입은 별감이 등장했습니다. 치안 유지를 위해 임명된 별감은 언젠가부터 뒷골목 화류계의 브로커로 맹활약했죠. 멀리서 보면 희극, 가까이서 보면 비극이란 흔한 말이 떠오르는 장면입니다.

소개할 편지는 그 반대의 상황입니다. 가뜩이나 사회적으로 철저히 '을의 신세'였던 여성이 매달리기까지 하게 된 사연을 함께 읽어보시죠.

저를 나그네라 여기지 말아주세요. 변하지 않는 제 마음,
세상이 다 알아줄 거예요. 낭군님의 권력으로 충분히 저를
구하실 수 있잖아요. 저는 낭군님의 재산이나 멋진 집 따위엔
관심이 없어요. 된장국에 나물밥만 먹더라도 당신과 평생 함께
사는 것이 유일한 꿈이에요.
곧 저를 잊으실 줄 다 압니다만, 절 버리고 가실 당신 모습이
눈에 선하네요. 여자가 한을 품으면 오뉴월에도 서리가 내린다는
말, 당신도 아시죠? "잊지 않고 늘 생각할게"란 당신의 말,
그저 저 듣기 좋으라고 하신 말씀이죠?
요즘은 잠도 전혀 못 자고, 밥은 먹기만 하면 체해요. 한없이
그리워하다 보면 정신이 아득하고 손발이 저릿저릿, 제 인생은
얼마 있어 해골로 변할지도 몰라요. 날이 갈수록 말라서 옷은
다 넉넉해지고 얼굴은 찌들어 버렸네요. 제가 이렇게 된 건
다 당신 탓이에요. 이런 게 상사병인 걸까요?
상사병에 걸려서 죽는 것처럼 억울한 죽음이 어디 있을까요.

모든 게 다 거짓말이었죠? 꿈에 제가 나타나 반가웠던 말도,
사랑한다는 말도, 다 거짓이었죠?

— 19세기, 어느 기생의 편지와 시조

『소수록』[한]

편지에 나타난 그녀의 신세는 몹시도 처량합니다. 기생집에 돈으로 묶여 있는 듯한 그녀는 그에게 권력으로 자신을 구해달라며 호소하고 있어요. 그러면서도 그의 재산을 탐하는 것이 아닌, 그저 나물밥에 된장국으로도 만족하며 사랑하고 싶다는 그녀의 마음은 안타깝기 그지없습니다. 아마도 둘은 한두 번 관계를 맺은 사이가 아니었나 봅니다. 그는 그녀에게 "사랑한다" "보고 싶다"라는 말을 자주 속삭인 것 같네요.

사랑한다, 보고 싶다, 그립다는 그의 말에 깜빡 넘어가버린 그녀는, 그러나 더 이상 그의 소식이 들리지 않자 이 모든 게 거짓이었냐며 책망합니다. '곧 저를 잊어버리실 줄로 압니다만'이란 문장으로 시작하는 추궁은 사실 거짓이 아니길 바라는 그녀의 간절한 마음을 내포하고 있죠. 그녀는 돌아올 답장에 명백하고 확실한 부정과 사랑의 재확인이 담겨 있기를 애타게 바랐을 것입니다.

이어지는 말은 앞의 편지처럼, 상사병으로 죽을지도 모르겠다는 상투적인 표현입니다. '사랑하다가 죽어버려라'라는 유명한 시구처럼, 사랑과 죽음을 얽은 표현이 조선에서는 매우 흔하게 쓰였죠. 이는 사랑하는 것이 곧 생명을 걸어야 할지도 모르는 일임을 익히 알고 있었기 때문이기도 합니다. 서슴지 않게 여성의 정절과 절개를 강요했던 사회니 어쩌면 당연한가도 싶습니다. 두 편지 모두 매달리는 쪽에서 똑같이 죽음을 언급했지만, 작성자의 성별에 따라 그 무게감이 다르게 느껴질 수밖에 없습니다. 외부적인 환경에서 오는 압박감은 분명한 차이가 있으니까요.

연인관계에서 어떠한 문제가 생겼을 때 서로 책임을 전가하며 싸우곤 하는데, 실제로는 이별의 책임이 전적으로 한 사람에게 몰리는 경우는 드물죠. 과정이나 문제 해결을 위해 범죄적 수단을 구사하지만 않았다면, 책임은 모두에게 나눠진다고 보는 편이 합리적입니다. 하지만 연애 감정에 합리가 끼어들 리 만무하죠. 자신의 과오를 축소, 혹은 외면하고 자신에게 유리하거나 필요한 말만 적게 되는 것이 일반적입니다. 남성을 추궁하면서 한편으론 호소하고 있는 여성의 편지만 읽었을 때 그녀의 가련함을 동정하고 상대 남성을 비난할 법하지만, 원래 이런 일은 양쪽 말을 다 들어봐야 하겠죠? 남자의 답장을 보겠습니다.

답장, 잘 읽었습니다.

글자마다 눈물이 맺히고, 구절마다 한숨을 짓게 합니다.

살아온 세월 동안 저는 문장가가 되려 했으나 근심이 많아

여의치 않았고, 공무원이 되려 해도 월급이 너무 적었으며,

장사꾼이 되어도 작은 이익에 전전긍긍하게 되었습니다.

갈수록 험한 세상에 할 수 있는 일은 없어졌으니, 본업인 약방

사업도 다 집어치우고 10년 동안 그저 기방에나 다니게 되었으나,

아무것도 정해지지 않은 채 그저 세월만 흘렀군요.

지난 일을 떠올리지 않을 수가 없네요. 당신과 꿈같은 나날을 보낸

● **신윤복 작, <기다림>**

　　여인은 왜 담벼락 끝에서 초조히 기다려야만 했을까요? '연애'라는 개
념이 성립하지 않던 시대라는 것을 상기해보면, 집이 아닌 밖에서 누군가를 기
다리는 행위 자체가 순탄치 않은 연애를 암시합니다. 게다가 여인은, 승려가
머리에 쓰는 송죽을 뒤에 숨기고 있네요. 사랑해서는 안 될 것을 사랑하는 마
음. 인간의 문제는 여기에서 꽃 피우는 게 아닐까요?

그 밤 뒤로, 뜻밖의 이별을 겪었었죠. 떠나겠다는 당신의 말을 듣는
제 마음이 찢어지듯 아파서, 아무리 참아도 솟아나는 눈물을
멈출 수가 없었습니다.

"잘 가요."
"잘 지내요."

그렇게 당신은 태연히 떠났고, 저는 홀로 남겨졌죠.

떠났던 당신이 보낸 지금의 편지를 읽으니,
제 마음도 피차일반입니다. 당신과 제 마음이 똑같은 만큼,
뜻이 있으면 이루어진다는 옛말을 기억하세요.
부질없이 마음 쓰다가 꽃 같은 얼굴 상하지 말게 하시고,
기다리고 계시면 인연이란 끊기지 않는 법이죠.
제 말이 거짓말이라 하시지만, 입장을 바꿔 생각해보시면
저 역시 당신만큼 아프고 쓰라립니다.

속에 있는 마음 다 적고 싶었지만, 못다 한 말은 남겨둔 채
답장을 보냅니다.

— 19세기, 남성의 답장
『소수록』[한]

알고 보니 남자와 여자는 이미 이별을 한 번 겪었고, 앞선 이별에서 떠나간 쪽은 여성이었다는 소소한 반전이 기다리고 있었네요. 이래서 애정 문제에 있어서는 더더욱 양쪽의 말을 다 들어봐야 하나 봅니다. 물론 둘 사이의 관계는 일반적인 커플이 아닌, 매춘으로 얽힌 특수 관계라는 점을 참작할 필요가 있습니다. 즉, 여성이 남성을 떠난 까닭은 아마도 화대로 빌려 온 사랑의 시간이 만료되었기 때문일 가능성이 있죠.

남성은 자신이 살아온 생애를 소개하며 어쩌다가 기방에 들락거리게 되었는지 밝히고 있습니다. 문장가나 벼슬, 장사치 등 조선의 남성이 택해야 하는 코스 모두 어딘가 만족스럽지 않아 때려치우고, 본업인 제약사업마저 등한시한 채 방황하듯 기방에 출입하게 되었다는 그의 사정은 묘한 뉘앙스를 풍깁니다. "날 정말 사랑해?"란 질문에 "내가 어쩌다가 너를 만나게 되었냐면……"이라며 회피적인 답변을 늘어놓는 것부터 어딘가 궁색하지 않나요? 방황하다 보니 그녀를 만나게 되었고, 한동안 안식을 찾았으나 이내 그녀를 떠나게 되었다는 이야기는 얼핏 그녀에 대한 원망과 여전히 방황 중임을 암시하는 듯합니다. 글자마다, 문장마다 눈물이 맺힌다고는 하였으나, 결코 사랑을 확인하는 질문에 대한 답이 될 수 없죠. 그녀의 존재를 방황하는 과거의 한 단면으로 치부해버린 것이니까요. 아무래도 그녀의 자존감을 연옥의 최하층까지 끌어내리는 답장이 되어버린 것 같네요.

10년간의 기방 출입에도 불구하고 그는 여전히 경제적으로 여유가 있어 보입니다. 그녀가 자신의 몸값을 대신 지급해달라며 그에게 호소한 것은 물론, 자신이 원하는 것은 그의 재산이 아니라며 강조하며 부정한 것을 고려해볼까요. 여전히 그에게는 많은 '그녀들'이 존재한다고

236

가정해도 무리가 없겠죠. 어쩌면 자신을 구해달라는 편지를 받는 것도 이번 한 번이 아니고, 따스한 한 이불 속에서 그런 속삭임을 들은 것도 여러 번일지 모르죠. '숙련된 성 구매자'인 그는 여성의 편지를 읽고 달콤한 속삭임과 숨겨진 거짓말을 가려낼 수 있을 만큼 노련하고, 또 듣기 좋은 말로 포장한 완곡한 거절을 능히 해낼 수 있는 '선수'적 기질이 농후합니다.

결국, "당신과 나의 뜻이 맞으니 때가 되면 만나게 되겠죠"란 말로 그녀를 거절했습니다. 사랑인지 계약인지 그 경계가 모호한 둘 사이의 관계가 어떻게 흘러갔을지는 알 수 없습니다. 사랑으로 포장된 경제적 지원 역시 냉철한 비즈니스적 관계라 단정 짓기 어렵죠. 그 남자, 그 여자의 사정엔 다 나름의 이유가 있으니까요.

앞선 두 편지 모두 조선 사회에서 매우 일상적으로 오갔을 편지이지만, 애초에 남아 있는 양이 적은 애정 편지 중에서도 두 번째 유형의 편지가 더욱 많습니다. 이는 기록을 남길 수 있는 주체인 사대부가 찌질해 보이는 자신과 조상의 과거를 필터링한 결과입니다. 또한, 편지를 받은 기생의 사회적 입장이 빚은 결과이기도 하죠. 19세기의 지방 관료 이휘부(李彙溥, 1809~1869)와 기생 선이가 주고받은 편지에선 순수했던 연애 감정은 사라지고 해결해야 할 문제점만 남은 사랑의 뒤처리를 확인할 수 있습니다.

보내주신 편지를 받고 자세하게 읽었습니다. 나리님 건강하시다는

소식을 들으니 기쁘네요. 선이는 병든 어머니 모시고 아무 일
없지만, 나리님의 서럽고 무정하신 말씀에 야속하기만 하네요.
"네가 나를 따라와서 뭘 하겠다고?"라뇨?
어떻게 그렇게 무정하십니까?
세상에 어려운 일 많지만, 생이별같이 어렵고
못 해먹을 일이 없습니다. 시간이 흐르면 다 잊힌다는 말이 있지만,
시간이 흐를수록 가슴에 박힌 마음이 언젠가 좋은 바람이 불어와
꽉 막힌 가슴을 풀어지길 기대하고 있습니다. 서로 못 본 지
석 달 만에 이렇게 못 견디게 될 줄 저도 전혀 생각하지 못했습니
다. 부디 저를 생각하시고 반가운 편지를 보내주시기만
바라고 또 바랍니다.

당장이라도 나리님께 걸어가고 싶은 마음이
하루에도 몇 번씩이나 들지만, 나리도 공무로 바쁜 나날을
보내시는데 걱정 끼칠까 싶어 애간장이 녹습니다.
부디 저를 데려가 주세요.

— 1854년 3월 7일, 그리워하고 있는 선이가 올립니다.
『안동 진성 이씨 반남가 한글 간찰』[한]

단성 현감 등을 역임했던 이휘부는 고향인 영천에서 기생 선이를
만납니다. 둘은 한두 번의 밤을 보낸 사이가 아닌, 어느 정도 관계를 이

어온 사이로 보입니다. 그러나 이휘부의 지방관 파견으로 인해 둘은 이별하고, 이휘부만을 의지하며 모든 것을 바쳤던 선이는 그대로 붕 떠버렸네요. 이휘부가 떠난 지 고작 석 달이지만, 생계가 심각하게 곤란해졌을 것은 추측하기 어렵지 않습니다.

이에 선이는 자신을 데려가 달라는 편지를 보냅니다. 그런데 돌아온 답은 "네가 날 따라와서 뭘 어쩌려고?"였습니다. 믿었던 유일한 구석이 무너졌을 때 선이가 느꼈을 참담함이 편지의 구석구석에서도 묻어나오네요. 그러나 선이는 유일한 희망을 놓지 않으면서 다시 한 번 간청합니다. 그나마 이휘부는 최소한의 양심이라도 있었는지, 선이에게 이런 답장을 보냅니다.

선이야, 네가 정녕 그렇게 원하면 8월 중에 올라오렴.
다시 사람을 보낼 테니 그동안 우리 사이를 비밀로
잘 지켜주길 바랄게. 특히 영천 사람들은 절대 알지 못하게 하렴.

『안동 진성 이씨 반남가 한글 간찰』 [한]

조선의 제도가 기생을 대하는 태도는 매우 양면적입니다. 마치 머리로는 안 된다는 것을 알면서 아랫도리의 반응은 다른 것처럼, 제도적으론 지양했으나 관행적으론 용인했습니다. 그러나 부임지에 기생을 데려가는 것도, 지역의 기생을 서울로 데려오는 것도 모두 탄핵 사유가

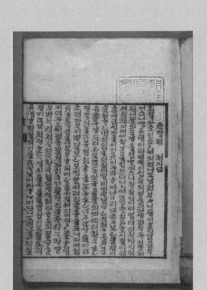

● 『춘향전』

변사또가 처벌받게 되는 이유는 '관기가 아닌 기생 춘향에게 수청을 강요, 협박하여 일가족에게 부당 행위를 한 죄'입니다. 법령에는 분명 '현지처'를 만드는 일을 금지하고 때론 들통 나서 탄핵이나 처벌을 받기도 했습니다. 하지만, 쉬쉬하며 지나가는 사례가 매우 많았죠. 조선 후기의 무관 노상추(盧尙樞, 1746~1829)의 일기에는 '현지 여성에게 수발 받게 허가하는 것은 국가의 의무'라며 강력히 주장하는 기록도 있습니다. 공전의 히트를 기록한 『춘향전』은 정절을 지킨 기생을 백마 탄 왕자님이 구원하는 리얼리티 제로의 완벽한 판타지입니다. 현실에선 편지의 '선이'처럼 첩으로 데려가는 것만으로도 감지덕지한 삶이었죠. 그래서인지 『춘향전』의 다른 버전은 춘향의 자살이나 이몽룡의 자살 등 다양한 베드 엔딩도 보입니다.

되었습니다. 이휘부도 나름대로 입장이 곤란했던 것이죠.

입장이 곤란한 사정은 또 있었습니다. 고향인 영천 사람들에게 절대 비밀로 하라는 그의 엄명은, 지역 사회에서 그와 그의 가문의 입지가 선이의 존재로 인해 흔들리는 것을 민감하게 경계하는 양반의 태도를 엿볼 수 있죠. 이미 그럴싸한 가정을 잘 꾸려놓은 이휘부의 입장에서 공식적으로 기녀와의 스캔들이 밝혀지는 것은 매우 부담스러운 일입니다.

이후 선이가 이휘부를 따라갔는지, 나아가 첩으로 인정을 받았는지는 알 수 없습니다. 서자라도 낳지 못했다면 생애의 흔적을 찾아볼 수 없을 거고, 서자를 낳았더라도 아빠가 자식으로 인정하지 않아 '아버지를 아버지라 부르지 못'하는 괴이한 상황에 직면했을 수도 있습니다. 당시엔 그런 일이 부지기수였으니까요. 그나마 경제적으로 윤택할 수 있다면 기생의 처지보다야 조금은 낫겠지만, 힘들고 어렵게 얻은 첩의 지위임에도 경제적으로 빈궁한 삶을 사는 사례도 많았습니다.

혼란이 소용돌이처럼 시대를 마구 휘감았던 19세기의 사랑 기록들은 이렇듯 항상 뒷맛이 씁쓸합니다. 그 까닭은 혼란의 시대라 하여 고통의 무게가 더 무겁던 탓이 아니라, 그만큼 그들 삶의 실제 모습과 조금 더 가까운 기록들이 살아 있기 때문입니다.

한편, 강한 필터링이 작용한 개인 문집에서는 로맨틱한 편지를 몇 건 발견할 수 있습니다. 비록 연애편지 전문은 아니나 기생과의 달달한 관계를 남겨놓은 두 건의 개인 문집 기록을 소개합니다.

고작 두어 번 아담한 당신의 얼굴을 봤지만, 아름다운 인연을

막지는 못하죠. 하지만 날마다 너무나 바빠 한번 당신과 회포를
풀 틈조차 나지 않았습니다. 그렇지 않아도 당신께 편지를 보내기
위해 글귀를 한참이나 생각했었지만, 이제야 조금 한가해 편지를
쓸 수 있게 되었군요. 기쁜 마음이 담긴 답장을 기대해봅니다.
하지만 제가 돌아갈 때가 머지않아 당신을 볼 기회가 없는 것을
생각하면, 그저 답답함과 안타까움에 먼 산만 바라보게 됩니다.

붓과 약을 좀 보내니 이것으로 제 마음을 조금 대신합니다.

— 서유문(徐有聞, 1762-1822), 『무오연행록』[한]

서유문은 중국행을 떠나던 가운데 이름 모를 기녀와 잠깐 만납니
다. 여정은 이어졌고 그 기녀와는, 마치 아침에 해장국을 먹고 어색하게
인사하며 헤어진 후 다시는 연락하지 않는 사이처럼 이별했죠. 하지만
서유문은 그녀가 계속 생각났는지, 한껏 허세에 찌든 문체로 그녀에게
편지를 보냅니다. 사실 서유문은 알고 있었습니다. 그녀를 다시 보기 힘
들다는 것을요. 그럼에도 편지와 선물까지 보내며 매달렸던 것은 그만
큼 잊을 수 없었기 때문이 아닐까요. 공간적인 제약에서 벗어나 여행지
에서 행하는 일탈은 평소와는 다른 마법이 함께하죠. 서유문도 한껏 핑
크색 추억에 젖어 다시 만날 기약이 없는 그녀에게 편지를 보냈던 것 같
습니다.
　　김려(金鑢, 1766~1821)가 받은 편지는 조금 더 농밀하며 시적입니

다. 그가 기생에게 받은 편지는 짧지만, 연애편지의 에센스를 가득 담고 있습니다.

> 고을 서쪽은 가리촌인데 거기서 십 리쯤에 온천이 있답니다. 윗탕은 안 뜨겁고 중간탕이 뜨거운데 탕 앞의 노송나무 높고도 푸르죠. 그 옆엔 평평한 너럭바위 있는데 거기 앉아 머리를 말리고 있을 테니 서방님 오시거든 이 바위 찾으셔요.
>
> — 김려, 『사유악부(思牖樂府)』[漢]

김려는 함경북도 부령군으로 귀양을 갔습니다. 그런데 그 먼 함경도 땅으로 귀양을 가서도 기생 연희를 만나죠. 둘의 관계는 깊어졌으나 김려의 유배가 해제되면서 수없이 많은 사대부와 지역 기생이 겪었던 것처럼 흔하디흔한 이별이 발생합니다. 하지만 김려는 서울에서 부령 땅의 그녀를 늘 그리워했습니다. 그러던 어느 날, 그녀를 생각하며 북쪽의 먼 산을 바라보던 와중에 그녀의 편지가 도착해 뜯어보니, 위의 편지가 담겨 있었다고 합니다. 뜨끈한 온천, 바위에서 머리를 말리는 여성, 그곳에서 서방님을 기다리겠다는 연희의 말은 조선 시대의 고전적인 에로티시즘으로 가득 차 있죠?

편지만 읽으면 마치 당장이라도 놀러 올 수 있을 것처럼 적어놨지만, 사실 함경북도 부령은 김려의 생애에 다시 가기 어려운 곳이었습니다. 즉, 둘 사이의 관계는 현실적으로 종료됐고, 둘이 뜨거운 밤을 보내는 일은 한쪽이 범법을 저지르지 않는 한 어려웠습니다. 그러나 연희의 생생한 편지 어디에서 관계의 끝을 은유한 대목이 없습니다.

두 사람이 만들었던 추억 속에서 살아가는 연희의 편지는, 이별의 아쉬움을 토로한 다른 편지보다 더 생생한 아쉬움이 가득합니다. 비록 몇 자 되지도 않고 온전하지도 않지만, 제대로 된 조선의 연애편지란 이런 것이었겠죠. 이런 편지들이 얼마나 많이 오갔을까요? 얼마나 많은 사람이 그와 그녀의 필체와 문장에 설렜을까요?

우리 시대에서 저들의 연애편지는 읽는 잔재미가 있는 소소한 편지로 기억되기 쉽습니다. 조금 더 나아가면, 그들이 처한 운명적 환경에 공감하며 때론 쓰라린 감정을, 때론 말랑한 감정을 공유하며 자신의 기억과 대조할 수도 있겠죠. 문학적인 표현력이나 감정선의 전개가 요즈음의 사랑 노래에 비해 크게 다르지 않은 것은, 이들의 사랑 역시 실컷 뜨거웠고 또 실컷 달달했음을 보여줍니다. 다만, 편지 너머에 있는 공백 속에서, 표현하는 것에도 인색할 수밖에 없었던 '무언가'가 자꾸만 아른거리는 건 어쩔 수 없네요.

실컷 '꽁냥꽁냥' 하다가, 갑자기 가라앉고, 어느새 싸우게 되는 것이 연애라는데, 그런 연애조차도 쉽지 않아 '모태 솔로'들은 늘어만 갑니다. 그래서 연애 사실이 알려지면 지인들에게 '기만자'라는 비난 겸 놀림을 받는 것이 요즈음의 유머코드이기도 하죠. 연애는 어떻게 하는 것이었는지 기억나지 않는 사람들에게, 조선의 편지들은 이렇게 충고합니다. "자주, 잘, 거짓 없이 진심으로 표현하라"고 말이죠. 연애는 원래 글로 배우는 거니까 우리 같이 새겨들어볼까요?

● **신윤복 작, <기생과 함께 단풍놀이를 가다>**

　　가을바람 선선히 부는 가운데 남성은 흩날리는 도포 자락과 갓끈을 부여잡습니다. 향주머니와 허리띠 같은 형형색색 아이템에서 남성의 멋짐은 더욱 폭발합니다. 여성은 그런 남자를 사랑스러운 눈빛으로 바라봅니다. 그림에는 이런 글귀가 적혀있습니다. '洛陽才子 知多少(서울의 멋쟁이가 얼마나 되는지 아는가)'. 조선판 인스타그램 '훈남훈녀' 커플입니다.

죽지 못한
아비는 눈물을
씻고 쓴다

현재를 살아가는 사람들에게 죽음은 점점 더 낯선 것이 되어가고 있습니다. 죽음에서 멀어지기 위한 발걸음은 불멸을 기술적으로 연구할 수 있는 단계에 접어들었죠. 지난 백 년간만 살펴보면, 죽음을 맞이하는 공간은 집에서 병원으로 변하였고, 장례를 치르는 공간도 집에서 장례식장으로 변하였습니다. 또한, 시신을 처리하는 작업은 식구들의 손에서 전문인의 손으로 바뀌어왔죠. 죽음에 대한 인식의 변화는 의식의 변화도 낳아, 이제 제사는 '귀찮지만 어쩔 수 없이 해야 하는' 전통의 잔재로 변하고 있습니다.

반면, 조선 사람들이 죽은 자를 대하는 태도는 산 자를 대할 때보다 더욱 겸손하며 친근했습니다. 마치 소주 한 잔 나누며 의기투합할 때 나올 법한 진솔한 속마음이 죽은 자에게 보낸 편지에 모두 담겨 있습니다. 도대체 이들은 왜, 그 길고 지난한 장례의식, 그리고 가계와 국가 경제에 큰 짐이 되는 제례의식을 목숨처럼 지켜온 것일까요? 이번에도 물음표만 여기저기 던져놓고 해답은 없습니다. 다만 그들의 글로 적은 생각을 소개할 뿐이죠. 이번 장은 자신의 죽음을 예감한 김광찬(金光燦, 1736~1765)의 이야기부터 시작해봅니다.

【 아내에게 】

나도 한때 청운의 꿈을 품고 만 가지 일을 모두 이뤄내리라 다짐했었지. 그러나 병을 얻어 그 모든 꿈이 구름같이 헛것으로 돌아가버렸네. 나는 이렇게 죽지만 당신은 우리의 하나밖에 없는 살붙이 귀룡이를 잘 키워줘. 귀룡이가 잘 커서 내가 닦지 못한 업을 이으면 죽어서도 눈을 편히 감을 수 있을 거야.

부로골의 논마지기는 내가 직접 산 땅인데, 땅이 좋아서 수확량이 우리 집 두어 달 양식은 되기에 우리 집을 지켜주는 소중한 재산이 될 거야. 궁골의 논도 쉽게 팔지 말고. 그나마 놋점 논이나 냅돌고 개 밭은 팔아도 될 재산이네. 봄파일의 새 밭은 당신의 유산으로 산 밭이니 당신이 알아서 해.

내 뜻을 깊이 이해해 현명한 아내가 되길 바랄게. 이미 죽어버린 나만 애타게 부르짖다가 집안일이 엉망이 되는 것은 나의 마지막 소원이 아니야.

— 1765년 윤2월 23일, 김광찬이 진성이씨에게
『의성 김씨 학봉 김성일 종가 한글편지』 [한]

유서의 3요소를 나름대로 정의하자면, 살아온 삶에 대한 소회, 살아갈 자들을 위한 당부, 남은 재산의 처리 방법이라 할 수 있겠습니다. 김광찬이 아내에게 쓴 유서는 이 세 가지 요소를 모두 포함하고 있네요.

김광찬은 종가의 장손으로서 나름대로 재능과 인품을 여러 사람에게 인정받았던 인물이에요. 명문가의 자손으로 태어난 그 역시 한때 이루고 싶은 것들이 참 많았을 것입니다. 그러나 부모님이 살아계시는

- **김광찬의 유서와 김주국의 편지**

　　오른쪽이 김광찬, 왼쪽이 김주국의 글씨입니다. 아버지가 한탄했듯, 죽음을 예감한 김광찬의 글씨는 힘 있고 뚜렷합니다.

가운데 30세에 죽음을 맞은 그는 담담히, 마치 죽음을 처리하는 공무원처럼 유서를 적습니다. 특히, 종가의 살림을 결정하는 사람이었으니, 마지막까지 자산관리의 의무를 다하려 합니다.

다만 아쉬운 것은, 그 누구보다 힘든 삶을 살아갈 부인에 대한 위로가 부족하다는 점입니다. 깔끔하게 재가를 허락하는 것은 아무래도 어려운 일이었을까요. 그는 젊은 나이에 과부가 되어 독수공방할 아내에게 "미안하다"라는 말보단, "아이를 잘 키우고 집안일을 챙겨달라"는 단호한 부탁을 남깁니다. 세 살배기 아이를 떼어놓고 떠날 생각을 하니 유서는 담담해지고 아내에겐 단호해진 것 같습니다. 죽은 자는 말이 없다지만, 죽기 직전에 남긴 말은 그 무엇보다 강력한 법적 효력을 발생시킵니다. 시부모까지 모시면서 살아야 하는 젊은 아내에게 의무만을 남긴 김광찬의 태도에 씁쓸해지는 것은 현대인 모두가 공감할 것 같네요.

김광찬은 떠났고 장례는 치러집니다. 그 후 아내인 진성 이씨(1734~ 1787)는 남편에게서 받은 편지를 시아버지에게 꺼내 놓았습니다. 기대했던 자식의 이른 죽음을 받아들여야 하는 아버지 김주국(金柱國, 1710~1771)은 유서 끝자락에 글로 비통한 마음을 남겼습니다.

광찬아. 네가 언제 이런 글을 써서 며느리에게 주었니.
네 병이 2월 24일 즈음 더 심해지면서 내게 후사를 부탁하는 말과
남긴 글이 있다고 했었지. 인제 보니 2월 23일에 쓴 것이구나.
슬프다. 네가 죽던 날, 네 아내가 내게 글을 보여준 것이
3월 6일이구나. 너무나 아깝다. 필획(筆劃)이 한 치도

흐트러짐이 없으니, 네가 죽을 것을 어떻게 예상한 것이니?

네 뜻을 네 아내가 꼭 따르며 살아갈 것이야.
너무 슬프고, 또 슬프다.

죽지 못한 아비는 피눈물을 씻고, 끝에 붙여 쓴다.

— 1765년 3월 6일, 김주국이 김광찬에게
『의성 김씨 학봉 김성일 종가 한글편지』 [한]

김광찬은 자신의 병이 심해지면서 다시 일어나기 힘들다는 것을
확실히 알았던 것 같네요. 유서를 작성한 것이 2월 23일, 아버지에게 유
언을 남긴 것이 2월 24일, 사망일은 3월 6일이었습니다. 죽음이 저 멀리
에서 서서히 도래하는 것을 보고 있는 사람의 글씨라기엔 흔들림이 없
었으나, 아버지는 행간에 담긴 슬픔을 모두 읽어낼 수 있었을 것입니다.
죽음에는 순서가 없다지만, 보통 죽음을 준비해야 하는 쪽은 아버지죠.
그런데 덤덤하게 죽음을 대하는 아들의 태도는 아버지에게 슬픔 그 이
상의 감정을 불러일으켰습니다.

슬퍼할 겨를도 없이 막중한 임무를 떠맡게 된 아내 진성 이씨는
한동안 슬픔에서 헤어나오지 못한 것 같습니다. 김광찬도 이를 예측했
는지, '죽은 나만 애타게 부르짖다가 집안일이 엉망이 되는 것'을 걱정

했으나 그게 마음대로 될 리가 없었죠. 힘들어하는 진성 이씨의 모습을
지켜보던 시아버지는 다시 자신의 책무를 다하기 위해 붓을 듭니다.

【 맏며느리에게 】

사람의 죽고 사는 문제는 사람의 힘으로 어떻게 할 수 있는 게
아니란다. 네가 요즘 끝없는 설움만 머금고 속절없는 심사가
몸을 상하게 하여 목숨을 미리 바치고 있구나. 네 남편이 임종 때
한 유언이 예사롭지 않았던 것, 기억나니? 분명 너 역시 그러겠다
고 하였는데, 이제 남은 일을 생각해야 하지 않겠니.

세상엔 후사를 이을 자손도 없이 죽는 사람도 많은데, 그에 비하면
우리 집은 조금 나은 편이란다. 어린 손주들이 비록 아빠는 없지만,
엄마가 있으니 바르게 자라날 수 있을 거야. 천금 같은 귀룡이를
잘 가르치면 훗날 또 집안이 일어설지도 모르는 일이잖니.
너의 남은 소임이 정말 중요하단다.

네가 잘 중심을 잡고 살아가면 어린 녀석들이 우리 집에서
잘 자라겠지만, 너마저 죽어버린다면 의지할 데 없는 병아리 같은
아이들이 어떻게 살아갈 것이며, 죽은 네 남편의 원통한 뜻은
또 어떻게 실현하겠니.

아직 우리 두 늙은이가 있지만, 끽해봐야 십 년이나
더 살 수 있겠지. 그래도 너만 있으면 망하지는 않을 것이니,
부디 마음을 단단히 가지렴. 아무리 살겠다고 다짐해도 병이 깊어
버리면 그땐 이미 늦어버린단다. 시아버지의 마음을 헤아려주렴.

시아비는 피 흘리고 울며 쏜다.

― 1765년 6월 13일, 김주국이 진성 이씨에게
『의성 김씨 학봉 김성일 종가 한글편지』

남편을 잃은 지 3개월, 애통에 젖은 진성 이씨는 결국 몸까지 상
하게 됩니다. 작은 병으로도 사람 목숨이 요단강을 쉽게 넘곤 하던 조
선 시대였으므로 시아버지는 근심에 찰 수밖에 없었죠. '자식을 생각해
서라도 살아야지'란 말로 요약할 수 있는 시아버지의 편지에는 이미 자
식을 체념의 무덤에 묻은 태도가 드러납니다. '죽고 사는 문제는 사람이
어찌할 수 없다'라는 숙명론은 체념의 근거가 되어줍니다.

하지만, 자식이 죽은 지 3개월밖에 되지 않았는데 상처가 없어질
리 만무했죠. 아들이 남겨놓은 어린 손주들의 진로와 학업을 책임져야
하는 늙은 시아버지는 며느리에게 자상함과 엄격함이 공존하는 편지를
보내야 했습니다. 번식을 통해 DNA를 남겨야 하는 생물의 본능을 후사
를 남겨 가문의 대를 잇게 하는 전통으로 치환한 시대에서, '후사를 이
을 수 있으니 다행'이라는 그의 설득은 유효했습니다.

사실 며느리 역시 남편의 뒤를 따르거나 재가한다고 하여도 가문의 대는 끊어지지 않았습니다. 이미 장성한 다른 아들이 있었기 때문에 김광찬의 자리를 대체하면 그만이었죠. 하지만 자리는 대체할 수 있어도, 사람을 대체할 수는 없죠. 오직 김광찬의 아들, '귀룡이'만이 김광찬을 이어받을 수 있었습니다. 그리고 '귀룡이'를 제대로 키울 수 있는 사람은 며느리밖에 없었죠. 즉, 며느리에 대한 노심초사는 곧 죽은 자식에 대한 사랑의 연장이었습니다. 이미 자식들을 훌륭히 키워낸 노부부였지만, 자식의 유지를 이어지게 해야 한다는 의무감은 그들에게 슬퍼할 자유를 박탈해갔습니다.

종갓집 장손으로 잘 자란 아들이 임종하면서 이제 종가를 지켜야 하는 사명은 다시 아버지에게로 돌아왔습니다. 슬퍼해야 할 겨를도 없이 삶의 의무는 째깍째깍 다가옵니다. 출근을 고민하며 장례 일정을 준비해야 하는 것처럼요. 의무를 다해야 하는 아버지는 삼년상 이후 아들이 남긴 유서에 다시 답글을 답니다.

초상 날에 잠깐 보고 삼년상 후 3월 14일에 다시 찾아보니,
아아, 글씨가 너무 뚜렷하구나. 오삼논은 광찬이가 샀지만,
셋째에게 준다고 한 말은 며느리도 들었으니 그렇게 하자.
돌고개 밭 세 마지기는 며느리가 산 것이니 알 바가 아니고,
봄파일 새 밭 일곱 마지기도 며느리의 유산이니 귀룡이가
상속받으면 될 것이다. 궁골의 논은 집안을 지탱해줄 재산이니

팔지 말란 말이 옳다. 백오십 냥을 주고 산 부로골 논은
내가 여러 해 사려고 해도 못 샀는데, 광찬이가 산 것이 기특하였
지. 실제로 100냥은 내가 보탠 것이지만. 어쨌든 그 땅에서 양식은
충분히 나오니 종가의 재물로 두는 것이 옳다.
내가 하루아침에 죽을지도 모르므로, 설움과 눈물을 꾹 참고
다시 꺼내어 정리하여 며느리가 보도록 하겠다.

죽지 못한 아비는 다시 쓴다.

— 1767년 3월 11일, 김주국
『의성 김씨 학봉 김성일 종가 한글편지』 [한]

요즘 사람들에게 유언장은 상당히 민감한 문서입니다. 특히 재산
이 좀 있던 분이 사망하면, 어린 날 함께 뛰어 놀던 형제자매 사이가 철
천지원수로 변하는 것도 흔히 볼 수 있는 광경이죠. 또한, 유언장에 작
성한 내용대로 집행되는 것도 아닙니다.

철저한 법정상속을 원칙으로 하는 조선 시대에도 그것은 유효해
서, 적자와 서자, 아들과 출가한 딸의 차별 없이 상속하는 균분상속제[19]
가 원칙이었습니다. 하지만 법은 멀고 권력은 강한 법, 18세기부터 적서
(嫡庶) 차별과 남녀 차별이 심화하며 균분상속제는 유명무실해집니다.
게다가 배우자의 상속 순위는 자녀 다음이었죠. 자녀가 없거나 너무 어
린 경우 상속권은 배우자에게 가는데, 이때 '재가하지 않는다'는 조건이

붙었습니다. 김광찬이 아내 진성 이씨에게 유언장을 남기며 상속에 대한 이야기를 남긴 까닭이 여기에 있습니다.

김광찬과 진성 이씨가 대략적으로 합의(사실상 통보)한 후, 이를 증명하며 집행해줄 사람이 필요했습니다. 종택의 수장인 아버지 김주국은 법적으로도 관습적으로도 적임자였죠. 김광찬이 사망하고 정신없이 장례식과 매장이 치러진 일주일 뒤, 아버지는 김광찬의 유언장부터 꺼내며 이를 보증하기 위해 글을 쓰기 시작합니다.

상속권자인 며느리의 양해 아래 동생에게 땅을 떼어주고, 며느리가 산 것은 자신이 관여할 바가 아니며, 며느리의 유산이었지만 종택의 자산이 된 땅은 그대로 손자에게 물려주겠다는 내용이 먼저 나옵니다. 그 내용이 딱히 종택에 심각한 위협이 되지 않기에 동의를 표하며 간단히 사실만 정리해놓습니다.

재미있는 부분은, 김광찬이 절대 팔지 말라고 강조한 '부로골의 논' 부분입니다. 김주국은 종택의 자산관리 임무가 자신에게 있던 시절, 그 땅을 사려고 애썼지만 실패했습니다. 그런데 기어코 아들이 사게 되어 기특했다는 내용이 적혀 있네요. 그래서 김주국의 최대 관심 사항도

19

조선 시대 초기에는 '균분상속제'가 보편적이었습니다. 재산을 상속할 때 상속 대상자인 가족 구성원 모두가 같은 분량을 상속하도록 한 제도였어요. 딸도 아들과 다름없이 재산을 동등하게 나누어 받을 권리가 있다고 받아들여진 것입니다. 그런데 사회적으로 주자학(유학)적 이데올로기가 강화되면서 '장자상속제'에 힘이 실립니다. 주자학의 중요한 전통이 조상에게 예를 다하는 것이었으므로 '제사'를 중시했고, 제사를 맡은 장자가 있는 '큰집'에 가문의 재산을 몰아주게 되면서 제도에 변화가 일어난 것입니다. 여러 가지 폐단을 낳았던 우리나라의 장자상속제는 1991년 자녀균분상속제도로 다시 돌아옵니다.

'부로골의 논'이었습니다. 자신의 돈 100냥이 들어가기도 했으니, 만약 김광찬이나 진성 이씨가 이 땅을 판매하려 했다면 김주국과 강한 갈등이 빚어질 수도 있었습니다. 다행히도 아들과 뜻이 다르지 않았고, 며느리 역시 이에 합의해(거절할 기회가 주어졌는지는 알 수 없죠) 원만한 상속이 이루어질 수 있었습니다.

김주국이 김광찬에 쓴 두 건의 편지는 성격이 다소 다릅니다. 앞선 편지가 아비의 심정으로 죽은 자식을 향해 부르짖은 외침이었다면, 두 번째 편지는 사실 아들이 아닌 제삼자를 향해 쓴 것이었습니다. 며느리와의 합의문서이면서, 혹시나 눈독 들일 다른 사람들에겐 경고문이었고, 훗날 장성한 손자를 위해 준비한 보험증서이기도 했죠. "산 사람은 살아야지"라는 말대로, 아버지는 슬픔을 최대한 감추고 경영인의 자세로 한 자 한 자 적었습니다. 그러나 슬픔의 시효는 아직 만료되지 않았으니, '아들이 기특했다'라는 부분과 '언제 죽을지 모르니 정리해둔다'라는 부분에서 자식의 죽음을 맡아서 처리해야 하는 아버지의 마음이 느껴집니다.

사랑하는 사람이 생을 다하는 사건은 언제나 가슴 아픈 일이지만, 죽는 사람의 위치에 따라 죽음 이후의 걱정거리도 달라집니다. 또한, 걱정과 함께 밀려드는 예기치 못한 자책감도 피해갈 수 없었습니다.

【 아들에게 】

꿈에서도 생각지 못한 일이 생겨 며느리가 갑자기 그렇게

● **학봉 종택 전경**

　　학봉 김성일이 옛집의 모습을 복원하여 처음 지었고, 1762년 김광찬의
결정으로 옮겨졌다가, 1964년 다시 이 자리로 돌아왔습니다. 60년대에 옮겨
지으며 현대식 정원을 도입하면서도 전통적인 주요 공간은 포기하지 않았습
니다. 유흥준 선생님이 항상 강조하듯, 역시 한옥엔 사람이 살아야 멋이 납니
다. 사는 사람은 손이 많이 가서 고생이지만요.

가버렸으니 너무 뜻밖이었어. 순식간에 닥친 상사에
며칠 지난 지금도 여전히 불쌍하고 서러운 맘만 가득하네.

내 운명이 고약하고 죄가 많아. 그 벌로 아깝고 훌륭한 며느리를
죽여놓고 쓸데없이 서러워하기만 하고 있구나. 네 형도 이 일로
급보를 받고 집에 오느라 과거도 못 봤지만, 형수가 죽은 광경을
보니 그저 망연해하기만 하더구나. 며느리 없이 너희 형제가
제대로 생활이나 할 수 있을지 엄마는 너무나 걱정이네.
내가 할 수 있는 건 그저 아기만 잘 보호하는 것뿐이니,
밤낮으로 애가 닳도록 마음을 쓰고 있어.

— 1794년 3월 15일, 어머니 의령 남씨가 아들 권교(權喬, 1769-1847)
에게
『대전 안동 권씨 유회당가 한글 편지』[한]

아끼던 며느리의 죽음에 시어머니는 자신의 죄 많은 운명으로 그
책임을 돌립니다. 본인도 다른 집에서 시집온 누군가의 딸이었으니 시
집살이하는 며느리의 마음을 가장 잘 알았겠죠. '죄 많은 운명'이란 상
투적 표현은 며느리의 죽음 앞에서도 무력했던 자신의 모습, 그리고 때
론 칭찬하고 때론 혼냈던 자신과 며느리 사이의 벌어진 일들을 총합한
나름의 소회였을 것입니다. 장성한 자식이 죽었을 때 가산을 지키고 손
주를 교육해야 하는 것이 할아버지의 몫이었다면, 엄마를 잃어버린 아

이의 양육은 할머니의 몫이었습니다. 할머니 손에서 자라는 아이들은 지금도 많아요. 죽은 며느리는 안타깝지만, 아내를 잃어버린 아들에 대한 걱정이 앞서는 것은 어쩔 수 없습니다. 아들을 위해 자신이 해줄 수 있는 것은 손주를 책임지는 것뿐이라는 문장에서 무력함은 짙어집니다.

직계 가족의 죽음만큼이나 슬픈 것은 없으나, 인연의 끈은 피와 몸이 섞이지 않더라도 충분히 질겨집니다. 노비, 그중에서도 함께 거주하는 '솔거노비'는 때론 사용자와 노동자 관계를 넘어, 또 양반과 천민이란 신분적인 엄격함을 넘어 인간적인 정을 교류할 때도 있었습니다.

년홰가 죽은 일은 너무나 안타까워. 년홰 인생이 너무 불쌍해.
아무리 어려운 일을 시켜도 한 번도 못 하겠다며 낯을 붉힌 적이
없던 아이인데, 주인 잘못 만나서 고생만 하다 갔으니 년홰도
불쌍하고 년홰 자식들도 불쌍하네. 설사병을 제대로 조치하지
못해 죽였으니, 차라리 도망이라도 갔다면 이렇게 마음 아프진
않을 텐데 잘못했던 것 하나도 없이 일만 하다가 죽어서
너무 마음이 아파. 나라도 거기 있었으면 약이라도 한번 써 줬을 텐
데. 연옥이랑 한듸한테 년홰 제사 준비 착실히 시켜요. 쌀 두어 말
이랑 제물 준비해 주고 술도 제일 좋은 술로 줘서 년홰 부모님 서운
하지 않게끔 제사 지내게 도와줘.

— 곽주가 아내 하씨에게
『현풍곽씨언간』 [한]

노비와 주인의 관계는 제각기 환경과 인품에 따라 달라졌습니다. 년해 씨는 곽주가 무척이나 아끼고 믿던 여성 노비였던 것 같네요. 노비도 사람인지라 어려운 일을 시키면 툴툴대던 것도 적지 않았는지, '아무리 어려운 일을 시켜도 불평 한번 없었다'라는 이야기가 눈에 띕니다. 힘든 일을 묵묵히 처리해내면서도 자식까지 기르던 년해가 제대로 된 치료도 하지 못한 채 사망했다는 소식은 곽주에게 큰 자책감을 불러온 것이죠. 곽주는 이때 돌림병을 피해 홀로 떨어져 있었기에 더욱 그러했을 것입니다.

물론 노비의 죽음은 재산상의 큰 손해였습니다. 특히 년해 씨처럼 숙련되고 주인과도 밀접한 노비의 사망은 오른팔이 잘린 격이니 곽주가 입은 경제적 손실은 막대한 것이었죠. 하지만 편지 어디에도 경제적 손익을 계산하는 구석은 찾아볼 수 없습니다. 오로지 인간적인 감정만이 남아 있습니다. 이렇듯, 친자식을 걱정하는 편지에서 보이던 곽주의 모습은 년해 씨의 죽음 앞에서도 그대로 표현됩니다.

물론 년해 씨의 반대 사례도 있습니다. 오희문(嗚希文, 1539~1613)이 임진왜란 당시 피난하며 쓴 일기를 모은 『쇄미록(瑣尾錄)』(1594년)엔 노비 열금의 죽음을 기록한 다음과 같은 부분이 있습니다.

> 노비 열금이 중병에 걸렸으나 음식을 더 줄 수 없었다.
> 전란으로 곡식이 부족한데 어떻게 고기를 주겠는가.
> 일찍 죽지 않으면 우리 집은 더 어려워졌을 것이다.
> 열금이 죽었다. 비록 죽었으나 그렇게 애석하지는 않다.

어릴 때 데려와 나이 70이 넘도록 한 번도 도망가지 않았고
일을 잘 했으나, 타향을 떠돌아다니는 처지에 관을 마련하지 못했다.
하인들을 시켜 매장하게 했다.

이처럼 평생 힘들게 일해도 제대로 된 장례조차 받지 못한 노비가 오히려 더 많았을 것입니다. 전해지는 노비의 무덤이 무척 적은 것처럼요. 곽주의 편지는 그래서 더 특별합니다.

한편, 아주 어린 꼬꼬마 시절부터 함께해 온 노비의 죽음은 조금 더 각별합니다. 신분적인 제약으로 함께 뛰어 놀 수는 없어도 잔망한 추억을 공유하는 사이였을 노비와 주인은 어느새 머리가 하얗게 셌습니다. 결국, 먼저 간 쪽은 노비였습니다. 아래의 편지에서 그 정황을 살펴보죠.

말금이가 전염병에 걸렸는지 자꾸만 앓아서 일단 격리했어.
그런데 아무래도 못 살 것 같아서 너무 불쌍하구나.
죽어도 염을 할 천조차 없이 죽었으니,
다 늙을 동안 일만 시키다가 죽은 것 같아 마음이 아프네.

말금이랑 나랑은 오래전부터 맺어온 사이니까,
네가 무명필이라도 좀 보내주렴. 아쉬운 대로 염이라도 해서 보내야
지. 무명에 물이 묻으면 못 쓰게 되니까, 조심해서 보내줘.

● 오희문, 『쇄미록(瑣尾錄)』

조선의 선비들이 쓴 일기는 감정이 최대한 배제되고 사건 중심으로 드라이하게 기록되어 있습니다. 하지만 『조선왕조실록』이나 『승정원일기』에서 찾아볼 수 없는 조선의 민낯이 세세히 기록되어 있죠. 곽주처럼 임진왜란 시기를 관통하며 살아간 오희문의 쇄미록은 피난 일기입니다. 피비린내 나는 전쟁의 소용돌이와 그 속에서 휘날리는 나약한 개인의 모습을 읽어 볼 수 있어 임진왜란 시기를 다루는 중요한 사료로 꼽힙니다.

말금이가 앓기 시작한 뒤로 내내 격리된 바깥에서 고생하다가
죽어서 너무 마음이 아파. 문제는 난녜도 아프기 시작해서
격리했는데, 기봉네 아이들도 우리 집에 왔다가 병에 걸려서
앓기 시작하니 큰일이네. 우리 아이들은 어디로 보낼 데도 없는데,
어떡하면 좋지.

— 1700년, 안동 김씨가 아들 송상기에게
『은진 송씨 제월당 송규렴가 한글 편지』[한]

어릴 때부터 함께해 온 말금 씨는 노인이 되었고 전염병을 이기지 못한 채 사망합니다. 시집온 여성에게 어릴 때 함께 놀았던 친구와 지속적인 교류를 할 수 있는 여건은 전혀 보장되지 않았습니다. 다른 여성들처럼, 안동 김씨도 젊은 날의 추억을 공유할 수 있는 건 얼마 남지 않은 형제자매와 몇 명의 노비뿐이었죠. 그런 사람이 죽었으니, 말금 씨의 죽음을 각별하게 대하는 것도 당연한 일이었겠죠.

백성의 안위를 살피는 것이 왕의 임무이듯, 주인들도 식솔들의 안위를 챙기는 것을 자신의 의무로 여겼습니다. 하지만 안동 김씨나 곽주가 죽은 노비가 살아 있을 때 어떤 태도로 대했는지는 알 수 없습니다. 어쩌면 때론 불합리하고 가혹한 일도 벌였을 수 있죠. 만약, 죽고 나서야 주체적 존재로서의 교감이 가능해진 것이라면 다소 안타깝습니다.

두 편지 모두에 일만 하다 죽었다는 이야기가 담긴 것처럼, 노비는 사망이 아니고선 평생 노동의 굴레에서 벗어날 수 없다는 사실을 암

시하기 때문입니다.

　가족이란 굴레에 묶여 있지만, 가족처럼 대할 수 없는 존재가 있습니다. 정실부인과 측실 부인 사이의 관계가 그렇죠. 그런데 아래 편지에 드러난 측실(側室) 부인의 죽음을 대하는 정실부인의 태도는 매우 이색적입니다.

　여보, 초상은 잘 치렀어요?
　죽은 사람이 저번에 제게 이젠 다시 볼 일이 없을 것 같다고
　말했었는데, 결국엔 가버려 당신이 마음 아플 일 생각하니 안타깝
　네. 갑자기 사별을 맞은 당신이 잘 겪어내야 할 텐데 걱정이야.
　내가 10년 동안 당신 챙겼는데,
　객지 나간 뒤로는 계속 고생할 일만 생기네.

　죽은 사람 신세도 너무 불쌍해. 며느리는 보지도 못하고,
　자기 아들도 7개월 동안이나 못 보다가 결국 임종도 못 지키게
　되었으니, 아들 봉준이가 여기서 애통해하는 모습을 보기가
　참 가슴 아프네. 우리 집 떠날 때만 해도 좋은 모습으로 떠났는데,
　그게 마지막이었으니 정말 원통하고 안타까워.

　당신 사는 곳이랑 거리라도 좀 가까우면 나을 텐데, 너무 멀어서
　내가 어떻게 도와줄 수가 없으니 답답해. 상여 멜 사람도 있어야지?
　지금은 아무도 없는데 동솔이랑 쾌돌이 들어오는 대로 보낼게요.

● **안동 김씨가 아들 송상기에게 보낸 한글 편지**

사진을 보시면 편지가 책으로 엮어져 있음을 알 수 있죠? 송규렴의 자손들은 부모의 편지를 모아 이렇게 책으로 엮어두었습니다. 덕분에 흩어지지 않고 잘 보존될 수 있었죠. 이는 존경과 공경, 그리고 사모의 표현이지만, 한편으론 부모는 가슴이 덜컥 내려앉을지도 모를 일입니다. 우리 시대에서 한 개인이 세상을 떠난 후, 후손이 그의 하드디스크 기록을 몽땅 정리한다고 생각해볼까요? 후손이 저의 메일, 인터넷 접속 기록, 커뮤니티 댓글 등을 모두 보게 된다면, 저승에서도 식은땀이 날 것 같네요. 이래서 선비들은 언행과 몸가짐을 조심했어야만 했겠죠?

항상 건강 조심해요.

— 1847년, 여강 이씨가 김진화에게
『의성 김씨 학봉 김성일 종가 한글편지』[한]

　　편지 이전의 상황은 이렇습니다. 김진화의 정실부인 여강 이씨는
남편과 떨어져 안동 본가에서 홀로 지냅니다. 이때 김진화의 서자이자
측실의 아들인 봉준이는 아빠의 명령으로 안동에 내려와 있었죠. 그런
데 하필이면 물난리가 나는 바람에 봉준이는 서울에 있는 자신의 친모
가 병으로 고생한다는 소식을 들어도 집을 떠날 수 없었습니다. 봉준이
는 며칠 동안 발만 동동 굴리고, 여강 이씨는 그런 봉준이에게 별일 없
을 거라며, 너희 엄마는 괜찮을 거라며 위로하며 약과 물품을 서울로 보
냅니다. 하지만 결국, 측실 부인의 부고를 듣게 되죠. 위의 편지는 측실
부인의 초상을 치른 후 작성된 편지입니다.

　　편지 전반에 걸쳐 가장 강하게 드러나는 감정은 남편이 겪을 고
충에 대한 걱정입니다. 여강 이씨는 남편에게 있어 자신만큼이나 측실
부인도 사랑스러운 존재라는 것을 이해하고 있었습니다. 어느 시대에나
받아들이기 힘든 상황이지만, 한 남자가 여러 집 살림을 꾸미는 것이 보
편적인 현상이었으므로 상황에 맞게 받아들였던 것 같네요. 어쨌든 시
간은 흘러 두 여성 모두 장성한 자식이 있는 나이가 되었고, 물자도 살
림도 공유하며 교류하는 사이가 됩니다. 측실 부인의 죽음에 슬픔을 느
끼기 충분한 사이가 된 것이죠. 하지만 그 관계는 오직 남편에 의해 구

축된 것이었습니다. 따라서 두 번째 처를 잃고 비통해할 남편에 대한 걱정이 먼저 드는 것이 이해됩니다. 죽음을 다룬 다른 편지에서 드러나는 무력감의 원인은 죽음 앞에서 아무것도 할 수 없었기 때문이라면, 여강 이씨의 편지에서 드러나는 무력감은 고생할 남편을 위해 할 수 있는 것이 없음에 기인합니다. 명백히 죽은 자보다 산 자에 초점이 맞춰져 있죠.

게다가 측실 부인의 생애에 대한 코멘트도 없습니다. 안타깝고 애통함을 느끼면서도 고생스러웠을 삶이 아닌, 죽음 직전의 순간에 주목합니다. 가족이면서도 절대로 가족일 수 없었던 탓일까요. 타인에 대한 감정을 좋음과 미움으로 완벽히 구분할 수 없듯, 타인의 죽음을 마주하는 온도 또한 따뜻함과 차가움으로 완벽하게 구분할 수 없습니다. 묘한 이질감이 남아 있는 편지입니다.

며느리, 노비, 측실 부인의 죽음을 기록한 편지에선 몇 가지 공통점이 발견됩니다. 정도의 차이는 있지만, 이들은 완벽한 남도 아니고 완벽한 가족도 아니었습니다. 따라서 이들의 죽음을 애도하는 감정만큼 이들과 관계된 직계 가족에 대한 염려도 강한 것을 볼 수 있죠. 며느리의 죽음이 가슴 아프면서도 사별을 겪은 아들을 더 걱정하고, 돌림병으로 죽은 말금이가 안타까우면서도 우리 아이들을 걱정하며, 측실 부인의 죽음을 애통해하면서 사별을 겪을 남편을 걱정하는 것은 인간이기에, 사람이기에 당연한 모습입니다. 뉴스에서 대형 사고로 소중한 생명을 잃은 사람을 보면 그들에 대한 안타까움을 느끼면서 내 아이, 내 가족에겐 그런 일이 없기를 기도하게 됩니다. 죽은 자에 대한 애도와 '산 사람은 살아야 한다'는 두 가지 개념이 곧바로 충돌하는 것은 장례식장을 갈 때마다 볼 수 있는 흔한 모습이죠.

270

죽음 앞에선 만인이 평등하기에 산 사람은 무력감을 느끼고, 무력감은 곧 자책감을 낳습니다. 그래서 '평생 고생만 하다가 제대로 즐기지도 못하고 간' 사람을 위해 무언가를 해야만 했습니다. 세밀하면서 복잡한 장례의식과 생존이 위협받는 상황에서도 지켜낸 제사의식은 죽음을 지켜보며 느꼈던 무력감과 자책감을 치유하는 행위였던 것이죠. 시대는 죽은 자를 기억하는 것이 산 자의 도리, 즉 최소한의 인간성을 지키는 기준으로 요구했습니다. 하지만 자신의 기억을 대물림할 수는 없는 법, 곧 떠날 사람들은 자신의 죽음과 동시에 잊힐 사람들의 제사를 걱정하게 됩니다. 이에 대비하는 편지가 있습니다. 1671년, 송시열이 손자며느리에게 자신이 모시는 형의 제사를 부탁하는 편지를 읽어보겠습니다.

【 장손 은석의 처에게 】

우리 형님 내외분의 신주는 종갓집 형편이 말이 아니라
우리 어머님이 각별히 내게 맡겼단다. 하지만 이제 내게 남은
세월이 얼마 없구나. 이분들의 제사를 사실 너의 시아버지에게
맡기려 했지만, 너의 시아버지가 홀아비로 지내고 있으니
그럴 수는 없는 일이지.
그래서 마지못하게 너희에게 부탁한다.
형님 내외분의 제사를 너희 대까지만 지내주렴.
그리고 내가 죽은 뒤엔 부디 한 칸 사당을 짓고 형님과 같이 모셔주렴.

너희 대 이후에는 형님의 신주를 묘 곁에 묻고

한 해에 한 번씩만 묘제를 지낼 수 있게 후손들에게 꼭 전해주렴.

너희들이 내게 효도하는 모습을 보니 내 마음을 절대

잊지 않을 것 같아 이렇게 부탁한다.

이 제사를 위해 노비와 전지를 따로 정해놓겠으니,

절대로 팔지 말고 대대로 맏이가 맡아 책임지게 하고,

노비들의 후손이 끊기면 그때는 제사도 그만둬도 좋아.

이 문서를 장손 은석이에게도 줬으나,

너도 알고 있어야 할 것 같아 따로 또 적는다.

〈봉제사를 위한 노비〉

대현이, 칠례, 덕례, 귀인이, 슈남이, 칠향이, 노랑이, 뎨월이, 동

매, 두순이, 도망한 두 노비, 이들의 후손들

〈봉제사를 위한 토지〉

청주 남면 논 아홉 마지기

문의 북면 논 스물네 마지기

— 1671년, 송시열이 손자며느리에게

『우암 송시열 한글 분재기』 [한]

272

송시열의 형 송시희(宋時熹, 1601~1627)는 평안도로 놀러 갔다가 갑작스럽게 정묘호란이 발발하자 홀로 참전하여 전사합니다. 같은 해 송시희의 부인도 사망하여 이들의 제사는 송시열이 맡게 되었죠. 시간이 흘러 송시열 본인도 서서히 죽음을 걱정해야 하는 나이가 되었고, 이에 손자 부부에게 부탁의 편지를 작성하게 됩니다.

편지에 적힌 사정을 대강 요약하면 이렇습니다. 원래대로라면 송시희의 제사는 송시열의 양아들, 송기태(宋基泰)가 맡아야 했으나 송기태는 홀아비 신세가 되었죠. 이에 송시열은 평소 행동이 착실해 아끼던 손자 송은석(宋殷錫)과 그의 부인 밀양 박씨에게 형의 제사를 맡깁니다. 여기까지만 읽으면 손자 부부에겐 상당히 부담스러운 편지가 됩니다. 나라를 뒤흔든 거물 송시열의 제사만 하더라도 부담 백배일 텐데, 거기에 송시열 형의 제사까지 얹어지면 며느리로선 그저 죽을 맛이겠죠. 고된 노동과 적지 않은 예산이 소요되므로 효심만으로 극복하기엔 무리가 있습니다.

이 점은 송시열도 잘 알고 있었습니다. 그래서 형님의 제사를 위한 노비와 땅을 물려주며 대대손손 이어갈 수 있게 조치해놓습니다. 형님의 제사를 얼마나 신경 썼는지, 도망간 두 노비의 존재까지 문서에 남겨놓았고, 노비의 후손들 역시도 제사에서 자유로울 수 없게끔 문서화합니다. 여기에 총 33마지기의 논도 따로 떼어줍니다. 송시열이 떼어준 노비와 땅은 제사만을 위한 재산이 아니었습니다. 장손 은석 부부에게는 살림에 보탬이 될 큰 자산이었죠. 즉, 송시열은 손자 부부에게 형의 제사와 유산을 맞바꾸는 일종의 거래를 한 셈이었습니다. 박경리의 소설『토지』에서도 간난 할멈이 두만네에게 땅을 떼어주며 훗날의 제사를

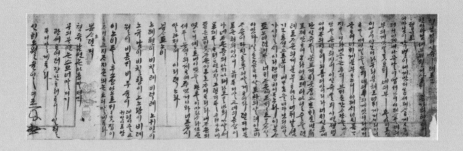

● 송시열의 분재 편지

과연 당대의 거유(巨儒)입니다. 한글편지임에도 글씨가 또렷하여 읽기에 매우 편안합니다. 또한, 여백에 몰아 쓰는 것 없이 줄 간격도 일정합니다. 송시열은 종이가 모자라면 붙여 쓰면 될 만큼의 여유가 있는 인물이었죠. 힘 있는 굵은 글씨가 평생을 파란만장하게 살다간 그의 성품을 나타내는 듯합니다. 송시열이 한글로 편지를 쓴 이유는 하나입니다. 손자뿐 아니라, 손자며느리도 읽을 수 있게 하기 위함이었습니다.

부탁한 것처럼, 이는 조선 사회에서 흔한 일이었습니다. 『토지』에서 두 만네가 땅을 받고 기뻐했던 것처럼, 손자며느리인 밀양 박씨의 부담스러웠던 감정은 적지 않은 기쁨으로 바뀌었을 것 같네요. 하지만 안타깝게도 그녀는 송시열보다 8년이나 먼저 사망합니다.

자손이 없는 사람들이 죽기 전 가까운 사람의 자식을 양자로 들인 후, 재산을 물려주며 제사를 부탁하는 일은 수십 년 전까지도 있던 풍습입니다. 평생 벌어 모은 재산과 죽은 뒤의 제사를 맞바꿀 만큼 조선 사람들에게는 제사의 의미가 막중했습니다. 그러니 제사에 참석하지 못하는 시집간 딸의 마음은 오죽했을까요. 무력감과 죄책감을 씻을 수 있는 최소한의 기회마저 박탈당했다며 신세 한탄을 하기에 충분했겠지요.

> 엄마. 아버지 담제 지내는 날도 왜 안 알려줬어,
> 우리 종들도 미련해서 물어보지도 않고 그냥 왔는데 갑자기
> "8일에 한다"고 하시면 어떡해.
> 바회를 수산시장에 보냈는데,
> 요즘 날이 너무 추워서 아무것도 없다고 하더라고.
> 아무런 제수를 못 보내니 마음이 서럽네. 보낼 만한 것은 없지만,
> 쌀 서 말, 제주 한 병, 생광어 두 마리, 생 꿩 한 마리라도 보낼게.
> 나는 도대체 전생에 무슨 죄를 지었기에 제사도 함께 못 보는 걸까.
> 내 맘대로 제사도 못 지내는 한은 죽어도 못 잊을 것 같아.
> 그저 바라는 것이라곤, 엄마가 아무쪼록 제사를 무사히 잘 지내고

어린 동생들 잘 보살피면서 몸 건강하게 지냈으면 좋겠어.

— 곽주와 하씨의 딸이 어머니에게
『현풍곽씨언간』 [한]

가족을 끔찍이 아낀 곽주도 죽음을 피할 수 없었습니다. 곽주가 죽고 3년의 세월이 흐른 후, 곽주의 딸은 제사 날짜가 결정됐다는 엄마의 편지를 받습니다. 시집간 딸이 친정을 찾는 것은 적지 않은 시일이 소요되는 부담스러운 일이었죠. 따라서 일찍부터 계획을 잡고 허락을 구하지 않으면 힘들었습니다. 담제일(禫祭日)[20]을 갑작스럽게 통보받은 딸은 결국 참석을 포기하고 아쉬운 대로 제수라도 보내려 했으나, 생선 가게에도 물건이 없어 남은 것만 추려 보냅니다.

앞 장에서 살펴본 딸의 모습은 억척스럽게 생활을 꾸려가며 자기 주장과 요구가 분명한 캐릭터였죠. 자식을 너무나도 사랑했던 아빠의 죽음 이후 딸에게 찾아든 상실감은 3년이란 세월로도 줄어들지 않았을 것입니다. '전생에 무슨 죄를 지었기에'라는 표현과 '제사를 못 지내는 한은 죽어서도 잊지 못할 것 같다'라는 표현에서 상실감이 억울함과 갑 갑함으로 치환하는 것을 볼 수 있습니다. 조선 사람이 어떤 마음가짐으

20

초상(初喪)으로부터 27개월 만에, 곧 대상(大祥)을 치른 그 다음 다음 달 하순(下旬)의 정일(丁日)이나 해일(亥日)에 지내는 제사(祭祀)를 담제라고 합니다.

로 제사에 임했는지 드러나죠. 제사가 단순한 관습이 아니라, 마음이 낳은 행동이라는 것이 느껴집니다.

웃고, 떠들고, 화내고, 싸우며, 울고, 아픈 모든 일상의 기억은 죽음 이후에도 계속됩니다. 그 풍경에서 죽은 사람의 모습만 사라질 뿐이죠. 하지만 소중한 사람의 죽음 이전과 이후의 기억에서 세세한 색채, 빛깔, 소리, 냄새는 달라집니다. 죽은 자와 산 자를 이어주는 것은 결국 기억밖에 없게 되지요. 그래도 세월은 무심히 흐릅니다. 죽은 자도, 죽음의 상처도 서서히 옅어지죠. 하지만 영원히 놓을 수는 없습니다. 심노숭(沈魯崇, 1762~1837)이 죽은 묘지를 오랜만에 방문하여 남긴 시에는 떠나간 사람을 오래도록 기억하는 남은 자의 소회가 담겨 있습니다.

우리 딸내미가 벌써 다 커서 아들을 낳았는데, 그 아들도 관례를
치를 때가 됐어. 딸내미는 우리 집 옛일을 들려주고, 손주는 곁에서
들으며 웃고 즐거워하더라. 슬픈 중에도 기뻐할 만하고,
살아 있는 게 죽는 것보다 낫다는 생각이 들기도 해. 이제 부임지로
떠나면 오래도록 당신 무덤에 못 오겠네. 잘 지내고 있어 줘.

— 심노숭 『고망실묘문(告亡室墓文)』 중

죽음의 무게와 죽음을 기억하는 행위는 시대에 따라 달라집니다. 죽음이 보다 만연했던 조선 시대와 지금의 모습 사이엔 꽤 큰 차이가 있

어요. 그렇지만 무력감도 죄책감도, "살아 있을 때 잘하자"란 다짐도, 남은 가족에 대한 염려도 시대의 차이 없이 여전합니다.

죽음에 관한 이야기는 대부분 어차피 뻔한 결론으로 귀결됩니다. 우리가 죽음에 앞서 할 수 있는 것은, 오래도록 기억하기 위해 서로의 얼굴을 자주 찾아봐야 한다는 것이죠. 또한, 함께했던 일상이 고통스러웠던 의무가 아닌, 아름다운 추억으로 남을 수 있게 진심으로 서로를 대하는 삶의 자세가 필요하다는 뻔한 교훈도 있을 것입니다. 이렇게 뻔한 얘기밖에 할 수 없는 것은 우리가 죽음에 대해 아는 게 아무것도 없기 때문일 겁니다.

그래도 희미한 확신 하나는 가지고 있습니다. 아직 죽어보지 않아서 모르겠지만, 좋은 기억만을 남기고 떠날 수 있다면 꽤 '즐거운 죽음'이 될 수 있을 거라는 생각입니다. 그렇게 인생이라는 드라마에서 멋지게 퇴장하는 희망을 품어보며 장을 마무리합니다.

오늘도
평화로운
우리 집구석

세월이 흐른 텍스트에서 나타나는 일반적인 가족상은 우애 있고, 화목하고, 안타깝고, 배려하는 모습입니다. 이러한 텍스트에서 소중함의 의미를 깨닫는 것은 어렵지 않으나, 어딘지 모르게 위화감이 들죠. 우리네 일상은 아버지, 어머니, 형제, 자매들과 시도 때도 없이 투덕거리는 에피소드로 가득 채워져 있으니까요. 커뮤니티에 '현실 남매' '현실 형제'라는 제목으로 올라오는 카톡 짤방처럼, 가족 사이에서 벌어지는 일은 애정보다 짜증이 넘치는 에피소드가 더 자연스럽게 느껴집니다.

인간 사회를 조망해봐도 그렇습니다. 사람 사는 세상이 온 누리에 휴머니티가 가득 찬 평화의 세계라면 이상적이겠지만, 안타깝게도 현실은 욕망과 갈등이 충돌하는 일들로 빼곡합니다. 그렇다고 너무 비관적으로 볼 필요는 없어요. 원래 자극적인 소재야말로 기록에 잘 남고, 무사 안일한 소재는 떠난 자들의 기억 속에서만 남게 되는 경우가 많으니까요. 콩가루처럼 보이는 집구석이라도 잘 들여다보면 웃는 날도 행복한 날도 분명히 있습니다.

이번 장에선 조선 시대 가정 내에서 벌어지는 온갖 사건 사고들을 소개해보겠습니다. 첫 번째 편지는 옥에 갇힌 아주버님[21]의 소식을 남편에게 전하는 편지입니다. 이 집구석에선 어떤 일이 벌어지는지 차근차근 따라가 보죠.

21

아주버님은 일반적으로 남편의 형에게 붙이는 호칭입니다. 그러나 여기서는 경북 북부 방언을 사용한 여강 이씨의 표현 그대로 남편의 동생인 김진형(金鎭衡, 1801~1865)을 지칭합니다.

여보, 글쎄 무슨 일이 있었는지 알아? 우리 아들이 과거 보러
떠나던 날부터 날씨가 영 심상치 않아서 아들 걱정만 하고 있었는데,
16일에 아닌 밤중에 홍두깨같이 암행어사가 읍내에 출두했어.
다음 날엔 어사가 아주버님을 잡기 위해 왔다고 하기에
가족 모두가 깜짝 놀랐지. 그 얘기를 듣자마자 바로 당신 커리어에도
문제가 있을 생각도 들고, 아주버님댁 식구들이나 조카의 명예가
먹칠 될 것도 안타깝고. 우리 아들은 현장에 없어서 다행이지만,
이 일이 어떻게 끝날지 생각하니 나도 차라리 안 보는 게 나을 뻔했어.

사람들이 아주버님 잡겠다고 산으로 뛰쳐 드는데,
아주버님은 그 사람들이 아직 도착하지 못한 사이에 집에 볼일이
있어 잠깐 들어오셨다가 꼼짝없이 갇힌 신세가 되셨지 뭐야.
사람들은 나와서 죄를 받으라고 고래고래 소리를 지르지,
아주버님은 방 안에서 수모를 당하고 있지, 결국 아주버님은
"도망치다 잡히면 더 망신이니, 차라리 그냥 내 발로 감옥 가겠다"
고 하시면서 나가셨어.

어사는 예천에 일이 생겨서 예천으로 갔지만,
망신도 이런 망신이 어디 있겠어.

— 1850년 2월 20일, 여강 이씨(1792-1862)가 김진화(金鎭華,
1793-1850)에게
『의성 김씨 학봉 김성일 종가 한글편지』[한]

284

19세기 중반, 암행어사에게 딱 걸린 아주버님은 망신을 당합니다. "암행어사 출두야"를 외치는 장정들로 인해 고을은 뒤집혔죠. 여강 이씨가 일컫는 아주버님은 김진화의 셋째 동생 김진형(金鎭衡, 1801~1865)으로 보이는데, 아직 과거도 붙지 못한 처지에 왜 죄를 받게 되었는지는 알 수 없습니다. 어쨌든 김진형이 외출했다가 집에 온 사이에 장정들은 집을 포위하였고, "죄인은 오라를 받으라"고 하면서 대문 앞에서 호통을 치고 있었을 것입니다. 동네 사람들은 마구 몰려나와 미어캣처럼 서서 구경하고, 집 안에 있던 식구들과 노비들은 전전긍긍하며 김진형이 머무는 방만 쳐다보고 있었을 광경이 그려집니다. 결국, 김진형은 "망신당하느니 차라리 내 발로 감옥 가겠다"라며 선선히 문밖으로 나오게 됩니다.

이 광경을 지켜보던 여강 이씨는 그 순간 아주버님에 대한 걱정보다 남편과 자신의 아들을 향한 걱정을 더 무겁게 합니다. 동생의 옥사로 인해 남편의 커리어에 금이 가지는 않을까 하는 걱정과 아들이 이런 광경을 보고 치욕감을 느끼지 않아서 다행이라는 생각이 먼저 든 것이죠. 지극히 인간적이면서, 조금 심한 게 아닌가란 생각도 동시에 듭니다.

당신 승진 축하 자리를 집안 식구들이 아무도 못 봐서
너무 안타깝네. 그나저나 어사 왔다는 소식 들으면
아이가 과거도 내팽개치고 내려올까 봐 걱정이야.
어사는 그저께나 돼서야 예천에서 넘어와 심문을 시작했어.
그런데 양반은 맨 마지막에 심문한다면서 칼 차고 옥에 갇힌

신세가 되셨네. 그게 무슨 신세야 정말. 조상과 부모와 동생에게
무슨 민폐고. 내가 너무 민망해서 안 보고 싶었어.
어제도 심문은커녕 아무런 지시가 없었는데, 그냥 양반 망신
주려고 하나 봐. 옥에 갇히셨으니 여기 들어가는
옥바라지 비용은 또 어떻게 마련해야 해? 너무 골치 아프다.
저번에 아주버님이 과거 급제는 떼놓은 당상처럼 그렇게
유세를 떨더니, 이 일 끝나고 과거 보러 가면 분명 우리 아들이랑 엄
청 어색해질 것 같아. 아무래도 우리 아들은 바로 지금이
과거 급제할 타이밍이야. 나중엔 또 아주버님이 태클 걸 텐데,
이번에 꼭 붙었으면 좋겠어.
아주버님은 오늘 장 열두 대를 맞고 풀려났어. 매나 안 맞기를
바랐는데, 그 굴욕을 당하니 누굴 원망하겠어. 자기 잘못인데.
 그런데 끝끝내 과거 보러 간다고 고집을 피우시네. 여행 경비는 또
어떻게 마련할지. 아무튼, 우리 아들이랑 마주치면 참 곤란한 일이
벌어질 텐데, 당신이 아들한테 어떻게 하면 좋을지 편지로 알려줘.

— 1850년 2월 26일, 여강 이씨가 남편 김진화에게
『의성 김씨 학봉 김성일 종가 한글편지』[한]

    아무리 양반의 권위가 수직 낙하하고 있는 시대라지만, 여전히
명망과 영향력을 가진 가문의 인물에게 가장 잔인한 형벌은 수치를 주
는 것이겠죠. 어사는 양반은 마지막에 심문한다는 명분으로 심문을 차

일피일 미뤘고, 김진형은 머리를 풀어헤치고 칼을 찬 모습으로 며칠 동안 구속을 당합니다. 이에 대한 여강 이씨의 논평은 "조상과 부모와 동생에게 무슨 민폐야"였네요. 덧붙여 바로 옥바라지 비용을 걱정하기 시작합니다.

여강 이씨가 아주버님에 대해 삐딱한 태도를 보인 것은 옥바라지 비용 외에도 다른 이유가 있었습니다. 아들 차돌이의 과거를 놓고 김진형과 묘한 마찰을 빚고 있었기 때문이죠. 옥살이하는 김진형을 마냥 안타깝게만 볼 수는 없었는지, '합격은 떼놓은 당상이라며 유세를 떨더니'라는 문장에서 일종의 통쾌함도 묻어 나오죠? 동시에 "지금이야말로 차돌이가 과거에 붙을 타이밍"이라며 희망 사항을 적어놓았습니다.

그런 김진형에 향한 여강 이씨의 껄끄러운 감정은 더욱 깊어집니다. '궁디팡팡' 열두 대를 맞고 출소하자마자 바로 과거를 보러 가겠다는 김진형의 선언 때문입니다. 옥바라지 비용을 댄 것으로도 모자라 이젠 과거 비용까지 지급해야 하는 여강 이씨로선 뒷목 잡을 일이죠. 하지만 그녀는 김진형에게 대놓고 항의할 수 없었고, 대신 "그 굴욕을 당하니 누굴 원망하겠어"라는 문장에 미움을 토해냅니다.

김진형을 향한 여강 이씨의 폭격은 이어집니다.

아주버님은 결국 초시를 치르셔서 다행이긴 한데
이번이 좀 마지막이셨으면 좋겠어. 아주버님이 과거 준비를

● **김준근(金俊根, ?~?) 작, <태장치고>(19세기 말)**

　　조선 시대의 옥살이는 그야말로 인간의 극한을 시험하는 공간이었습니다. 편지의 연대와 비슷한 1878년, 제6대 천주교 조선교구장이었던 리델(Félix-Clair Ridel, 1830~1884) 신부는 감옥에서 굶주림에 지쳐 썩은 볏짚 베개를 뜯어서 씹었다는 기록이 있습니다. 즉, 밥을 제대로 안 줬다는 얘기죠. 그래서 죄수의 식사는 거의 옥바라지하는 식구들이 짊어져야 했는데요. 가족이 없으면 꼼짝없이 굶어야 했던 배경입니다. 리델은 1861년(철종 12년)에 랑드르·요안노 등과 함께 조선에 들어와 베르뇌 주교를 비롯한 열한 명의 프랑스 신부들과 함께 전도에 힘썼습니다. 하지만 1866년(고종 3년) 우리나라 최대 규모의 가톨릭 박해 사건인 병인박해가 일어나면서 외국인 신부들과 가톨릭교도들은 난관에 봉착합니다. 리델은 병인박해에서 살아남은 프랑스 선교사 세 명 중 하나였는데요. 1866년 5월 8일 조선에서 탈출하여 7월 6일 청의 주푸항에 도착합니다. 그가 쓴 책 『나의 서울 감옥 생활 1878』은 그 당시 조선의 풍습과 조선 천주교회의 역사를 알 수 있는 중요한 문헌으로 꼽힙니다.

그만하셔야 우리 아이가 마음 놓고 과거나 보지, 해마다 저러시니
진짜 짜증 나. 아니, 돈이 어디서 쏟아져? 진짜 감당하기가 힘들어.
이번엔 "서울 여행 갈 경비 마련하라"라면서 즉시 돈을 올려보내라고
하셨대. 평생 돈만 받아 쓰면서 말이라도 좀 곱게 하지 그게 뭐야.
우리 집도 남들한테 빌려서 제사 지내는 처지인데, 누가 보면
우리 집이 막 돈이 썩어 나고 만날 잔치 벌이면서 사는 줄 알겠어.
어른이 홀라당 가버리셨으니, 이제 집안 혼수 준비는
우리 큰아들이 다 혼자 바가지 쓰게 생겨서 성질나.

— 1850년 2월 26일, 여강 이씨가 남편 김진화에게
『의성 김씨 학봉 김성일 종가 한글편지』[한]

　　과거는 사대부의 존재 이유였지만, 조선 후기로 갈수록 드는 비
용도 막대해졌습니다. 이때부터 경제적으로 그리 넉넉하지 않은 집은
선택과 집중을 하는 양상을 보입니다. 즉, '싹수가 보이는' 자녀에게 투
자하고, 나머지 자녀는 독립을 시키거나 가족 경제에 보탬이 되는 일을
맡긴 것이죠. 문제는 그렇다고 집안의 어른이 과거에 도전하는 것을 막
을 명분은 없었다는 것입니다. 이 시대에서 '소년 급제'는 이미 꿈같은
일이 되었고 중장년의 나이에 과거 급제하는 것이 흔한 모양새가 되었
습니다. 그래서 김진형도 쉬이 포기할 수 없었겠죠. 과거 장수생 김진형
은 포기하지 않는 도전정신으로 집안의 재산을 까먹고 있었고, 이를 뒷
바라지해야 하는 맏며느리이자 경영 부책임자인 여강 이씨의 골머리는

썩을 수밖에 없던 것이죠.

속사정이 누적되자 여강 이씨는 여과 없이 감정을 노출합니다. '아주버니가 빨리 과거를 그만둬야 우리 아들도 제대로 지원해줄 수 있다' '평생 돈만 받아쓰면서 말이라도 곱게 했으면 좋겠다'라는 문장에서 감정은 완전히 폭발하죠. 더욱이 여강 이씨와 김진형의 관계를 생각해 보면, 우리 시대에서 명절 이후 집에 돌아와 도련님의 흉을 보는 아내, 처남의 흉을 보는 남편의 모습까지 보입니다.

게다가 장손인 김진화의 부재로 인해 경영책임을 맡은 김진형마저 떠나면, 집안의 큰일을 떠맡아야 하는 건 여강 이씨의 큰아들이 되는 것이니, 여러모로 짜증 날 만하겠죠?

하지만 김진형에겐 과거를 관둘 마음이 전혀 없었습니다. 어느 날, 김진형은 여강 이씨의 큰아들, 차돌이를 부릅니다.

여보, 내 말 좀 들어봐. 진짜 열 받는 소식이 있어.

지난번에 아주버님이 편지를 보냈는데, 아주버님은 시험을 이미 봤다고 우리 차돌이는 시험 보지 말라고 하시는 거야. 아니, 그게 무슨 개떡 같은 소리야. 가뜩이나 지난번 차돌이 지방 시험도 못 보게 하셔서 열 받는데, 이제 아예 과거를 영영 못 보게 하시려나 봐. 아 진짜, 아주버님 인간적으로 너무하시는 거 아냐?

— 1850년 3월, 여강 이씨가 남편 김진화에게
『의성 김씨 학봉 김성일 종가 한글편지』 [한]

이쯤 되면 이렇게까지 하는 김진형의 심리가 궁금해지지 않나요? 조카의 앞길을 막는 삼촌이라니, 너무 심하죠.

편지에는 자세히 나와 있지 않지만, 김진형의 행보를 두 가지 이유로 추측할 수 있습니다. 첫 번째는 여강 이씨가 강조한 대로 경제적 지원의 한계 때문입니다. 보다 중요한 두 번째 이유는 과거의 지역별 쿼터제[22]에 있습니다. 세도정치의 전성기였던 19세기 중반, 이미 18세기 후반 1500:1의 경쟁률을 찍은 과거제는 세도정치 명문가끼리 돌려먹는 '통과 의례'로 변질되었습니다. 쿼터제가 공정성을 높이는 제도가 아닌, 세도정치의 유지를 지탱하는 명분이 된 것이죠. 안동의 의성 김씨가는 명문가였지만 권력의 중심에서 멀어져 있는 가문이었고, 쿼터제의 영향을 받을 수밖에 없었습니다. 즉, 한 집안에서 급제 가능한 사람이 여럿이 나올 경우, 유력한 경쟁자는 다름 아닌 가족이 되었던 것입니다. 이미 시험을 치른 김진형은 이번 결과에 어느 정도 자신이 있었고, 그래서

22

이러한 지역 할당제는 『경국대전(經國大典)』에 법제화되었을 정도로 조선 초기부터 적용되었습니다. 문과 초시 합격자 240명 중 서울과 성균관을 제외한 지역의 할당량은 150명인데, 이 중 경상도 30명, 충청도와 전라도 각 25명, 경기도 20명, 강원도와 평안도 각 15명, 황해도와 함경도 각 10명이었죠. '자식 교육하려면 서울로 가야 한다'라는 말이 괜히 나온 게 아니겠죠?(참고; 이남희, 「과거제도, 그 빛과 그늘」, 오늘의 동양사상(18), 2008, pp.117~136.)

조카들의 시험을 막은 것이 아닐까 싶네요. 어쩌면 일찍이 벼슬살이를 시작한 큰형, 김진화에게서 일종의 보상심리를 가졌을 수도 있죠. 과연 여강 이씨의 분통이 담긴 편지를 읽은 김진화는 어떤 반응을 보였을지 몹시 궁금하지만, 아쉽게도 그에 대한 편지는 없습니다.

한편으로 이 장면은 국가 권력이 마음먹고 시민의 분열을 획책하면, 제도를 이용해 구심력이 가장 강한 가족 집단조차도 갈등의 골짜기로 밀어 넣을 수 있음을 확인하게 해줍니다. 가족 간의 분쟁 또한 시대적, 제도적인 한계에서 야기되는 게 적지 않음을 알 수 있지요.

다행스럽게도 과거를 둘러싼 의령 김씨 가족 내의 갈등은 바로 해결됩니다. 삼촌으로서 못할 소리까지 하던 김진형이 병과에 합격했기 때문이죠. 장수생의 합격은 집안의 큰 경사가 되었고, 여강 이씨는 이제야 아들들에게 전폭적인 지원을 할 수 있어 무척이나 기뻐했을 것입니다.

그러나 같은 해, 남편인 김진화가 사망합니다. 이들 가족에게 1850년은 참 묘한 해였을 것입니다. 미움과 기쁨, 행복과 슬픔이 잽과 스트레이트를 반복하며 치고 들어오는 모양새에 비극과 희극이 경계를 뛰어넘죠. 이후, 아들 차돌이(김흥락)는 독립운동을 하다 일본군에게 무릎을 꿇리는 굴욕을 당하고, 차돌이의 손자 김용환은 모든 자산을 팔아 독립운동 자금을 댑니다. 이처럼 역사서에는 단 몇 줄로 남아 있는 기록이지만 현미경으로 들여다보면 수많은 이야기와 감정이 복잡하게 얽혀 있음을 알 수 있지요. 그래서 '역사는 곧 사람의 이야기'라고 하나 봅니다.

가족 내에서의 갈등이 커리어의 발목을 잡아채는 것은 조선 후기의 일만이 아니었습니다. 사대부의 롤모델인 퇴계 선생부터 결론적으로 수신제가(修身齊家)에 일정 부분 실패했다고 볼 수 있거든요. 아들에게 토로하는 사연을 읽어보시죠.

지금 충격적인 의령 집의 소식을 들었다.
저 처남이라고 있는 양아치 놈들이 저지른 패륜 짓거리에 열 받아
죽겠는데, 그들을 싹 잡아 족치지도 못할 노릇이니 아빠는 아주
속이 터지는구나. 집안의 명성을 땅바닥까지 떨어뜨리고,
어머니의 마음에 상처를 낸 것은 금수나 저지를 법한 일인데,
이리저리 골몰해도 잘 처리할 답이 안 보이네. 어떡하냐, 어떡해.

또 예전에 내가 처남 놈에게 편지를 쓰며,
"장모님 살아계실 때 집안 어른분들이 모여 양자는 제사를 모실 수
없다고 합의해놓으면 나중에 문제가 없겠지"라고 한 것을 빌미로
"양자의 가족들에게 논밭과 노비를 줄 수 없는 이유는 바로 퇴계
선생님이 그렇게 하지 말라고 지시하셨기 때문"이라니,
이 어처구니없는 일을 어떻게 처리할 수 있겠니.
게다가 저놈들은 나의 편지를 꽁꽁 감춰놓았을 테니
그 집을 뒤져 증거를 찾아낼 수도 없는 일이지. 아이고, 이거 완전
아빠가 독박 쓸 각이라 어떻게 해야 할지 갑갑하구나.

— 퇴계 이황(1501-1570)이 아들 이준(1523-1583)에게 보낸 편지
『퇴계서집성』[漢]

사건을 간단히 정리해보면 이렇습니다. 이황과 일찍 사별한 허씨 부인(1501~1527) 집안은 양자를 들였는데, 양자와 처남 간에 생길 유산 문제를 막기 위해 이황은 '양자는 제사를 모실 수 없다'라는 합의를 권유합니다. 그런데 허씨 부인의 모친이 사망하자, 처남 형제는 양자와 그 가족들에게 조금의 재산도 주지 않았고, 그 근거로 이황의 권유를 내세우게 되죠. 아마도 처남들은 양자에게 재산을 물려주려던 어머니의 말씀을 무시한 것 같습니다. 이들은 퇴계와 주고받은 편지 가운데에서 자신들에게 유리한 편지만 공개했고, 불리한 편지는 모두 숨겨 퇴계만 욕먹는 상황을 만들었습니다. 이 화려한 언론플레이는 '윤리 선생님이 그릇된 윤리를 가르쳤다'라는 세간의 비평을 불러일으켰고, 이황은 큰 상처를 입습니다.

누군가의 죽음은 때론 패륜적 상황의 발생을 불러옵니다. 비록 양자지만 어머니를 깍듯하게 모셨고 또 처남과 때론 술잔을 기울이기도 했을 텐데, 유산 독식을 위해 여론 조작까지 시도하는 처남들의 모습이 그리 낯설지 않습니다. 요즘도 유산 독식을 위해 사문서 위조나 가짜 도장 사용도 빈번히 일어나지 않던가요. 물론, 이 사건은 '어른들의 사정'으로 인해 조용히 처리된 것 같습니다. 이황 본인은 권력에서 멀리 있었으나 이황의 주변인은 모두 권력의 노른자위를 점하고 있던 상황이었으니 처남 형제의 여론 조작이 통할 리가 없었지요. 하지만 작게는 가족사랑, 크게는 인류애를 가졌던 이황에게 처남 일가가 일으킨 소동은 큰 상처로 남게 됩니다. 집구석에서 일어나는 사건 사고는 '퇴계 선생님'조차도 막지 못한 것이죠.

가족 갈등은 어떤 사이에서도 일어날 수 있습니다. 특히, 일촌 간에서 벌어지는 갈등은 회피나 거리 두기가 어렵다는 점에서 '밀접한 괴로움'으로 번집니다. 이혼이라는 선택지가 극히 드물었던 나라 조선에서 아내와의 별거를 결정한 곽주의 편지에선 그 '밀접한 괴로움'이 묻어나옵니다. 신선한 상황과 낯익은 뉘앙스가 공존하는 아래의 편지를 읽어보시죠.

당신이 편지에 적은 이야기는 자세히 읽었어.

이창이가 서러워한다고 해도 어떻게 둘 다 집에서 나가게 할 수 있겠어. 이창이가 당신을 너무 서럽게만 하지 않는다면 아무튼 삼 년은 같이 한집에서 살고, 삼 년 후엔 다 따로 살자고.

친부모와 친자식 사이에도 불편한 일이 가끔 생기는데, 의붓어머니와 한집에 살면서 좋은 일만 생길 수는 없겠지.

당신이 삼 년만 꾹 참아줘요.

이창이가 또 당신을 서운하게 하면 다시 편지 쓰고.

그런데 도나루터 삼촌의 편지엔 당신이 이창이를 구박한다고 되어 있던데. 우리 집 사정을 남한테서 들으니 슬퍼졌지만, 당신이 한 말도 옳으니 나도 사정을 대략 짐작해.

모두 다 내 탓이니까, 당신은 억울한 마음 풀고 가슴 태우지 마요.

그런 일은 생각하지 말고 당신 건강만 신경 써.

당신이랑 나랑 그저 오래 함께 살면 다 될 일이야.

— 곽주가 아내 하씨에게

『현풍곽씨언간』[한]

　　사연은 이렇습니다. 곽주는 일찍이 전처 사이에서 첫째 아들 곽이창을 얻습니다. 곽주가 하씨 부인과 편지를 주고받은 시점에서 곽이창은 이미 장성해 있었죠. 곽주의 재혼으로 이들은 한집에 모여 살게 되었고, 곽주가 자리를 비울 때마다 곽이창과 하씨 부인 사이에서 갈등이 벌어집니다. 둘 사이의 트러블은 담장을 넘어 친척 집에 전해질 정도로 심각해졌고, 곽주는 아내와 아들을 중재하기 위해 편지를 보냅니다.

　　곽주의 표현대로 친부모 친자식 사이에서도 갈등이 벌어지는데, 의붓어머니와 아들 사이의 갈등은 어쩌면 쉽게 예측 가능한 것이죠. 질투하는 아내는 칠거지악(七去之惡)이라 하여 합법적으로 쫓아낼 수 있는 법적 근거까지 만든 것은 반대로 질투로 발생하는 가족 내 문제가 적지 않았음을 방증하기도 합니다.

　　곽주는 멀리 떨어져 있는 상황에서도 이야기만 듣고 어떤 상황인지 바로 짐작한 것 같네요. 아내의 서러움을 짚어주면서도 3년만 참으라며 다독이는 한편, '아내가 이창이를 박대한다'라는 소문을 언급하며 은근한 주의도 주고 있습니다. 물론, "내가 죽일 놈이지 뭐" 식의 보험용 멘트도 함께 말이죠. 마지막은 '당신과 내가 함께 오래 살면 다 될 일'이라며 로맨틱한 문장으로 끝을 맺었습니다. 중재자로서, 남편으로서, 아빠로서 꽤 세련된 대응이라 할 수 있죠?

하지만, 곽주의 노력에도 불구하고 둘의 갈등은 해소되지 않습니다. 오히려 상황은 더 악화하였고 결국, 곽주는 아내와 별거를 결정합니다.

> 요즘 진짜 집안이 하루도 조용한 날이 없네. 하루이틀도 아니고
> 당신 성질을 나도 못 버티겠어. 당신이 "더 이상 같이 못 살겠다"라고
> 말하면 그 즉시 각자 집 짓고 살자. 같이 살아도 따로 사는 것만
> 못하면 굳이 한집에서 부대끼며 살 필요 없지. 너무 멀리 살면
> 아이들도 자주 못 볼 테니, 가까운 곳에 집 지어줄게. 당신이 결정해.
>
> ― 곽주가 아내 하씨에게
> 『현풍곽씨언간』[한]

곽이창과 하씨 부인 간의 갈등은 곽주와 하씨 사이의 갈등으로 번지게 됩니다. 부부 싸움은 칼로 물 베기라지만, 하루가 멀다고 싸우다 보면 있는 정도 뚝뚝 떨어지죠. 하지만 곽주에게 아내와의 이혼은 고려 대상이 아니었습니다. 여전히 아내를 사랑했고, 무엇보다 하씨와 낳은 많은 자식을 사랑했습니다. 결국, '같이 살아도 따로 사는 것만 못하면 굳이 같이 살 필요 없다'라면서도 멀지 않은 곳에 집을 지어주겠다며 나름의 중재안을 냅니다.

별거는 누구보다 하씨 부인이 바랐던 것 같습니다. 곽주가 하씨 부인에게 보낸 모든 편지는 하씨 부인이 평생 잘 보관하다가 무덤에 함

게 묻힌 것입니다. 하씨 부인은 하인이나 곽이창과 갈등을 빚었듯 대인 관계를 매끄럽게 이끌지 못할 성격을 지녔으나, 누구보다 남편만은 믿고 따르며 사랑했습니다. 결국, 둘 사이의 사랑은 어쩌면 별거라는 느슨한 형태를 서로 받아들였기에 공고해질 수 있었던 게 아닐까요. 가족이란 굴레 내에서 갈등을 해소하는 최고의 방법은 어떠한 물리적 작용이나 규제가 아닌, 이해 당사자 간의 진정한 합의라는 것을 새삼 깨닫습니다. 사실 별거라는 형태는 지금 시대에도 동네 사람들의 입방아에 오르기 딱 좋지만, 남들이 흉을 보든 어쨌든 둘만 만족하고 사랑하면 그만 아닌가요.

지금부터는 조금 다른 성격의 트러블에 대한 이야기를 하겠습니다. 양반과 노비는 결코 가족이 될 수 없는 심리적, 계급적 차이가 있었죠. 하지만 공간적인 거리감은 가족만큼, 혹은 가족보다 가까워지기도 했습니다. 그래서일까요. 이 두 계급 간의 갈등은 분명히 권력의 차이가 막대하다는 것으로는 설명할 수 없는 묘한 장면을 연출했습니다. 여강 이씨-김진화 부부의 하인이었던 춘근 씨, 부전 씨의 스토리로 시작해봅니다.

춘근이와 부전이가 저지른 짓이 어처구니없고 괘씸해 죽겠어. 상전이 병으로 고생하는 가운데 어떻게 그런 짓을 하고 다녀?

춘근이는 아직도 갇혀 있어? 날이 추우니까 인제 그만 풀어주는 게

어때. 그 정도면 지가 잘못한 걸 알겠지. 아내인 부전이도 처지가
불쌍하잖아. 상전도 없고 서방도 없어 신발 하나 사지 못하고
있으니 불쌍해. 그 아이들이 근본이 안 될 놈들이면 도망칠 것이고,
그래도 도리를 아는 놈들이면 남아 있을 텐데.
어차피 있으나 없으나 한 녀석들이니 풀어주고 알아서 하라 그래.
요망하고 못된 것들이 나쁜 마음만 더 먹으면 어떡해.

— 1847년 6월, 11월, 여강 이씨가 남편 김진화에게
『의성 김씨 학봉 김성일 종가 한글편지』[한]

'상전이 병으로 고생하는' 가운데 '그런 짓'을 저지르고 다녔다며
분노한 여강 이씨는, 시일이 조금 흐르자 춘근 씨의 석방을 권유하는 편
지를 보냅니다. 두 편지의 온도 차가 제법 크죠? 앞의 편지에선 도저히
용서할 수 없는 분노가 느껴진다면, 뒤의 편지에선 불쌍함과 체념이 보
입니다. 중요한 재산인 노비가 도망가더라도 상관없는 듯한 내용에선
이들에게 남은 정이 매우 희박하다는 점도 함께 보이네요. '주인적 마인
드'와 '인간적 마인드'가 선명히 대비되고 있습니다.

한편, 춘근 씨와 부전 씨 콤비에게 당한 피해자의 호소 편지도 남
아 있습니다.

명철이 놈이 제게 이렇게 말했습니다. "춘근이 놈이 부전이를 빼어

다음 달쯤 도망해 올라올 것이라고 합니다. 진짜인지 거짓인지는

알 수 없지만, 아무런 근거 없는 말은 아닌 거 같으니 어르신께서 그

연놈을 죽이지는 못하셔도 다리뼈를 분질러 내쫓아주세요.

그러면 저와 죽은 제 아내의 억울함이 반쯤은 풀릴 것 같습니다.

그 연놈들 때문에 제 아내가 죽고, 저는 몇 달 동안이나 병이 나고

피를 토하기까지 했으니, 원통해 죽겠습니다. 몹쓸 그 두 연놈에게

속은 것을 생각하면 죽어도 잊지 못할 것 같아요."

— 1848년, 경초관(京哨官) 안영록(安永祿)이 김진화에게

『의성 김씨 학봉 김성일 종가 한글편지』 [한]

지방관이면서 두 노비의 주인인 김진화가 받은 호소 편지에는 강
렬한 분노와 원통함이 담겨 있습니다. '두 연놈의 다리몽둥이를 분질러
버려 달라'는 말은 고전적 표현이고, '아내가 두 사람 때문에 죽었다'라
는 말도 진위를 확인할 수 없어요. 그러나 발신인이 춘근-부전 콤비에
게 느끼는 강렬한 분노만큼은 문장마다 짙게 서려 있네요. 이쯤 되면 이
두 사람이 무슨 짓을 저지른 것인지 궁금해지죠? 김진화 본인이 설명하
는 두 사람의 죄를 살펴보겠습니다.

첩이 죽은 후, 나는 병을 얻어 두 눈의 시력이 거의 상실됐었네.

석 달 동안 피를 토하면서 지내다가 안경이 생겨 일을 볼 수 있어서
다행이긴 하네.

춘근이는 그래도 내가 데리고 있다가 차마 벌을 주기 안타까워
그냥 놔뒀더니 그놈이 본가에 가 있다고 하네.

그놈의 죄는 여름 한 철 동안 여기에서 사람들에게 사기 친 게
도대체 몇 가지인 줄 몰랐는데, 이제야 하인들의 입에서 고발이
나오더구먼. 부전이는 도대체 몇 사람의 공무원들과 간통한 것인지
알 수가 없네. 심지어 춘근이는 옥에서 풀려나자마자 60냥을
사기 쳐서 갔다고 하더군.

— 1847년 10월 14일, 김진화가 안영록에게
『의성 김씨 학봉 김성일 종가 한글 편지』[한]

앞서 김진화의 소실 부인인 '서울댁'의 사망에 대한 편지를 살펴
본 바 있습니다. 이로 인해 김진화는 병을 얻었고, 안경을 얻고 나서야
공무에 복귀할 수 있었죠. 그런데 춘근, 부전 부부는 김진화의 와병으로
통제가 없어지자, 동네를 쏘다니면서 남편은 사기를, 부인은 간통을 저
지르는 일을 일삼았나 봅니다. 간통과 사기가 중첩되는 현장으로 대표
적인 곳이 도박장인데요. 이들 부부는 수법을 번갈아 가며 호구를 낚는
'작업'을 쳤던 것 같습니다. 이들의 수완이 얼마나 훌륭했는지, 춘근 씨
는 옥에서 풀려났음에도 또 60냥을 후려치는 솜씨를 보여줍니다.

노비의 처벌권은 양반가가 쥐고 있었습니다. 물론 법적으로 노비의 죽음까지 양반이 결정지을 수는 없었으나, 법보다 무서운 것은 주먹이고, 나랏법보다 무서운 것은 마을법이었습니다. 한편 노비도 사람이므로 인간적인 감정을 가지고 체벌을 자제하는 사람도 있었지만, 오히려 윗사람에게 유약하다고 혼날 수도 있었습니다. 송규렴이 며느리에게 보낸 편지를 볼까요.

> 덩녜 년이 생각이 없어서 제대로 처리하지 못했으니 매를 친 후,
> 다음 달에 다른 사람에게 일을 맡기려 했다. 아이가 노하우를
> 몰라서 나의 명령으로 볼기 서른 대를 매우 친 것인데,
> 네가 도로 보내버리면 어떡하니? 그렇게 처치하면 안 된단다.
> 버릇을 그렇게 들이면 덩녜는 계속 생각 없이 지내게 된다.
>
> ― 17세기 후반, 시아버지 송규렴이 며느리 칠원 윤씨에게
> 『은진 송씨 제월당 송규렴가 한글편지』[한]

'일머리'가 잡히지 않았다는 이유에 비해서도 과하지만, 기본적으로 어린 여성 노비에게 볼기 서른 대는 무거운 체벌이죠. 볼기를 때리는 체벌은 육체적 고통뿐 아니라 정신적 굴욕감까지 뒤따릅니다. 며느리 칠원 윤씨는 이런 점을 안타까워했고, 시아버지가 명령한 체벌을 막아 세웠다가 혼나게 됩니다. 특별히 잘못한 점도 없고 단순히 일머리가

없다는 이유로 볼기 서른 대의 체벌이라면, 조선 시대의 노비들이 매 맞는 일은 일상다반사였다고 볼 수 있겠지요. 특히 '버릇을 그렇게 들이면 안 된다'라는 말에선 문제로 삼은 일 처리보다 어린 여성 노비에게 트라우마를 안겨주어 통제하겠다는 주인의 진짜 목적이 보입니다.

하지만 강한 통제로 유지한 구조는 오래갈 리 없습니다. 통제가 약해졌을 때 억눌린 욕구들이 분출하면서 시스템에는 균열이 생기게 마련이지요. 주인 양반이 노비 개개인에 따라 인간적인 감정을, 혹은 인간 이하의 감정을 가진 것과 상관없이 당시 시스템 자체는 철저한 억압과 통제로 구성되어 있었고, 그래서 노비의 도둑질을 비롯한 온갖 사건 사고 역시 끊이지 않았습니다.

아버님, 요즘 어떻게 지내시는지요?
저는 출산 후에 몸을 회복했습니다만, 딸을 낳아서 부끄러운데
걱정까지 끼쳐드려서 죄송스럽네요.

지난번에 도둑맞은 일 있잖아요?
시상이가 제게 이르길, 범인은 항상 이 안에 있다면서
용의자로 향이를 지목했어요. "도둑놈 주제에 어떻게 얼굴 들고
돌아다니는지 알 수가 없습니다요"라면서요. 그런데, 아니 글쎄, 시
상이의 가족들이 모조리 야반도주 해버렸더라고요.
범인이 향이라면 향이 가족들이 도망가야 하는데,
어째서 시상이의 가족들이 도망쳤을까 의심스러웠는데,

아버님께서 그 얘길 들으시고 "진범은 따로 있다. 시상이다"라고 바로 추리를 하셨죠. 시상이에게 아버님의 말씀을 전하니 그제야 실토하며 죽고 싶다고 하더군요. 정말 명탐정이십니다.

— 1757년, 며느리 여흥 민씨가 시아버지 송요화에게
『은진 송씨 송준길 가문 한글 편지』[한]

이 편지는 한 편의 추리물입니다. 도난 사건의 발생, 타인을 용의자로 몰아가는 진범, 진범의 묘한 태도에 의문을 갖지만 명쾌한 답을 내지 못하는 인물, 주인공에게 명추리를 보여주는 탐정, 그리고 진범의 실토까지. 전개와 구성이 〈명탐정 코난〉에서 자주 보던 모습이죠? 그런데 도난 사건의 발생 시점이 며느리의 출산 직후라는 것 역시 주목할 부분입니다. 한 생명이 생을 다하고 떠나 집안에 슬픔이 가득 찬 상황이나, 새 생명이 생을 시작해 집안에 기쁨이 가득 찬 상황 모두 빨간 맛을 좋아하는 '불순한 노비'에겐 호기였던 것이죠.

더구나 노비가 주인의 뒤통수를 치는 방법은 꼭 실정법을 어겨야만 가능한 것도 아니었습니다. 아주 일상적인 공간에서 일상적인 행위로 상전을 '멕이는' 행위는 오래된 한글 편지에도 남아 있습니다.

아들아, 잘 있니? 나도 무사히 있단다. 염려 말아라.
셋째 아들을 바깥방에서 재우면서 종들에게

"방에 불을 때줘라"라고 말했는데

이놈의 종들이 못돼먹어서 불을 안 때웠으면서 나한테 "때웠다"고

거짓말하더라.

찬 방에서 잔 셋째 아들은 배탈이 나서

계속 화장실에 들락거리게 됐네.

그래서 셋째에게 "아프니까 형들 만나러 가지 말렴"이라 말했는데,

"20일에 출발할게요"라고 했지만, 몸이 좋지 않아서 못 갔어.

어린애가 몸이 안 좋아 파리하게 되었으니 너무 걱정스럽구나.

너라도 편히 있으렴. 그래야 나도 편히 있을 것 같다.

— 1572년 1월 17일, 송강 정철(松江 鄭澈, 1536-1594)의 엄마가 정철
에게 보낸 한글 편지 [한]

　　장성한 아들들은 다 사회생활하고 노모만 혼자 남아 송강 정철의
본가를 지켰습니다. 이러다 보니 노모를 만만하게 본 노비들은 이제 대
놓고 거짓말을 하는 수준까지 나아갔네요. 시시콜콜한 안 좋은 소식은
자식에게 최대한 숨기려는 것이 부모의 마음이건만, 굳이 아들에게 전
했다는 것에서 노모가 노비의 근무 태만과 거짓 보고 행위에 대해 제대
로 대처하기 어려웠다는 것이 얼핏 보입니다.

　　이렇게 사건 사고가 끊이지 않으니, 앞의 장들에서 곽주가 타지
에 나가 있을 때마다 집에 무슨 일이 생길까 봐 항상 걱정한 것이 이해
가 갑니다. 특히, 주인의 신상에 어떠한 변화가 생기고 몇 가지 이유가

중첩되어 거사를 벌이기 좋은 환경이 갖춰졌을 때만 노비의 역습이 시작됩니다. 그래서 양반들은 노비를 놀리지 않고 끝없이 일을 시켰습니다. 소위, '딴생각을 품지 못하게' 하는 검증된 방법이었죠. '딴생각'의 종류도 당연히 천차만별입니다. 양반집 노비들의 각양각색 사정에 골머리를 앓는 편지들을 소개해봅니다.

말씀하신 대로 노비를 더 사면 좋겠지만, 요즘 남편도 벌이가
영 시원치 않고, 저도 작년이나 재작년엔 쌀을 조금씩 모아서
목돈을 마련했는데 요즘엔 한 푼도 못 모으고 있으니,
인건비 줄 생각하면 차라리 안 사 온 것이 다행이죠.

돌룡이에 대한 것은 저도 아버님처럼 안타깝게 생각해요.
하지만 그 녀석한테 밥도 잘 멕이고 급료도 꼬박꼬박 다 줬는데
농사철에 놀고먹는 짓만 하고 있으니, 어쩔 도리가 없었습니다.
"윗사람이 아랫사람에게 야속하게 하는 것은 다 부질없는 짓이다"
라고 하신 말씀은 늘 생각하고 있어요.

쇠돌이를 내친 것도 말이죠. 아이들이 지내고 있는 방에는
바로 앞에 행랑에 사는 종들만 들어오게 했는데,
쇠돌이 놈이 자꾸 들어와 자기에 책임자인 거먹이를 혼냈어요.
그런데 실은 그것 때문이 아니라, 쇠돌이 놈이 물 긷는
다모(관아의 여성노비)와 자꾸 연애질을 해서 쫓아낸 거예요.

— 1757년, 며느리 여흥 민씨가 시아버지 송요화에게
『은진 송씨 송준길 가문 한글 편지』[한]

육임이는 사실 순임이의 육촌도 아니고, 마을에서 더부살이나
하면서 읍내 놀이판에 놀러 다니기만 하던 아이라 양반 집 생활을
못 견디고 떠나려나 봐. 고년의 소행 정말 괘씸하다니까.
며느리가 아파서 순임이 결혼 준비할 동안만
다듬이질이나 바느질 좀 시키려고 데리고 있었더니,
이틀 만에 못 참고 도로 간다는 소문이 날까.

새 옷을 해줄 생각은 없고 그냥 저고리나 하나 만들어서
보낼까 싶어. 아무래도 남자 생각에 그러는 거 같은데,
그냥 남편을 하나 짝지어주면 남으려나?

— 1848년 9월 18일, 여강 이씨가 남편 김진화에게
『의성 김씨 학봉 김성일 종가 한글편지』[한]

'월급도둑' 들롱이, '다모를 사랑한 노비' 쇠돌이, '남자가 그리운'
육임이 등 각양각색의 캐릭터가 보입니다. 양반가가 이들을 아무리 비
즈니스적인 사고로 대해도, 아무리 자신의 재산일 뿐이라 치부하여도,
이들 모두는 개인의 욕망에 충실한 인간이었던 것이죠. 물론 자신의 자

리에서 묵묵히 맡은 바를 수행하는 수많은 노비의 이야기는 잘 드러나지 않습니다. 그들은 지극히 평범한 일상의 범주에 속해 있었고, 편지에 적히는 노비는 비일상의 범주에 속한 소수의 문제적 인물들이었을 테니까요.

어쨌든, 위계화된 질서에서 점차 벗어나 자신의 욕망을 좇는 '근대적 인간'의 모습이 뚜렷해질수록, 양반이 이들을 대하는 자세도 점차 '가족적'으로 변합니다. 여강 이씨가 육임이를 대할 때, 쫓아내면 그만인 새로 온 종에게 남편을 붙여줄 궁리까지 하는 것이 변화의 한 단면이죠. 그렇게까지 한 까닭은, 여강 이씨가 가장 믿었던 노비, 즉 순임 씨의 인연으로 들어온 노비였기 때문입니다. 여강 이씨가 순임 씨에게 보낸 편지를 읽어보면, 노비가 아니라 마치 딸을 대하는 듯한 뉘앙스가 풍깁니다.

순임이 보거라. 오랫동안 소식이 없어서 마음에 걸리더라. 요즘 무사히 있니? 아이를 가졌다는데 출산일은 언제쯤이니? 여기도 뭐 별일 없네. 우리 남편은 서울에서 개고생하다가 이제야 들어오니 다행이고, 아주버님은 드디어 초시에 붙어서 다행이지.
이녹이가 초상 치르느라 지은 빚이 대여섯 냥이지? 이녹이는 자기 집을 팔아서 갚는다 하기에 내가 그러지 말고 솥을 네게 맡겨놓으면 어떠냐고 했는데, 농사를 지어야 한다고 솥은 안 된다더라. 그런데 아무래도 곧 팔아버릴 것 같네. 네 살림이 더 어려워질 것 같아

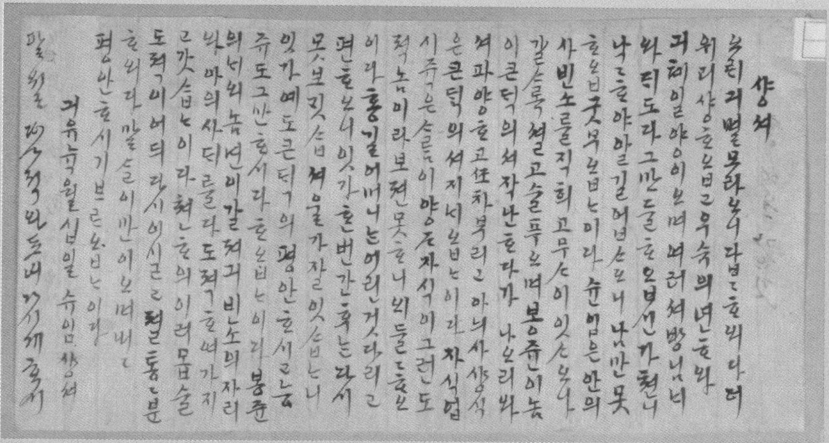

● **노비 순임이 여강 이씨에게 보낸 편지**

단정한 글씨체로 보아 여강 이씨의 넷째 딸이 대필해준 것으로 추측됩니다.

서 걱정이구나. 할 말은 많지만 이만 적을게. 무사히 있으렴.

— 1850년 3월 25일, 여강 이씨가 순임이에게
『의성 김씨 학봉 김성일 종가 한글편지』[한]

순임 씨와 여강 이씨는 서로 편지를 주고받는 사이였습니다. 심지어 순임 씨가 여강 이씨에게 보낸 편지 중엔 딸이 대필한 것으로 보이는 것도 있죠. 그만큼 거리가 확연히 가까웠다고 할 수 있습니다.

노비와 양반이 '가족화'하는 의식이 어느 날 갑자기 생긴 것은 아닐 것입니다. 분명한 것은 노비에게 '인간적인 감정'이 생기기 시작했다는 것이죠. 그래서 노비를 미워하거나 좋아하는 만큼 두려워하는 감정도 드러나게 됩니다. 특히, 노비 판매도 쉽사리 진행할 수 없다는 19세기의 편지에서 양반의 두려움을 읽을 수 있습니다.

대수댁에서 돈 좀 빌려달라고 하더라고.
사정을 들어보니 종들한테 "너희를 팔아 빚을 갚을 수밖에 없으니,
너희가 가라"고 했는데, "아무런 연고도 없는 곳에 팔려갈 수는
없습니다!"라면서 종들이 발악하면서 난리 쳤대.
우리도 없는 살림에 돈을 빌려주긴 하지만, 그 집이 종을 겁내는 건
정말 우스운 일이야.

빚을 갚기 위해 종을 팔겠다는 말에 강력히 저항한 노비들은 그 근거로 '연고 없는 곳에 팔려갈 수는 없다'는 사실을 들이댑니다. 노비에게도 '지킬 것'이 생겼다는 이야기죠. 결국, 노비를 팔지 못한 대수댁은 차선책으로 여강 이씨에게 돈을 빌려달라고 편지를 보냅니다. 양반과 노비의 좁아진 거리가 실감 나시죠? 여강 이씨도 대수댁의 사정을 듣고 웃었지만, 한편으론 납득하면서 돈을 빌려주게 됩니다.

양반과 노비의 한 가족화는 조선 중기까지는 '돌쇠와 마님'처럼 육체적 관계로 한정된 사랑의 모습을 드문드문 보여줍니다. 그런데 19세기를 지나면 소설 『토지』의 길상과 서희처럼 본격적으로 사랑하고 결혼하고 가족을 이루는 모습을 발견하게 되지요. 물론 이러한 변화를 받아들이기 어렵던 고을 내에서는 심각한 갈등과 대립이 벌어지는 일도 종종 있었습니다.

한편, 이미 숙종 대부터 연대를 이룬 노비의 저항이 시작되었습니다. 각종 마피아 조직 중에서도 특히 살주계(殺主契)[23]는 양반을 죽이

23

조선 숙종 대에 존재했던 일종의 조폭 무리입니다. 실학자 이긍익의 『연려실기술』에 따르면 숙종 10년(1684) 이후 민심이 크게 동요하면서 각종 계(契)가 조직되었는데 그중 하나가 '살주계'였다고 합니다. 조직원 모두가 검을 소지하고 있었던 무장조직으로 『연려실기술』에 적힌 바에 의하면 사회 변혁의 의지를 담은 혁명단체라거나 반체제적인 모임은 아니었던 것 같습니다.

거나 강간하기 위해 모인 집단이었습니다. 물론 이들에겐 혁명적인 대안 없이 그저 분풀이와 생계를 위한 목표만 있었죠. 이들의 활동은 조정과 양반에게 큰 심리적 위협이 되었으나, 동서고금을 통틀어 범죄와의 전쟁이 완벽한 성공을 거둔 적은 없죠. 오히려 이들은 생활 속에 자연스레 녹아들면서 19세기엔 시장을 지배하는 한 축이 되기도 합니다.

이번 장에서 소개한 갈등의 편지들은 크게 두 가지 성격으로 분류됩니다. 앞부분은 가족 내에서의 갈등, 뒷부분은 노비들과의 갈등이죠. 전자가 우리 시대에도 익숙한 감정과 말들이라면, 후자는 신분제가 폐지된 지금은 낯설고 사극에서나 볼 수 있는 모습입니다.

굳이 노비와의 관계에 집중한 까닭은, 같은 인간으로 취급받지 못하는 관계임에도 상호 간에 피어나는 인간적인 감정에 시선이 갔기 때문입니다. 인간적인 감정을 최대한 배제하고 철저한 비즈니스 관계로 구성되어야만 효율성을 발휘할 수 있는 구조임에도, 이들은 그러지 못했습니다. 사람의 마음은 참 알다가도 모를 일이죠. 미운 정 고운 정이 없으면 본인들에게 훨씬 이득이 될 텐데요. 그런 부분들이 의아하고 또 흥미로웠습니다.

이렇게 준비한 편지들을 다 소개했습니다. 유익한 내용은 아니었더라도, 독자 여러분의 시간에 재미와 공감을 선사했다면 다행이라고 생각합니다.

저는 이 글을 쓸 때 편의점 점장으로 일하고 있었습니다. 옛 편지 자료는 새벽의 편의점 카운터에서 짬짬이 읽고, 글은 아침 해가 떠오르는 집에서 썼습니다. 이 책에서 소개한 대부분의 옛 편지는 고향의 집에서 집을 떠난 누군가에게 보내진 편지입니다. 그래서일까요. 저는 편지를 쓴 부모의 말이 절절하게 느껴졌습니다. 이를테면, 송규렴의 아내인 여강 이씨는 아들 청나라에 사신으로 떠나게 된 송상기에게, 다음과 같은 편지를 보냅니다.

"밤낮으로 아득히 너를 생각하다 보면, 염려와 근심이 쌓여

그저 하늘만 바라보게 되네. 네 소식이라도 오기를 바라지만,

기약은 없고 벌써 가을이 되었으니 안타까운 심사가 그지없었어.

'추석에 오겠다'는 네 소식을 듣고 너를 기다리고 바라도

너는 오지 않으니 그저 갑갑했었는데, 지금 너의 편지를 읽으니

반갑고, 기특하고, 다행스러워서 눈물이 다 나네.

청나라로 떠나는 일은 덜 고생스럽다곤 하지만,

그래도 몸이 약한 네가 걱정되는 것은 어쩔 수 없었어.

그래도 소식 없던 너를 걱정하던 것에 비하면

지금의 걱정은 걱정도 아닌가 싶네.

우리는 모두 별 탈 없이 여름을 잘 보냈어.

너도 몸조심하여 돌아오기를 바랄게."

― 1700년 8월 17일, 엄마가

고요한 새벽에 이런 편지들을 읽은 뒤, 야간 일을 끝내고 집에 들어설 때 "고생했네~"라는 어머니의 말씀을 들으면, 제가 없는 동안 저희 어머니가 어떤 생각을 하고 계셨을지 편지를 통해 알 수 있었습니다.

우리는 모두 누군가의 자녀이자, 누군가의 부모가 될 수 있는 사람들이기도 합니다. 아내와 남편, 부모의 자식, 연인과 연인, 직장상사와 부하직원 등 우리의 삶에 맺어진 관계 속에는 수많은 감정이 꽃피어 서로를 사랑하고, 때론 미워하며, 때론 애증하고, 또 때론 감사하게 됩니다. 하지만 서로를 향한 감정을 솔직하게 말하지 못하고, 또 있는 그대

로 받아들이지 못해 발생하는 문제가 적지 않습니다. 어머니에게, 또는 사랑했던 사람에게 무신경한 말을 내뱉고 후회한 적이 한두 번이 아닙니다.

그러나 실수가 있어야 반성이 있고, 반성이 있어야 나아짐이 있는 것이겠지요. 후손들이 부모의 편지를 잘 모아 보관해뒀던 까닭은, 자신과 자신의 후손들이 넘을 수 없을 것만 같은 벽에 부딪혔을 때 위로와 용기, 그리고 지혜를 얻었으면 하는 마음 때문이었을 것입니다. 저 또한 그런 마음으로 글을 썼습니다.

시나브로 시간은 도도히 흐릅니다. 우리도 또한 계속 살아가야 합니다. 편지에 나오는 이들은 모두 떠나간 이들입니다. 이들과 우리의 시간 사이의 거리는 적지 않지만, 무슨 일이 있더라도 살아가야 한다는 점에서 모두 같은 위치의 존재입니다.

만약 이 편지들을 읽고 조금이나마 느낀 점이 있으시다면, 그것만으로도 종이 낭비는 아니었을 거라고 생각합니다. 나아가 이 편지들을 읽으면서 느낀 점들이 독자 여러분의 삶에 조금이나마 도움이 된다면, 그것보다 더 바라마지 않는 것이 없습니다.

떠나간 그들이 그러하였듯, 여러분의 삶도 누군가에게 삶에 영향을 주는 하나의 발자취로 남게 되기를 희망합니다.

참고문헌

1. 하라는 공부는 안 하고!

정약용 저, 박석무 편역, 『유배지에서 보낸 편지』, 창비, 2001

퇴계 이황 저, 이장우·전일주 역, 『퇴계 이황 아들에게 편지를 쓰다』, 연암서가, 2011

국립중앙박물관 역사부 편, 『선인들의 편지 모음집 簡札 一』, 국립중앙박물관, 2006

국립중앙박물관 역사부 편, 『선인들의 편지 모음집 簡札 二』, 국립중앙박물관, 2007

한국학중앙연구원 편, 『은진송씨 송규렴 가문 간찰』, 태학사, 2009

한국학중앙연구원 편, 『은진송씨 송준길 가문 간찰』, 태학사, 2009

한국학중앙연구원 편, 『은진송씨 송준길 송규렴 가문 한글 간찰』, 태학사, 2009

백두현 저, 『한글편지로 본 조선시대 선비의 삶』, 역락, 2011

백두현 저, 『현풍곽씨언간 주해』, 태학사, 2003

정창권 저, 『조선의 부부에게 사랑법을 묻다 』, 푸른역사, 2015

한국학중앙연구원 편, 『조선후기 한글 간찰(언간) 역주 연구 3. : 고령박
　　　씨, 신창맹씨, 나주임씨(총암, 창계) 합편』, 태학사, 2005

정옥자 저, 『우리가 정말 알아야 할 우리 선비』, 현암사, 2006

한기범, 「사학(史學) : 우암 송시열에 대한 후대인의 추숭과 평가」, 한국
　　　사상문화학회, 한국사상과 문화 42권0호, 2008, 121-171

강혜선, 「조선후기 윤증(尹拯) 가문의 부의식(父意識)과 아버지 상(像)」,
　　　돈암어문학, 돈암어문학 제32집, 2017.12. 75-105

2. 사랑하니까 하는 소리야.

정창권 저, 『조선의 부부에게 사랑법을 묻다 』, 푸른역사, 2015

정창권 저, 『홀로 벼슬하며 그대를 생각하노라』, 사계절, 2003

한국학중앙연구원 편, 『은진송씨 송준길 가문 간찰』, 태학사, 2009

백두현 저, 『현풍곽씨언간 주해』, 태학사, 2003

백두현 저, 『한글편지로 본 조선시대 선비의 삶』, 역락, 2011

퇴계 이황 저, 이장우 · 전일주 역, 『퇴계 이황 아들에게 편지를 쓰다』, 연
　　　암서가, 2011

한국학중앙연구원 편, 『조선후기 한글 간찰(언간) 역주 연구 3. : 고령박
　　　씨, 신창맹씨, 나주임씨(총암, 창계) 합편』, 태학사, 2005

박지원 저, 박희병 역, 『고추장 작은 편지를 보내니 : 연암 박지원이 가
　　　족과 벗에게 보낸 편지』, 돌베개, 2013

성기옥 저, 『조선후기 지식인의 일상과 문화 』, 이화여자대학교출판문

화원, 2007

오덕훈, 김승균, 강완식 역, 『안동 의성김씨 천전파 종택 간찰』, 한국국
　　학진흥원, 2016

김정경, 「『선세언적』과 『자손보전』에 실린 17-19세기 여성 한글 간찰의
　　특질 고찰」, 한국학중앙연구원, 정신문화연구 2011 겨울호 제34
　　권 제4호, 2011.12, 171-193

3. 우리가 남이가!

한국학중앙연구원 편, 『조선후기 한글 간찰(언간) 역주 연구 3. : 고령박
　　씨, 신창맹씨, 나주임씨(총암, 창계) 합편』, 태학사, 2005

박지원 저, 박희병 역, 『고추장 작은 편지를 보내니 : 연암 박지원이 가
　　족과 벗에게 보낸 편지』, 돌베개, 2013

백두현 저, 『현풍곽씨언간 주해』, 태학사, 2003

한국학중앙연구원 편, 『은진송씨 송규렴 가문 간찰』, 태학사, 2009

한국학중앙연구원 편, 『은진송씨 송준길 가문 간찰』, 태학사, 2009

한국학중앙연구원 편, 『은진송씨 송준길 송규렴 가문 한글 간찰』, 태학
　　사, 2009

한국학중앙연구원 편, 『의성김씨 김성일파 종택 한글 간찰』, 태학사,
　　2009

한국학중앙연구원 편, 『대전 안동권씨 유회당가 한글 간찰 외』, 태학사,
　　2009

오덕훈, 김승균, 오현진 역, 『안동 고성이씨 팔회당 종택 간찰』, 한국국
　　학진흥원, 2017

수원박물관 편,『조선시대 명현 간찰첩』, 수원박물관, 2010

전경목,「한글편지를 통해 본 조선후기 과거제 운용의 한 단면」, 한국학중앙연구원, 정신문화연구 2011 가을호 제34건 제3호, 2011.09, 27-57

이래호,「송규렴가 전적『선찰』소재 언간에 대하여」, 어문연구학회, 어문연구 123호, 2004

김정경,「『선세언적』과『자손보전』에 실린 17-19세기 여성 한글 간찰의 특질 고찰」, 한국학중앙연구원, 정신문화연구 2011 겨울호 제34권 제4호, 2011.12, 171-193

4. 기축이 이놈아 내 돈 내놔라

백두현 저,『현풍곽씨언간 주해』, 태학사, 2003

백두현 저,『한글편지로 본 조선시대 선비의 삶』, 역락, 2011

한국학중앙연구원 편,『은진송씨 송규렴 가문 간찰』, 태학사, 2009

한국학중앙연구원 편,『은진송씨 송준길 송규렴 가문 한글 간찰』, 태학사, 2009

한국학중앙연구원 편,『은진송씨 송준길 가문 간찰』, 태학사, 2009

한국학중앙연구원 편,『의성김씨 김성일파 종택 한글 간찰』, 태학사, 2009

한국학중앙연구원 편,『대전 안동권씨 유회당가 한글 간찰 외』, 태학사, 2009

하영휘,『양반의 사생활』, 푸른역사, 2008

5. 나랏일하기 더럽게 힘드네

국립중앙박물관 역사부 편,『선인들의 편지 모음집 簡札 一』, 국립중앙
　　　박물관, 2006

국립중앙박물관 역사부 편,『선인들의 편지 모음집 簡札 二』, 국립중앙
　　　박물관, 2007

오덕훈, 김승균, 강완식 역,『안동 의성김씨 천전파 종택 간찰』, 한국국
　　　학진흥원, 2016

오덕훈, 김승균, 오현진 역,『안동 고성이씨 팔회당 종택 간찰』, 한국국
　　　학진흥원, 2017

한국학중앙연구원 편,『조선후기 한글 간찰(언간) 역주 연구 3. : 고령박
　　　씨, 신창맹씨, 나주임씨(총암, 창계) 합편』, 태학사, 2005

박지원 저, 박희병 역,『고추장 작은 편지를 보내니 : 연암 박지원이 가
　　　족과 벗에게 보낸 편지』, 돌베개, 2013

정창권 저,『홀로 벼슬하며 그대를 생각하노라』, 사계절, 2003

백두현 저,『한글편지로 본 조선시대 선비의 삶』, 역락, 2011

수원박물관 편,『조선시대 명현 간찰첩』, 수원박물관, 2010

백승호 · 장유승 공역, 임영택 · 진재교 해제,『정조어찰첩』, 성균관대학
　　　교출판부, 2009

안동교 저,『은봉 안방준 종가의 옛 서간집』, 신조사, 2014

6. 우쭈쭈, 내 새끼들

한국학중앙연구원 편,『은진송씨 송규렴 가문 간찰』, 태학사, 2009

한국학중앙연구원 편,『은진송씨 송준길 송규렴 가문 한글 간찰』, 태학

사, 2009

한국학중앙연구원 편, 『의성김씨 김성일파 종택 한글 간찰』, 태학사, 2009

한국학중앙연구원 편, 『조선후기 한글 간찰(언간) 역주 연구 3. : 고령박 씨, 신창맹씨, 나주임씨(총암, 창계) 합편』, 태학사, 2005

백두현 저, 『현풍곽씨언간 주해』, 태학사, 2003

국립청주박물관 편, 『조선 왕실의 한글 편지 숙명신한첩』, 국립청주박 물관, 2011

황문환, 「조선시대 언간 자료의 부부간 호칭과 화계」, 한국학중앙연구 원, 장서각 제17집, 2007.06, 121-139

김정경, 「『선세언적』과 『자손보전』에 실린 17-19세기 여성 한글 간찰의 특질 고찰」, 한국학중앙연구원, 정신문화연구 2011 겨울호 제34 권 제4호, 2011.12, 171-193

7. 사랑한다는 말은 다 거짓이었나요

정창권 저, 『조선의 부부에게 사랑법을 묻다 』, 푸른역사, 2015

한국학중앙연구원 편, 『대전 안동권씨 유회당가 한글 간찰 외』, 태학사, 2009

한국학중앙연구원 편, 『의성김씨 천전파 · 초계정씨 한글 간찰』, 태학 사, 2009

정병설 저, 『나는 기생이다 : 소수록 읽기』, 문학동네, 2007

이기대, 「근대 이전 한글 애정 편지의 양상과 특징」, 고려대학교 한국학 연구소, 한국학연구 제28집, 2011.09, 175-207

8. 죽지 못한 아비는 눈물을 씻고 쓴다

백두현 저, 『현풍곽씨언간 주해』, 태학사, 2003

백두현 저, 『한글편지로 본 조선시대 선비의 삶』, 역락, 2011

정창권 저, 『조선의 부부에게 사랑법을 묻다』, 푸른역사, 2015

한국학중앙연구원 편, 『은진송씨 송규렴 가문 간찰』, 태학사, 2009

한국학중앙연구원 편, 『은진송씨 송준길 송규렴 가문 한글 간찰』, 태학
사, 2009

한국학중앙연구원 편, 『의성김씨 김성일파 종택 한글 간찰』, 태학사,
2009

신정일, 『눈물편지 : 죽음을 통해 풀어낸 더 아름답고 숭고한 사랑』, 판
테온하우스, 2012

9. 오늘도 평화로운 우리 집구석

백두현 저, 『한글편지로 본 조선시대 선비의 삶』, 역락, 2011

한국학중앙연구원 편, 『은진송씨 송규렴 가문 간찰』, 태학사, 2009

한국학중앙연구원 편, 『은진송씨 송준길 가문 간찰』, 태학사, 2009

한국학중앙연구원 편, 『은진송씨 송준길 송규렴 가문 한글 간찰』, 태학
사, 2009

한국학중앙연구원 편, 『의성김씨 김성일파 종택 한글 간찰』, 태학사,
2009

한국학중앙연구원 편, 『대전 안동권씨 유회당가 한글 간찰 외』, 태학사,
2009

한국학중앙연구원 편, 『조선후기 한글 간찰(언간) 역주 연구 3. : 고령박

씨, 신창맹씨, 나주임씨(총암, 창계) 합편』, 태학사, 2005

퇴계 이황 저, 이장우·전일주 역, 『퇴계 이황 아들에게 편지를 쓰다』, 연
　　암서가, 2011

이래호, 「송규렴가 전적 『선찰』 소재 언간에 대하여」, 어문연구학회, 어
　　문연구 123호, 2004

1-1

다산초당
(한국관광공사
무료이미지)

1-2

퇴계 이황

1-3

명재고택
(한국관광공사
무료이미지)

1-4

송시열 초상
(위키피디아)

1-5

성균관
(한국관광공사
무료이미지)

2-1

현풍곽씨언간
(대구박물관)

2-2

나신걸 편지
(안정나씨대종회)

2-3

미암일기
(국가문화유산포털)

2-4

신윤복, 무녀신무
(위키피디아)

2-5

박지원 초상
(위키피디아)

3-1

선세언적
(디지털한글박물관)

3-2

김홍도, 길쌈
(국립중앙박물관)

3-3

김윤보
형정도첩 중 난장
(한국민족문화
대백과사전)

3-4

당백전
(국립중앙박물관)

4-1

김홍도
타작도 중
일부
(국립중앙박물관)

4-2

송규렴이 기축이에게
보낸 편지
(한국학자료센터)

4-3

송규렴의 집
재월당
(국가문화유산포털)

4-4

노복 구원이 상전
김진화에게 보낸 편지
(한국학자료센터)

4-5

노비 계문서
(동아일보)

4-6

서산 김흥락의 편지
(한국학자료센터)

4-7

여강 이씨가
김진화에게 보낸 편지
(한국학자료센터)

5-1

김홍도, 취중송사
(국립박물관)

6-1

신한평, 자모육아도
(위키백과)

6-2

파평윤씨 미라
(이기환 기자
'흔적의 역사')

6-3

김홍도, 초도호연 중
일부(국립중앙박물관)

6-4

이문건, 양아록
(문화재청,
국가문화유산포털)

6-5

영덕 괴시파
종택 안채
(경북북부권
문화정보센터)

6-6

효종이 숙명공주와
주고받은 편지
(한국학자료센터)

6-7

송규렴이 딸 은진
송씨에게 보낸 편지
(한국학자료센터)

7-1

신윤복, 월하정인
(위키피디아)

7-2

소수록
(한국민족문화
대백과사전)

7-3

신윤복, 유곽쟁웅
(위키피디아)

326

7-4

신윤복, 기다림
(위키피디아)

7-5

춘향전
(한국민족문화
대백과사전)

7-6

다산초당
(한국관광공사
무료이미지)

7-7

원이 아버지에게
(안동대 박물관)

8-1

김광찬의 유서와
김주국의 편지
(한국학자료센터)

8-2

학봉종택
(학봉종택 홈페이지)

8-3

오희문, 쇄미록
(국립진주박물관)

8-4

안동 김씨가
송상기에게 보낸 편지
(한국학자료센터)

8-5

송시열 분재 편지
(국립청주박물관)

9-1

김준근, 태장치고

9-2

노비 순임이
여강 이씨에게 보낸
편지(한국학자료센터)